民商法
经典文库

上市公司实际控制人信义义务体系构建研究

徐来 等 著

教育部人文社科项目『公司实际控制人民事责任的现状及其制度构建研究』（20YJC820055）研究成果

总主编 赵万一 学术研究系列

Civil and Commercial Law Classics

法律出版社 LAW PRESS·CHINA
北京

图书在版编目(CIP)数据

上市公司实际控制人信义义务体系构建研究 / 徐来等著. -- 北京 : 法律出版社, 2022
(民商法经典文库)
ISBN 978-7-5197-5495-2

Ⅰ. ①上… Ⅱ. ①徐… Ⅲ. ①上市公司-公司法-研究-中国 Ⅳ. ①D922.291.914

中国版本图书馆 CIP 数据核字(2021)第 057207 号

上市公司实际控制人信义义务体系构建研究
SHANGSHI GONGSI SHIJI KONGZHIREN XINYI YIWU TIXI GOUJIAN YANJIU

徐 来 等著

策划编辑 沈小英
责任编辑 毛镜澄
装帧设计 马 帅

出版发行 法律出版社
编辑统筹 法治与经济出版分社
责任校对 周合芝
责任印制 吕亚莉
经 销 新华书店

开本 710 毫米×1000 毫米 1/16
印张 14.75 **字数** 258 千
版本 2022 年 1 月第 1 版
印次 2022 年 1 月第 1 次印刷
印刷 固安华明印业有限公司

地址:北京市丰台区莲花池西里 7 号(100073)
网址:www. lawpress. com. cn
投稿邮箱:info@ lawpress. com. cn
举报盗版邮箱:jbwq@ lawpress. com. cn

销售电话:010-83938349
客服电话:010-83938350
咨询电话:010-63939796

书号:ISBN 978-7-5197-5495-2
定价:83.00 元

总主编简介

赵万一

西南政法大学民商法学院教授、博士研究生导师，《现代法学》主编。曾任西南政法大学民商法学院院长。兼任中国法学会商法学研究会副会长、中国法学会民法学研究会学术委员会副主任。先后被西北政法大学、福州大学、西南大学、福建师范大学、山东经济学院等多所大学聘为兼职教授；上海大学、福建师范大学兼职博士研究生导师；英国《法律与管理国际杂志》（*ML-The International Journal of Law and Management*）编委。

曾出版《民法的伦理分析》《民法概要》《商法基本问题研究》《证券法的理论与实务》《中国竞争保护法律制度研究》等个人专著多部，主编《商法学》《证券法学》等教材数十部。先后在《中国社会科学》《中国法学》《法学研究》《人民日报》《光明日报》等报刊发表论文150余篇，有数十篇文章分别被《新华文摘》、《中国社会科学文摘》、中国人民大学书报资料中心《复印报刊资料》转载。其《民法的伦理分析》一书曾分别于2005年和2017年在我国台湾地区五南图书出版股份有限公司和日本经济法律出版社出版，多篇论文在日本、韩国等国发表。

总序：民商法学研究的时代使命

时至今日，虽然理论界对民商法在中国特色社会主义法律体系中的角色定位并未形成完全一致看法，但对其在促进社会权利意识的觉醒、创造力的激发乃至社会经济的振导方面所发挥的巨大作用，几乎没有人能够否认。一方面，缘于其调整内容的广博性、调整方式的人本性、调整范围的全覆盖性和规制目的的正义性；另一方面，则得益于其所承载的“固根本、稳预期、利长远”的历史使命的厚重性和在强调促进社会经济发展的同时注重人与自然和谐发展的先进立法理念。通过研读世界主要国家的法律发展史，我们不难发现，具有时代引领意义的重要民商法律制度的制定，通常是伴随一个国家社会制度的重构、社会政策的改变和社会观念的变革应运而生的。因此，民商法律制度的设计通常并不仅仅表现为单纯的制度进化和规则演变，更反映了社会经济政治制度环境的优化和社会意识的嬗变。我国也不例外。发轫于20世纪70年代末的经济体制改革，不但将现代中国社会深深打上了法治烙印，而且极大激发了法律对社会关系特别是社会经济关系的调整冲动，从而将上层建筑对经济基础的促进作用发挥到极致。时至今日，伴随计划经济向市场经济的成功转型而不断拓展其作用深度和广度的民商事立法，无论是对中国民众国民性格的塑造、行为模式的固化，还是对整个社会经济运行驱动力的重新构造,都产生了越来越显著的影响。以平等和自治为核心的民商法律制度不但成为国家调整社会关系特别是社会经济关系的最重要法律手段,而且成为社会主体行为选择的首要凭依因素;以公平和效益为主旨的民商法律思维已深深嵌入人们的思维逻辑链条中,成为人们臧否立法和司法活动的主要标尺;以良善、诚信、忠实为先导的民法文化不但发挥启佑民智之功效,而且已逐步内化为一种社会习惯和社会生活方式。作为民商法制度根基的平等原则并未得到有效贯彻,进而在主体立法上采取差别性待遇的做法还比较普遍。在民商事司法领域中,由于未对价值取向各异的不同审判类型进行必要的审判理念区分,从而导致审判活动既无法满足以自然人为代表的普通民事主体对公平理念的强烈渴求,也无法有效实现以公司为代表的商事主体追求效益的行为动机。在法律意识层面上,民商法的私法属性和权利法属性并未获得普遍的社会认同,民商法所体现的一些基本法律价值和法律精神也没有随着民商事立法的繁荣而获得广泛的尊重和支持。造成这种广大民众对民商法价值认同感不高的原因是多方面的。由于民商法是直接介入市场经济和商品经济形态塑造和规则设计的法律制度,因此,无论在立法上还是在司法实践中,人们都有意或无意地将所有的民商事法律制度的作用定位为促进市场经济的发展,从而淡化了作为民商法精神内核的人本主义思想和人文主义理念。不仅如此,民商法的非理性繁荣还助长了法律对社会关系的调整作用,包罗万象的法律规则试图将调整的触角延伸至公民生活的每一个领域。实际上,法律更多的是作为约束人类非理性行为的必要羁绊而存在的,任何类型的强制行为都不可避免地会对社会主体的行为及与此相连接的社会关系起到一定的限制作用。

从经济基础对上层建筑的作用结果来看,肇端于20世纪70年代末的经济体制改革和对外开放不但极大解放了受到压抑的生产力,而且充分激活了潜藏在人类内心深处追求财富的欲望,使人们从普遍的羞于言利转变成了攫取财富。中国社会第一次感受到法律对社会生活的强大影响力和导引力。正是基于法律对社会经济关系的强力介入,不但彻底改变了利益的获取和分配方式,任何主体的正当经济利益诉求都必须通过法律加以固化、疏导和界定,而且极大地促进了社会财富的增加,使中国在很短的时间内跃居世界第二大经济体。正是基于对法律作用的高度重视,我们在短短的40多年时间里建立起了比较完备的社会主义市场经济法律体系,从而为全面实现依法治国奠定了必要的法律硬件基础。

任何国家的法治现代化都不能通过简单地对外国法律制度的借鉴而完成,成熟的法律制度除借鉴人类法治文明建设有益成果外,还必须加强对本国法治资源的挖掘和对法治适用环境的建设和改造。为此,我们不但要重视对民商法具体法律制度的吸收和构造,而且更应加强对民商法基本理念、基本作用、基本精神和基本价值的研究和认识,更准确地定位民商法在构建新时代中国特色社会主义法律体系中的地位和作用,因为只有以先进理念作支撑的法律制度才能真正有效发挥其对社会关系的精准调整作用。

大学作为现代文明的发祥地和社会知识的集散地,既是民族文化的传承者,也是现代文明特别是现代法治文明的创造者和传播者。相对其他类型的院校而言,法科院校基于其独特的创设要求和人才培养目标,在创新社会法治理念、提供法律制度有效供给、推进国家现代法治文明建设方面无疑负有特殊的义务和责任。西南政法大学作为一所以法学为主的多科性院校,创设于新中国百废待兴之时,繁荣于改革开放的历史机遇期,不但见证了中国法治建设的曲折历程,而且对中国的法治建设贡献了自己的责任和智慧。其民商法学作为传统的优势学科之一,经过几代人的不懈努力,逐步形成了以民本天下为情怀、以商达经纬为志向、以知行合一为目标、以振兴国家为责任的学术精神和专业特色。自20世纪50年代开始,学科奠基人金平教授、杨怀英教授等老一辈开宗学者秉持学术报国之宏愿,开拓奋进、殚精竭虑,历经筚路蓝缕之磨难,披荆斩棘之艰辛,初创西南政法大学民商法之学林。20世纪80年代之后,沐浴改革开放之春风,西南政法大学民商法迎来第一次鼎盛时代,金平教授和杨怀英教授作为全国民商法领域中的重要领军人物,以他们的敬业精神和人格魅力,团结和凝聚了包括邓大榜、聂天贶、黄名述、李开国、柯瑞清、邓宏碧、张和光、赵勇山、叶清勋、赵泽隆、谭向北、程正宗、陈志学等30余位在全国有一定影响力的中年骨干教师;以王卫国、禄正平、伍载阳、刘晓星、张玉敏、尹田、吴卫国、赵万一等为代表的一批年轻学者开始在国内学术舞台上崭露头角。西南政法大学也自然而然地成为国内名副其实的民商法教学与研究重要阵地。20世纪90年代末期以来,在李开国、张玉敏、赵万一、陈苇、谭启平等学术带头人的带领下,本学科全体同仁励精图治、拼搏进取、内外双修,不但使学科师资规模达到创纪录的120余人,而且在职称结构、学历结构、学缘结构等方面都有了实质性改善,教学科研水平也不断上升到一个新台阶。我们坚信,在国内外同仁的关心和支持下,经过本学科全体师生的共同努力，西南政法大学民商法学的明天一定会更加灿烂辉煌。

民商法作为一个应用性很强的实用性学科，并非产生于书斋中的理论推演，而应来源并服务于社会经济生活。本学科一直以关注民生、强调民本为己任，秉持造福苍生，心系天下的情怀，努力将自己的研究服务于国家的经济建设和法治建设。具有中国民法典“活化石”之称的金平教授不但全程参与了第一次至第三次《民法典（草案）》的拟定，而且其所提出的许多富有创见性的观点，如民法调整的是平等主体之间的财产关系和人身关系，直接影响了《民法典》的制定。具有中国婚姻法“女神”之称的杨怀英教授不仅参与了 1980 年《婚姻法》的修改，而且始终关心中国家庭制度的发展变化及其与社会之间的互动关系，在花甲之年仍亲自带队，到当时条件十分艰苦的云南西双版纳和德宏两大民族自治州长途奔波数千里，开展长达数月的田野调查，出版了具有填补空白性质的《滇西南边疆少数民族婚姻家庭制度与法的研究》。这个优秀传统一直传承至今。陈苇教授在主持司法部重点课题时，以“农村妇女土地权利保障”为视角，先后组织 1000 多名学生深入农村考察并形成了数十万字的调研报告。在 2008 年“5·12”大地震发生后不久，以本学科刘俊、谭启平、刘云生等教授为主的 12 位法学专家联名上书全国人大常委会，建议尽快制定重大自然灾害处置特别法令并草拟了一部近万字的《重大自然灾害处置特别法令（建议稿）》。在具有世纪工程之称的《民法典》制定过程中，本学科不仅有数十人深度参与了《民法典》的条文拟定及其相关的立法调研论证活动，而且在《民法典》颁布之后的第一时间内成立了规模庞大的《民法典》宣讲团，深入国家机关、企事业单位和社区、农村，向广大社会公众宣讲《民法典》的伟大意义，充分体现了学者的责任与担当。

近年来，国际、国内民商法学科的迅速发展向我们提出了严峻挑战。国际上，无论是源于罗马法的大陆法系还是源于海洋经济需要而产生的英美法系，都正朝着更深、更广、更前沿的方向延伸与发展，民商法学理论日益博大精深，法学流派呈现多元化趋势；民商法学研究更加注重与法律实践的契合，注重对司法领域中出现的新的法律问题的审视和研究；在全球化趋势的推动下，各国民商法学日益走向相互渗透与融合，同时又更加注重与本国国情的结合，呈现国际化与民族化共同繁荣的趋势；法学理论方面，跨学科研究方兴未艾，交叉学科、边缘学科如雨后春笋大量涌现。在国内，随着依法治国方略的推行，民商法学研究更加深入与务实。一方面，在全球化的大潮之下，如何借鉴人类精神遗产，借鉴外国合理的法律制度与精神,成为摆在中国民商法学面前的重大课题之一;另一方面,在国内市场经济发展过程中出现的各种法律问题也向民商法学提出了挑战,如何立足中国的法律实践,利用世界各国的经验,发扬我国优良传统风俗,应对未来经济、政治、文化的重大转折,也是中国民商法进一步发展所必须解决的重大课题。为了总结西南政法大学民商法学科在过去 40 多年中取得的成绩,饮水思源,时刻铭记老一辈民法学者对本学科发展所作出的突出贡献,我们曾与法律出版社联袂于 2009 年编辑出版了 5 卷本的"西政民商法学阶梯"丛书和 20 卷本的"西南民商学人文库"和多卷本的"民商经典译丛"。为了发挥本学科在民商法基础理论特别是民法哲学方面的研究优势,我们先后编辑出版了两辑共 13 本"民法哲学"丛书。为了扩大与我国台湾地区的学术交流活动,我们曾与华中科技大学出版社、台湾元照出版股份有限公司倾力打造了"华中·元照西政民商法学术文库"和"华中·元照中青年法律科学文库"。

为了进一步充分发挥法学研究对法律实践的引领作用,我们决定集合校内外各种资源,推出既能综合反映西南政法大学民商法学科科研实力,又能广纳群贤、有效荟集国内外最新民商法学研究成果,并能对中国法治建设起到推动作用的大型系列丛书——"民商法经典文库"。本文库分为民法哲学、经典译著、学术研究、前沿争鸣、名家讲坛、教育研究、经典案例及年度十大有影响力案例、研究随笔 9 个系列。同时,我们也真诚邀请国内外贤儒同仁不吝赐稿,积极支持我们的工作。我们相信,在国内外同行专家的共同帮助下,本文库一定能够达到预期目标。

是为序。

2012 年 11 月 6 日于西南政法大学

2021 年 7 月 6 日修订于西南政法大学

前 言

探究上市公司实际控制人信义义务的基础，即界定实际控制人。本书从行为主义这一本质出发界定实际控制人的内涵；同时，结合实质主义标准和支配可能性标准，将实际控制人分为协议型、投资型、表决权型等。在此基础上，从实际控制人与公司、股东、债权人之间的关系出发，进一步解读其法律地位；从实际控制人信义义务的法哲学、民法、商法理论基础出发，探究其信义义务体系构建的必要性和可行性。同时，梳理信义义务的历史演进，表明英美法系的英国、美国，大陆法系的古罗马都曾产生过与信义义务相关的信托等制度，信义义务的内容也伴随各国《信托法》等法律的颁布和施行而不断发展和演进。此外，制度设计都有最核心的基本原则支撑，信义义务的构建同样需要厘清信义义务的基本原则。本书从上市公司人格、利益形态、动态发展等不同角度对实际控制人信义义务的构建原则进行了探讨。

上市公司实际控制人的信义义务，包括忠实义务、勤勉义务、信息披露义务和特殊经营状态下上市公司实际控制人的信义义务。忠实义务的本质是要求义务人避免与公司发生利益冲突。实际控制人在经营管理公司事务时，应将实现公司利益的最大化、股东利益的最大化作为他们行为抉择的首要考虑。勤勉义务强调实际控制人的个人能力，对实际控制人的技能提出期待和要求，包含善意的方式、适当的注意、合理的相信3个要素,并引入商业判断规则来认定实际控制人是否尽到勤勉义务。信息披露义务制度作为保证资本市场健康、有序、稳定运行的一项重要制度,实际控制人要保证信息披露的真实性、准确性、完整性、及时性和终极性。在上市公司处于特殊经营状态下,实际控制人应当承担更重的信义义务,这种义务是与传统的忠实、勤勉义务有差异的,该行为方式具有特殊性。

通过对实际控制人的忠实、勤勉义务和信息披露义务进行法律法规检索,以及对上市公司实际控制人的信义义务进行分类,指出我国现阶段立法有以下不足:第一,上市公司实际控制人信义义务体系的内容规范桎梏,如实际控制人判断基准尚无定论、传统信义义务未按实际控制人类型进行规范、勤勉义务判断规则缺失客观标准等。第二,上市公司实际控制人信义义务体系的监督机制存在短板,如监事会、独立董事制度有缺陷,中小股东知情权、表决权和救济权的行使存在障碍,难以实施对实际控制人的有效监督等。第三,上市公司实际控制人信义义务的责任体系不健全,如实际控制人违信责任的认定标准模糊,责任类别、免责条款和救济形式的规定不足等。第四,本书从规范上市公司实际控制人信义义务体系的基本内容、完善上市公司实际控制人信义义务体系的监督机制和健全上市公司实际控制人信义义务责任体系三方面出发,提出相应的完善建议。具体而言,明确实际控制人的判断标准,厘清实际控制人忠实、勤勉义务的基本内容,区分特殊经营阶段上市公司实际控制人的不同信义义务,构建上市公司实际控制人违信义务的负面清单;加强监事会、独立董事、中小股东和债权人对实际控制人的监督;界定上市公司实际控制人违信责任的认定标准,规定上市公司实际控制人违信责任的责任类别、免责条款和救济形式。

本书是本人主持的教育部人文社科研究项目“公司实际控制人民事责任的现状及其制度构建研究”(20YJC820055)的研究成果。本书编写是集体智慧的结晶,有赖团队成员的辛勤付出和一丝不苟的写作态度。对于公司实际控制人的法律体系,本书仅提出了信义义务体系构建的些许粗浅看法,供与同仁商榷。

2021年1月1日

目　录

第一章　上市公司实际控制人信义义务的理论基础

探究实际控制人信义义务的理论基础,有两个关键点:一是实际控制人的法律界定;二是信义义务体系构建的学理和法理支撑。本章从行为主义这一本质出发,结合经济学和法学理论对实际控制人的定义作一个法律上的概括;同时,区别于传统以法律关系为标准的分类,结合实质主义标准和支配可能性标准这两种控制行为方式认定标准,将实际控制人分为协议型、投资型、表决权型等。由此,信义义务内容的具体构建也建立在该分类基础之上。从实际控制人与公司、股东、债权人之间的关系出发,进一步解读其法律地位,从而引出建立其信义义务体系的必要性。此外,信义义务体系的构建更需要学理和法理的支撑,本章从法哲学关于对权利义务相统一和公平正义价值的规范,到与商法紧密相关的民法理论对于权利不得滥用以及诚实信用原则的规定,再结合商法本身对于股东和董事、高级管理人员忠实义务的不断细化,系统阐述了信义义务体系构建的理论基础。

第一节 上市公司实际控制人概述

一、上市公司实际控制人的法律界定

(一)上市公司实际控制人的概念

随着当代公司规模不断发展以及证券法律制度的日渐完善,上市公司实际控制人应运而生。在公司经营管理过程中,实际控制人对公司的支配主要依赖其所拥有的控制权。这种控制权涉及的内容十分广泛,包括公司的经营决策、发展战略、资本结构的优化,投资和收益的管理,以及企业间的兼并和收购等多个方面。上市公司应当注重协调股东会、董事会和监事会之间的关系,保证三者各司其职、相互配合、相互制约。一是股东大会,其对公司享有最终控制权,是公司的最高权力机关;二是董事会,负责控制公司的经营活动,落实股东大会的决策;三是监事会,重在积极行使监督权,及时检举有损公司利益的行为。而高级管理人员则应处理好公司的日常经营管理性事务或工作,从而促进公司治理结构的完善,形成权利制衡的发展格局,有利于公司的稳定运营。但是,由于实际控制人对上市公司的影响力较大,在实践中,其往往会滥用控制权,操纵股东大会、董事会、监事会等,以达到某种目的而损害公司及股东的合法权益。因此,尽管实际控制人只是"影子股东",但公司实际控制人并不能游离于责任之外,[①]准确把握"实际控制人"的概念,有利于保证公司健康稳定发展,维护市场经济秩序。

1. 立法上的实际控制人

我国立法上"实际控制人"的概念最早出现于 2002 年中国证券监督管理委员会(以下简称证监会)出台的《上市公司股东持股变动信息披露管理办法》(已失效)。虽然以上规范现已失效,但是部分条款对实际控制人作了初步描述,其中第 8 条[②]规定了"股份控制人"的概念,实际上包含了实际控制人的部分理念,并对以后的实际控制人立法起到了积极作用。另外,2002 年 7 月 29 日中国证监

---

① 王韬钦:《有限责任公司实际控制人的法律行为边界及责任研究》,载《现代商贸工业》2017 年第 19 期。

② 《上市公司股东持股变动信息披露管理办法》(已失效)第 8 条规定:"股份控制人是指股份未登记在其名下,通过在证券交易所股份转让活动以外的股权控制关系、协议或者其他安排等合法途径,控制由他人持有的上市公司股份的自然人、法人或者其他组织。"

会出台了《关于上市公司股东权益变动信息披露管理办法(草案)》,该办法第16条①列举了7种“信息披露义务人控制上市公司”的情形,可以将其视为实际控制人。

我国《公司法》于2005年修订后,“实际控制人”这一概念已经在立法上正式确立。根据《公司法》第216条第3项②的规定,实际控制人虽然不是公司的股东,但其能以股权以外的其他手段实际支配公司,其范围涵盖自然人、法人和其他组织。证监会发布的《上市公司收购管理办法》(以下简称《收购办法》)第5条③规定了收购人可以通过非股权的方式控制上市公司。这里的收购人也就是实际控制人。2020年修订的《上海证券交易所股票上市规则》和《深圳证券交易所股票上市规则》,其中涉及了现实生活中几种典型的实际控制人例子,是掌握实际控制人概念的重要参考依据。

此外,我国其他相关的规范性文件通过明确“控制”“控制权”等对实际控制人作了间接说明。我国《企业会计准则第36号——关联方披露》(2006年)(以下简称《会计准则》)和《商业银行与内部人和股东关联交易管理办法》对“控制”比较抽象地定义为:控制,是指有权决定企业的生产经营、财务管理以及发展决策,并且能够通过企业的经营活动来满足自身需要,获得收益。这些规范性文件都有一个相似之处,即都未谈及控制主体,而是着重强调控制的手段、对象、目的等方面。然而,通过分析规范性文件得到的“实际控制人”的内涵与《公司法》规定的含义还是有所不同。《公司法》判断实际控制人的重点在于,行为主体的控

① 2002年7月29日中国证监会《关于上市公司股东权益变动信息披露管理办法(草案)》第16条规定:“信息披露义务人有下列情形之一的,构成对上市公司的实际控制:(一)股份持有人所持有的上市公司股份比例达到或者超过30%;(二)权益控制人单独或者合并计算所控制的上市公司股份比例达到或者超过30%;(三)一致行动人合并计算所持有的上市公司股份或者控制的上市公司股份比例达到或者超过30%;(四)信息披露义务人能够行使上市公司30%以上的表决权或者可以控制上市公司30%以上表决权的行使;(五)信息披露义务人行使表决权时,能够决定上市公司董事会半数以上的成员当选;(六)信息披露义务人能够行使或者控制上市公司的表决权数量,超过上市公司第一大股东在名义上能够行使的表决权数量;(七)中国证监会认定的能够实际控制上市公司的其他情形。”

② 《公司法》第216条第3项规定:“实际控制人,是指虽不是公司的股东,但通过投资关系、协议或者其他安排,能够实际支配公司行为的人。”

③ 《收购办法》第5条第1款规定:“收购人可以通过取得股份的方式成为一个上市公司的控股股东,可以通过投资关系、协议、其他安排的途径成为一个上市公司的实际控制人,也可以同时采取上述方式和途径取得上市公司控制权。”

制能力，只要其能够对公司产生事实上的支配，就可以认定为实际控制人。而《会计准则》第3条的规定，却将“控制”的认定标准设定为行为主体的控制能力以及其所引发的控制结果，即实际控制人不仅要支配公司的生产、经营、决策、财务等，而且必须有能力从中获得利益。从这个角度来看，《公司法》对实际控制人的界定要比《会计准则》更加广泛，认定的门槛要低很多。虽然在通常情况下，实际支配公司的人都会通过公司的生产经营赚取收益，但这并不排除会存在特殊情况。此外，对《会计准则》中实际控制人必须获取的“利益”的理解不同，其效果也截然不同。倘若把这种利益仅仅解释为经济方面的收益，那么《会计准则》有关实际控制人的范围将会进一步缩小。

2. 学理上的实际控制人

理论界非常赞同我国《公司法》借鉴“实际控制人”这一概念，但是对其内涵却持有不同观点。有学者认为，实际控制人的内涵包括实际控制主体、实际控制的方式、实际控制的能力、实际控制的意志。① 也有观点从实际控制人与公司股东的关系角度进行探讨，认为实际控制人应当包括公司股东。例如，控制股东在公司中所持股份不一定高于控股股东，但是控制股东对公司的控制程度却是控股股东无法比拟的；同时，实际控制人和控制股东在范围上有部分重叠。因此，将公司股东排除在“实际控制人”的概念之外，显然是没有必要的。基于相同理由，将实际控制人定义为不属于公司的控股股东，其可以通过股权之外的其他方式控制公司。甚至提出应将上述定义中的“控股股东”改为“控制股东”，即控制股东既包括持股比例最高的控股股东，也包括那些虽然股份不多，但能实际控制公司的中小股东，这样可以准确地认定实际控制人。上述观点都对控股股东和控制股东作了区分，在此基础上重新定义了“实际控制人”的概念，具有一定的合理性，但是与《公司法》的规定相比，差异比较明显。

本书认为，无论是控股股东还是控制股东，实际控制人必然不能是公司的股东。因为股东和公司之间是以股权关系为基本纽带的，股东也只能依据其购买的股份在公司中享有权利。如果实际控制人属于公司股东类型中的任何一种，那么其就只能通过股权的方式对公司加以控制，否则便与立法精神是相违背的。

① 陈莹：《公司实际控制人认定的实务判断》，载《中外企业家》2016年第11期。

（二）上市公司实际控制人的特征

实际控制人对公司内部的控制权和其在公司外部的代表身份没有必然联系，①其特征可以概括为以下内容。

1. 实际控制人不属于公司股东的范畴

控股股东和实际控制人都能实际支配公司，但股东身份是区分两者的关键。实际控制人不是公司股东，但其能够巧妙地将自己的身份隐藏在股东之后，通过非股权的方式对公司的经营决策施加影响。从其在公司地位和活动情况来看，实际控制人的权利与控制股东相当，有时还会更大一些。

2. 实际控制人基于股权之外的其他方式控制公司

众所周知，上市公司中的股东一般通过取得股份、行使表决权等方式，即股权方式获得公司的控制权。而从实际控制人的概念入手，不难发现其也拥有对公司的控制权，只不过是采用非股权的方式获得的。非股权方式意味着控制公司不依靠持股比例或者股权关系，而是利用其他股东的行为、间接性资本渗透、协议控制等。间接性资本渗透，是指向公司注入非股权性质的资金，从而抢占控制席位；协议控制，即合同控制，是指基于合同关系而形成对公司的控制，这是最常见的实际控制人的控制方式。此外，也有诸如利用主体的利害关系，如近亲属间相互帮助等方式完成对公司的控制。这些方式比较隐秘，一般不易被察觉。

本书所研究的实际控制人对上市公司的控制方式是一种间接控制。需要强调的是，一般认为，实际控制人实施间接控制，主观上应当具有控制公司的目的且控制必须是持续不间断的。否则，不能称为真正意义上的实际控制人。因此，要想正确认定“实际控制人”，就不能仅仅局限于字面含义。在司法实践中，要结合公司的实际情况以及上文提及的控制方式的多样性来验证是否为实际控制人。

3. 实际控制人的行为对公司形成了事实上的支配

在社会实践中，一些人为了追求公司利益的最大化，通过股权关系、业务关系、人事关系或者其他方式，将个人与公司或者公司与公司联系起来，以实现对目标公司的控制，形成经济上的从属关系。这样既能够保证公司业务的顺利开展，有利于公司的稳定经营，又能够分散公司的风险，维护公司的经济安全。当

---

① 叶敏：《公司控制人的法律分析》，中国政法大学出版社 2015 年版，“前言”第 11 页。

代经济高速发展,多层次的经济结构推动了公司实际控制人的诞生。运用企业管理的知识可以发现,实际控制人的出现意义重大,因而《公司法》需要对这种现象作出回应。由于实际控制人支配公司的行为比较隐晦,不是公开透明的,基于身份的特殊性,实际控制人很可能从事不法活动,进而损害公司的合法权益,因此法律有必要对其行为施加规范。

实际控制人产生的原因多种多样,具体可以概括为:(1)加强与外部企业的技术交流与合作;(2)摆脱传统契约的束缚;(3)扩展自身的经营规模;(4)规避进军新领域的风险;(5)方便企业融资、互保;(6)减轻税收负担,营利事业所得税采用的是差额累进税率,所以很多公司都会采用非常规的手段,将财产从高收入公司向低收入公司转移;(7)享受国家投资政策的优惠;(8)转变企业的发展方式。以上是公司实际控制人产生的积极因素,当然也存在一些消极因素,例如,实际控制人为了实施不法行为而将自己的身份隐匿于名义控制人之后等。实际支配公司的行为,核心是对公司本身的意思表示机关——包括股东会和董事会——的控制,进而表现为对公司规章、财务、人事、战略决策以及经营活动的方方面面都产生重要影响。

(三)上市公司实际控制人与相关概念辨析

1. 实际控制人与控股股东

与控股股东相比,实际控制人的概念是不同的,差异体现为下列几个方面:

第一,主体的身份不同。根据我国《公司法》第216条第2项①和第3项的规定,是否具有股东身份是控股股东与实际控制人之间最主要的区别。

第二,权利的性质不同。控股股东权利的取得基于对公司出资而拥有的股份数量,而实际控制人是通过间接性资本渗透、协议控制、人事安排等方式从而获取公司的控制权。控股股东作为公司的组成部分,其权利是一种所有权,而实际控制人和公司之间无股权关系,其所拥有的仅是对公司的控制权而非所有权。

第三,控制公司的方式不同。控股股东以其持股比例的优势,通过股权关系实现对公司的控制。实际控制人由于采用的是非股权的控制方式,因而控制方

---

① 《公司法》第216条第2项规定:"控股股东,是指其出资额占有限责任公司资本总额百分之五十以上或者其持有的股份占股份有限公司股本总额百分之五十以上的股东;出资额或者持有股份的比例虽然不足百分之五十,但依其出资额或者持有的股份所享有的表决权已足以对股东会、股东大会的决议产生重大影响的股东。"

式相对多样化，如合同控制、人事控制、间接投资等。

第四，控制公司的目的不同。控股股东出资购得股份，从而取得公司的股东资格，公司的利益与其自身的利益密切相关，所以控股股东显然会以维护公司的利益为根本目的，在控制过程中至多会与其他中小股东发生纠纷。实际控制人不是公司股东，不享有公司所有权，并不会心系公司的兴衰成败。实际控制人往往会利用其身份特殊性，谋取自身利益或达成某种目的，但却给公司造成了损害，由此引发的是控制者与所有者之间的矛盾。

第五，法律规制的不同。由于控制目的存在差异，法律在对二者的行为进行规制时要区别对待。法律规制控股股东，主要考虑保护中小股东的合法权益，其方法是设置累积投票、表决权回避等制度，以完善现有的公司经营管理制度；同时，规定了异议股东股权回购请求权、股东代表诉讼等制度，完善中小股东的权利保障机制。法律对实际控制人进行规制，目的在于保护公司和股东的利益，其方法是规范关联交易，加大信息披露力度，从而抑制实际控制人的不当行为，缓解控制者与所有者之间的矛盾。

2. 实际控制人与控制股东

控股股东的地位主要体现在持股比例上，在公司进行表决时拥有更多的发言权，但是也面临较大的盈亏风险。有的股东按照所持有的公司股份无法达到控股地位，却通过其他方式支配公司的活动，成为公司的控制股东。因此，判断是控股股东还是控制股东的标准是：前者考察其在公司中的持股比例，后者的重点则是其对公司的控制程度。

实际控制人的立法定义决定了其与公司股东（包括控制股东）是截然不同的概念，但某些特征同控制股东却比较接近。例如，实际控制人和控制股东在公司中都处于控制地位，都能够对公司的重要决策产生重要影响，从中谋取自身的利益。不同的是，控制股东必须是公司股东，只能利用股权关系来直接控制公司；而实际控制人的控制手段更加丰富，可以通过资金渗透、协议控制等非股权手段间接地取得公司的控制权。

3. 实际控制人与关联方

关联方，顾名思义，是指由彼此之间存在密切联系的主体所构成的统一整体，这种联系包括制约关系、合作关系、牵连关系等。如今，关联方已不限于企业法人，自然人或者社会组织之间也可以构成关联方。我国财政部于 2006 年发布的《会计准则》第3条[①]中有关于“关联方”概念的规定，第4条[②]则具体排列了构成关联方的几种情形。实际控制人能够实际支配控制公司，对公司施加重大影响，根据《会计准则》所给出的定义，可以推导出，实际控制人与公司之间具有关联关系。因此，实际控制人属于关联方的一种类型，但是二者也有一定区别。

第一，存在基础不同。关联方的存在，依据的是双方或者多方基于某种共同利益而形成的关联关系，由此产生对彼此有利的交易结果。实际控制人是以控制权的存在而存在，通过支配公司活动，实现自己的单方利益，与其他主体之间没有任何实质联系。

第二，主体范围不同。根据我国《公司法》第216条第4项的规定[③]可知，股东、实际控制人以及董事、监事、高级管理人员与公司之间的关系都可以看作关联关系，因而实际控制人与公司就构成了关联方。关联方可以是双方关联，也可以是多方关联；而实际控制人与公司之间的控制关系只能是单向的，也只能是实际控制人控制公司。由此可见，实际控制人的范围要比关联方小得多。

第三，影响程度不同。“控制关系”和“关联关系”两个维度能清晰地展示出实际控制人与关联方对公司影响程度的不同。关联方追求的是共同利益，彼此关系十分密切，但这并不表示公司会受到控制。实际控制人追求的是自身利益，与公司之间是控制与被控制的关系，强调对公司的实际支配。实际控制人不仅影响公司利益，还对公司的运转方向有重要影响。因此，实际控制人对公司的影

---

① 《会计准则》第3条第1款规定：“一方控制、共同控制另一方或对另一方施加重大影响，以及两方或两方以上同受一方控制、共同控制或重大影响的，构成关联方。”

② 《会计准则》第4条规定：“下列各方构成企业的关联方：(一)该企业的母公司。(二)该企业的子公司。(三)与该企业受同一母公司控制的其他企业。(四)对该企业实施共同控制的投资方。(五)对该企业施加重大影响的投资方。(六)该企业的合营企业。(七)该企业的联营企业。(八)该企业的主要投资者个人及与其关系密切的家庭成员。主要投资者个人，是指能够控制、共同控制一个企业或者对一个企业施加重大影响的个人投资者。(九)该企业或其母公司的关键管理人员及与其关系密切的家庭成员。关键管理人员，是指有权力并负责计划、指挥和控制企业活动的人员。与主要投资者个人或关键管理人员关系密切的家庭成员，是指在处理与企业的交易时可能影响该个人或受该个人影响的家庭成员。(十)该企业主要投资者个人、关键管理人员或与其关系密切的家庭成员控制、共同控制或施加重大影响的其他企业。”

③ 《公司法》第216条第4项规定：“关联关系，是指公司控股股东、实际控制人、董事、监事、高级管理人员与其直接或者间接控制的企业之间的关系，以及可能导致公司利益转移的其他关系。但是，国家控股的企业之间不仅因为同受国家控股而具有关联关系。”

响更深远。

4. 实际控制人与隐名出资人

隐名出资人，即实际出资人，是指未登记于股东名册或未经工商登记但实际出资的股东。与此相对应，显名股东就是和隐名股东有约定的名义出资人，其名字记载于股东名册和工商登记中，对外代表公司行使股东权利，但是无法参与分红，因为实际出资人是隐名股东。在现实中，由于各种原因，导致公司中隐名股东的数量越来越多。隐名股东的出资比较隐蔽，从表面上看并不违反法律的规定，但其形式上不能行使股东权利，并且需要承担一定的法律风险。

有学者认为："隐名出资人属于《公司法》上'实际控制人'的一种类型。"[①]这种观点显然不具有说服力，实际控制人与隐名出资人之间不存在包含关系。至于隐名出资人是否具有股东身份这个问题，目前尚未有确切定论。《公司法》明文规定，实际控制人是不具有股东身份的，但是对于隐名出资人却没有具体说明。对此，学界的普遍看法是：若以虚构的人认购公司的股份，事实上就不存在所谓的名义投资者，此时隐名出资人当然属于公司股东。若认购公司股份的名义人是真实存在的，则在司法实践中存在两种学说：一是"实质说"，即不考虑名义出资人，而是以实际出资作为股东资格的认定标准；二是"形式说"，即直接认定名义出资人的股东身份，至于实际出资人是谁在所不问。[②] 也有学者认为："隐名出资人完全有能力证明自己的股东身份，如展示其和公司签订的协议等，也可以通过法院作权威性的认定，从而在形式和实质上成为真正的股东。"[③]然而，这些看法也都有一定的瑕疵。如果某一隐名出资人的行为构成了对公司的实际控制，那么其就成为实际控制人；而实际控制人是不具有股东身份的，此时对隐名出资人的认定就失去了意义，因为已经形成了影响力更大的控制人地位。而且根据我国最高人民法院《关于适用〈中华人民共和国公司法〉若干问题的规定(三)》(以下简称《公司法司法解释(三)》)第24条第3款[④]的规定，隐名出资人要想行使股东权利，需要公司股东半数以上同意，并完成股东变更登记等程序，

---

① 周友苏：《新公司法论》，法律出版社2006年版，第229页。

② 江平、李国光主编：《最新公司法案例评析》，人民法院出版社2006年版，第218页。

③ 赵旭东主编：《公司法学》(第2版)，高等教育出版社2006年版，第314页。

④ 《公司法司法解释(三)》第24条第3款规定："实际出资人未经公司其他股东半数以上同意，请求公司变更股东、签发出资证明书、记载于股东名册、记载于公司章程并办理公司登记机关登记的，人民法院不予支持。"

而不能私下协商约定。

从外观上看,实际控制人和隐名出资人都不具有股东身份。然而,二者在主观目的上有所差别。实际控制人的目的在于控制公司的运作;隐名出资人出于法律或者个人因素而隐藏自己的身份,其仅仅是想通过出资参与公司的经营,获得利润分配,并不一定具备控制公司的目的。

5. 实际控制人与一致行动人

一致行动人,是指为了增加在上市公司中的持股比例,或者强化对上市公司的控制程度,通过口头或者书面协议以及其他手段达成某种默契,以相同的意思表示行使上市公司表决权的两个或者两个以上的人。① 实际控制人和一致行动人都意在控制上市公司的运营,但是二者也略有差异。

第一,法律身份不同。我国《收购办法》第 83 条②对一致行动作了说明,并规定了一致行动人的范围。从中可知,一致行动人是公司的直接投资者,而实际控制人不能作为公司的投资方。

第二,立法规定的目的不同。法律对于实际控制人的规定,目的在于监督实际控制人正当行使控制权,保护公司和股东的合法权益。法律对一致行动人的规定,目的在于促使一致行动人履行法定义务,防止其联合起来逃避法律责任。

6. 实际控制人和经营者

经营者,是指在公司中处于领导地位,掌控着公司发展、运作的人,包括董事、监事、高级管理人员等。实际控制人和企业经营者有一定的相似之处。由于经营者自身处于特殊地位,这就使他们能够轻松转变为公司的控制人。根据法律上的定义,经营者应当承担支配公司业务和使用公司资产的责任。③ 随着近代公司制度的不断发展,公司治理观念也随之变革,由"股东会中心主义"逐渐转为"董事会中心主义"。可见,当代公司不再一味地顺从股东会的意见,而是更加注

---

① 程晓鸣:《关于实际控制人与关联交易的法律思考》,中华全国律师协会经济专业委员会 2002 年年会论文集。

② 《收购办法》第 83 条规定:"本办法所称一致行动,是指投资者通过协议、其他安排,与其他投资者共同扩大其所能够支配的一个上市公司股份表决权数量的行为或者事实。在上市公司的收购及相关股份权益变动活动中有一致行动情形的投资者,互为一致行动人。如无相反证据,投资者有下列情形之一的,为一致行动人……"

③ [美]阿道夫・A. 伯利、[美]加德纳・C. 米恩斯:《现代公司与私有财产》,甘华鸣、罗锐韧、蔡如海译,商务印书馆 2005 年版,第 229 页。

重公司经营管理层的完善，寻求科学合理的发展策略。自20世纪以来，职业经理人兴起并迅速发展，对公司的影响力已经达到实际控制程度，越来越多的职业经营者演变为公司的控制人。

然而，实际控制人与经营者在本质上仍然是两个不同的概念。首先，二者的法律地位有很大差别。实际控制人不属于公司的股东、董事或者普通职员，仅强调对公司产生实际的支配力，而不要求有名义上的法律地位；经营者则包括公司股东、董事和监事等，其法律地位较明确，由法律或者公司章程事先加以规定。其次，二者的行为标准有一定的差异。法律通过规范经营者的行为，从而维护股票投资者和证券持有者的合法权益。经营者应当遵从的行为标准是有法律明确规定的，通过法律将公司的所有权和经营权紧密地联系在一起。法律对经营者行为标准的规定，既赋予经营者管理公司的权利，同时也要求经营者承担相应的责任和义务，具体有：(1)时刻把握公司的发展态势；(2)以公司的利益为根本出发点；(3)谨慎、合理地管理公司的业务；(4)规避公司运营的风险。实际控制人的概念表明其能够操控公司的运营，权利较之经营者而言要大得多。因此，在构建实际控制人制度时，法律主要是规定实际控制人的责任与义务，而没有赋予其更多的权利。虽然行为标准不同，但法律对实际控制人和经营者进行规范的目的却是相同的，都是为了维护公司的合法利益。

（四）上市公司实际控制人的认定标准

准确地界定实际控制人，才能更好地规范实际控制人的行为，维护公司和股东的合法利益。在实践中，实际控制人的行为方式难以捉摸，仅从含义入手来认定实际控制人显然不是明智之举。因此，我们需要制订具体的标准，才能正确认定实际控制人。经历了短暂的发展之后，尽管我国关于"实际控制人"尚未形成统一的判断标准，但从总体上看，已经从持股标准扩展至实质控制标准，从简单多数的客观标准扩展至注重实效的推定标准。①

在制订认定标准时，既要牢牢把握实际控制的本质，又要注重确定性和灵活性的统一。如果反映控制程度的部分能够用具体的数量来表示，则可以直接在认定标准中予以明确规定。而对于那些特征不明显的控制方式，应当结合"实际支配"的概念进行主观判断，灵活地制订弹性标准。如此，实际控制人的认定标

---

① 刁龙生：《控制股东的义务和责任研究》，法律出版社2006年版，第55页。

准才能更加具有灵活性。

通过分析实际控制人的概念,我们可以归纳出两种认定标准:一是实质主义标准;二是支配可能性标准。实质主义标准强调,实际控制人兼有“控制人”的名义和实际控制的地位,而法律没有规定其必然享有控制权。实际控制人是社会实践中产生的、客观存在的人,能够对公司造成实质影响。这使他们有别于名义控制人和控股股东,其对公司的控制不是建立在法律基础之上,而是以既存事实为基础的。① 支配可能性标准意味着,一旦主体具有支配公司的能力,形成了控制地位,就可以将其认定为实际控制人,无论其是否采取了实际的控制手段,亦无论其是否已经取得了利益。具体内容如下所示。

1. 实质主义标准

实际控制人支配公司的基础是其对公司的控制权,因此,本书在分析实际控制人的认定标准时,更加注重对“控制权”进行分析。通过解读《〈首次公开发行股票并上市管理办法〉第十二条“实际控制人没有发生变更”的理解和适用——证券期货法律适用意见第 1 号》第 2 条②对控制权的规定可知,实际控制人不仅能影响公司股东会、董事会的决议,而且还能左右公司董事及高级管理人员的任免。这其实就是实质主义标准的本质内涵。

判断实际控制人的关键在于对实际控制权的把握。实际控制人事实上支配公司的经营管理、商业决策、人事任免,甚至公司的财务管理等内部的核心事务。换言之,实际控制人通过其对公司的影响力将个人意志转化成公司意志并通过公司内部机构得到了执行。不难判断,当这种能力达到相当程度时,掌握上述能力的自然人或者组织事实上就是目标公司的控制人。③ 因此,我们不能仅观察实际控制人是否对外代表公司或者法律是否授予其控制权。实际控制人和名义控制人有所不同。名义控制人,是指那些具有控制权的表象,但实际上根本不可能

---

① [美]阿道夫·A. 伯利、[美]加德纳·C. 米恩斯:《现代公司与私有财产》,甘华鸣、罗锐韧、蔡如海译,商务印书馆 2005 年版,第 80 页。

② 《〈首次公开发行股票并上市管理办法〉第十二条“实际控制人没有发生变更”的理解和适用——证券期货法律适用意见第 1 号》第 2 条规定,公司控制权是能够对股东大会的决议产生重大影响或者能够实际支配公司行为的权力,其渊源是对公司的直接或者间接的股权投资关系。因此,认定公司控制权的归属,既需要审查相应的股权投资关系,也需要根据个案的实际情况,综合对发行人股东大会、董事会决议的实质影响、对董事和高级管理人员的提名及任免所起的作用等因素进行分析判断。

③ 陈莹:《公司实际控制人认定的实务判断》,载《中外企业家》2016 年第 11 期。

支配公司的人。例如，公司中的名义股东，虽然名字记载于股东名册，并经过工商登记，对外代表公司行使股东权利，但是真正行使控制权的却是隐名股东，名义股东要受到隐名股东意思表示的约束。

对于实质主义标准，还可以作这样的理解：第一，实际控制人不以控制意思为必要条件。实际控制人控制公司的方式种类繁多，且隐蔽性强、不易识别，只有当其对公司的经营施加了实际影响时，才需对其是否具有控制意思作出判断。因此，把"控制意思"作为认定实际控制人的一个要素，与"实际控制人"的本质含义相违背，并且实际可操作性也不强。第二，实际控制人享有的是终极控制权，具有排他性。如果把控制关系看作一种链状分布，那么在纵向上，实际控制人位于该链条的最顶端，其意思表示自由，不会受到任何约束；而在横向上，由于实际控制人的控制权具有排他性，所以不会有其他人分享其控制权，即对公司的控制自始至终都是由实际控制人独自完成的。在实践中，有时会出现数个相互独立的民事主体联合组成实际控制人的情况，也称控制联盟，此时，控制权并不会分散于各个主体，而是由该联盟统一行使。

2. 支配可能性标准

所谓支配可能性标准，是指从公司结构或者立法层面上看，如果某一主体相对公司而言，处在实际支配的地位，就可以认定其为实际控制人，无论其是否采取了实际的控制措施，亦无论其是否已经取得了利益。学界对于支配可能性标准存废的争议也比较大。支持者认为，实际控制人只要处于控制地位，就说明其具备支配公司运营的能力，至于控制措施和控制目的等因素对其影响不大。反对者则表示，严格按照"实际控制人"的概念和特征来分析，行为主体如果没有实际控制权，那么即使是处于控制地位，也不能认定其为实际控制人。此谓之支配现实性，这与控制股东认定标准中的行为主义有些类似，即"拥有优势表决权并不意味着承担更多的义务，义务的产生与持有者实际控制公司密切相关"。①

通过比较这两种观点不难发现，支配可能性标准更具合理性。原因在于，单纯考虑控制权是否存在，或者把认定实际控制人的希望寄托于公司的损害结果，其实是未分清实际控制人的概念和具体行为的界限，如滥用控制权的行为，这就

---

① 李建伟：《关联交易的法律规制》，法律出版社2007年版，第34页。

使设定义务约束实际控制人的构想变得毫无意义。① 认定某一主体为实际控制人的核心要素就是,其是否已经处于控制地位,满足这一条件,该主体就需要履行法律所规定的信息披露等义务。而滥用控制权的行为,如果造成了实际损害,应该承担的是赔偿责任。此外,上海证券交易所(以下简称上交所)和深圳证券交易所(以下简称深交所)的《股票上市规则》对实际控制人进行认定时,都只注重行为主体实际支配公司的行为以及对公司经营决策和财务的影响,而不考虑其是否采取了控制措施。

支配可能性标准中存在些许主观因素,法律也预先规定了相关的几种情形,只要行为主体符合其中之一,就可以直接认定为实际控制人。至于法律尚未涉及的范畴,在司法实践中,法官可以充分运用自由裁量权,作出合理判断。如此认定实际控制人,既可保障确定性,又能体现灵活性。当然,仅仅依靠两种途径去认定实际控制人是远远不够的,需要在完善立法和总结公司实践经验的基础上制订更加详细、权威的标准。

二、上市公司实际控制人与公司法律关系分析

无论是理论还是实践,要构建实际控制人的信义义务体系,需要先厘清实际控制人和公司之间的法律关系。实际控制人所针对的对象就是公司,可以说,其与公司存在紧密关系是毋庸置疑的。所以在进行了实际控制人与相关概念的辨析后,分析其与被控制的公司之间的法律关系问题,就显得十分有意义了。因为,在我国,对实际控制人的认定中,并没有将控股股东当作所研究的实际控制人中的一种。他们是隐藏在股东背后一双无形的手,直接掌握公司的命运。在实践中,实际控制人会通过多种方式来行使控制权,以达到其希望的利益诉求。同时,因其具备的非控股股东身份,独特的非持股控制方式,以及在实践中经常出现的实际控制人损害公司以及利益相关人利益的问题,也需要审视两者之间的关系问题。本书将从两个方面着手:一是实际控制人的控制方式,即分析实际控制人是通过何种方式将自身与公司紧密捆绑的,这在实践中通常具有一定的权利外观或结构形式;二是实际控制人在公司的法律地位,即分析其与公司利益相关人之间的法律关系,主要是与股东、债权人的关系问题。

---

① 王保树、杨继:《论股份公司控制股东的义务与责任》,载《法学》2002 年第 2 期。

(一)实际控制人的控制方式

在我国法律规范中,对实际控制人的界定还没有进行详细统一的规定。从有关法律规范对实际控制人所下定义来看,是将存在实际“支配性的影响力”作为对实际控制人的认定标准。如果根据控制权来源以及行使的特殊性来区分,本书认为,可以将实际控制人分为投资型、协议型、表决权型以及其他类型实际控制。

1. 投资型实际控制

这类实际控制方式的最大特点就是不直接持有被控制公司的股权。在实践中,通常以间接持股、交叉持股等方式来达到对公司控制的目的。

(1)间接持股

投资者可以通过持有某上市公司的股份“直接持股”,或是通过其子公司、孙公司、曾孙公司等“间接持股”两种方式。间接持股就是通过持有其子公司、孙公司一定量的股份数额,而达到掌控公司人、财、物的经营管理目的的一种控制方式。在实践中,利用间接持股来掌握公司是一种十分普遍的情形,主要体现为金字塔式持股和多重持股。

金字塔式持股,即处于控制链条顶端的控制人对下层的公司进行纵向式控制。实际控制人在这种模式下,为了达到“小股大权”的效果,通过有效的方式控制了一个庞大的公司网,实现在每一个层面上对公司的完全控制。这样的控制模型是:处于金字塔顶端的控制人,通过间接方式控制下一级公司;以此类推,再由下一层级的这家公司通过一定方式掌握其后一级公司,后一层级公司可以是一家或多家公司;第三层级公司再控制第四层级的公司,第四层级公司也可以是一家或多家公司,就这样依次进行下去,衍生足够长的链条层级,最终控制末端公司。这样的方式多出现在跨国大型企业以及集团企业中。

多重持股,即主体通过多条互不相同的股份控制链条,从而实现其合计持有的股份数达到了对末端公司进行控制的一种方式。其控制结构为:控制人对其控制链条中的某家公司,通过实际控制的子公司或者孙公司共同持有目标公司股份,通过累计以达到控股的目的。

(2)交叉持股

交叉持股,即在公司中通过横向与纵向的股权连接,在不同的公司间相互参股,以提升控制者的控制力并实现其特殊目的的方式。例如,甲公司持有乙公司的股权,乙公司又通过一定方式持有丙公司股权,而丙公司又持有甲公司股权。

如果第一家公司作为第二家公司的控股股东,第二家公司作为第三家公司的控股股东,那么第一家公司完全可以通过控制第二家公司来实现控制第三家公司的目的。“交叉”意味着,企业可持有其公司的控股股东股份,或是这一链条中其他企业的股份,此时达到的效果是,为集团性公司完全整合其控制链条上的其他相关主体创造了可能性。可见,在这一方式中,对公司的表决权控制是分散掌握在集团内部成员手中的,单一控制人不能完全集中掌权,当然,创设这种方式主要就是为了使最终的控制者拥有更多对公司的控制力,最终获取个人利益。

2. 协议型实际控制

协议型控制的最大特点,就是双方将协议的标的——公司控制权重新加以设定,即双方签署协议以转移公司控制权。协议双方可就控制权行使的相关内容进行规定,如范围、程度、期限等。协议本身具有合法性和明确性的特点。若实际控制人违反协议约定并滥用权利,须承担违约责任。从本质上来说,协议承担了明确实际控制人控制权地位与责任承担的双重角色,最典型的控制型协议有:特许经营协议、承包经营协议、委托经营协议、租赁经营协议、使用权转让协议等。基于控制型协议,控制人对受控公司经营决策的产生和执行进行了事实上的控制。

还有一类协议是股权代持协议,这是实践中为了应对显名股东与隐名股东产生的股份持有问题而产生的一种控制方式。双方主要通过股份代持协议来明确股份持有人的身份以及权利义务,显名股东会被记载于股东名册,登记于国家工商档案中。在实际操作中,一部分股东因其规避法律或身份的特殊限制,同时希望能依靠公司获利,不得不通过借用他人名义来进行投资获利。这种方式十分普遍,也被法律所规制。出资,是指在公司新设或决议增资时,出资人为取得公司的股权而根据相关协议的约定或者法律、章程的规定,向公司给付现金、债权、实物资产,或满足约定的其他义务,进而取得股权或者股份的一种行为。而“投资”则分为股权投资和债权投资,在实际控制人层面的“投资”当然不包括“出资”的内容,出资必然成为公司股东,而实际控制人是股东以外的其他人。① 隐名股东对公司的控制,完全是通过控制表决权的方式完成的,不会受到其隐身于显名股东身后的影响,其完全可以通过发出一定的指示来引导显名股东作出

① 陈莹:《公司实际控制人认定的实务判断》,载《中外企业家》2016年第11期。

决策。在实践中,双方一般会通过签订信托协议来明确权利义务关系。很多MBO① 计划就是按照信托方式进行操作的,这种做法既不利于保护中小股东的利益,也不利于相关机关的监管。虽然隐名股东在对公司的控制上、非股东身份的表面特征上与实际控制人相似,但正如前文所述,隐名股东不属于实际控制人,股权代持并不会导致协议型实际控制人的产生。

3. 表决权型实际控制

表决权型实际控制的方式有:表决权征集、代理以及信托方式。在实践中,代理人会通过劝诱、公开征集等方式主动争取表决权,从而使某些非股东主体掌握公司的控制权,成为实际控制人。根据深交所对中小投资者以及创业公司的相关规定,公司股东不得采取有偿或变相有偿的方式,公开向其他股东征集其合法享有的诸多股东权利,如召集权、提名权、提案权以及投票的权利。在实践中的操作方式是,表决权征集的有关资料文书主要由董事负责寄送,寄送至相关股东手中;而股东所要完成的任务就是,在会议召开前,将填写好的委任卡寄回有关人员手中。委任卡的主要目的是了解议案能否获得通过、其提名权行使状态等事项的最终结果。

表决权代理,即股东主要依据授权行为或有关文件而成立的代理关系。我国《公司法》②对此有相应依据:在董事不出席会议时,完全可以通过书面授权其他董事。美国对表决权代理制度有详细规定,股东等人可通过委托书或者电子文件指定代理人进行投票或其他行为,但在电子文件或委托书中必须明确含有股东授权等有关信息。在这一制度中,股份的所有权一直为授予人所享有,不会受到协议具体约定的影响。这是典型的民法代理制度在商事领域中的表现。可见,表决权代理制度具有代理的一般特性,在股东确实存在合理原因无法出席会议时,对其行为能力的补足,并由代理人行使有关权利,保证了其行使股东权利能够不受影响;同时,在上市公司中,股权分散于各个股东手中,群体基数大,参

---

① MBO(Management Buy-Outs)即“管理者收购”的缩写。一般认为,MBO是指目标公司的管理者与经理层利用所融资本对公司股份的购买,以实现对公司所有权结构、控制权结构和资产结构的改变,实现管理者以所有者和经营者合一的身份主导重组公司,进而获得产权预期收益的一种收购行为。载360百科网,http://baike.so.com/doc/4016075-4213241.html,最后访问日期:2016年12月19日。

② 《公司法》第112条第1款规定:“董事会会议,应由董事本人出席;董事因故不能出席,可以书面委托其他董事代为出席,委托书中应载明授权范围。”

与股东大会的热情受到多方面因素的影响,事实上召集分布于全国各地的股东开会也不现实。从某种意义上说,这一制度可以满足法律关于股东会议最低人数的要求,也具有一定的现实意义。

表决权信托,简单来说,就是股东将表决权转让给受托人,并由受托人行使股东的表决权的一种方式。从这一行为来看,产生的法律效果就是将作为股份权益中的收益权与表决权进行了分离。① 即股东将股份信托给受托人后,由受托人以自己名义对委托人负责。信托一旦成立并且生效,委托人地位就从主动变为了被动,所以这一信托不得随意撤回。同样,若要成为实际控制人,也必须符合实际控制人的实质性要件,受托人必须有对会议决议、公司经营方针的影响力或决定力。也就是说,并不是成为信托受托人就一定同时成为公司的实际控制人,这里存在一个前提,就是其必须对股东会有实际的影响力,即拥有足够的表决权数量。由于表决权信托涉及各方面的利益安排,法律对其设立设置了一些条件,主要用来保证受托人基于受益人意志而行使表决权的利益、保证受益人享有信托经济利益,同时保障其他股东的利益。例如,设立目的必须适当;公司股东名册以及股份转让所有人必须为受托人;符合法律规定的协议期限,一般以10年为限;必须有书面协议且放置在公司显眼处,以方便受益人或其他主体查询相关信息。

实际控制人对公司进行控制,其不仅需要拥有一定量的表决权,而且需要享有可支配的控制权,也包括征集到的、受代理的或受信托的表决权。所以,受托人通过上述方式能够使自身处于公司的控制地位,则应当认定其为实际控制人。

4. 其他类型的实际控制

这一部分主要包括:一是内部人的控制。② 随着时代发展,公司的内部权利出现了新变化,所有权与控制权不再牢牢地捆绑在一起出现,二者完全可以分离,由经理人掌握公司控制权。职业经理人的出现,就是这一分离的产物。经理在公司所处的位置为中、高层管理人员,由其来处理公司日常经营中的大小事务。但在违背董事、监事、高级管理人员信义义务的情况下,极易做出损害股东

① 沈贵明:《股东资格研究》,北京大学出版社2011年版,第56页。

② [日]青木昌彦、钱颖一主编:《转轨经济中的公司治理结构:内部人控制和银行的作用》,中国经济出版社1995年版,第4页。

利益之事。根据相关研究显示,①无论是在股权分散的英美国家中董事、高级管理人员的内部控制,还是中国国有或国有控股公司中因所有权人缺位导致的内部人控制,都存在这样侵害股东利益的情况。二是亲属关系等控制。主体利用亲属关系,通过相互忠诚、信任,低成本的人伦关系,进而实现控制公司的目的。这种方式常常出现在家族企业的管理控制中,实际控制人一般为控股股东、董事、监事、高级管理人员等人员的配偶、父母、子女。其更易对公司的利益造成较大威胁,相对于内部人控制而言更加不易被人察觉。

破产清算等时期,如何认定清算组织、债权人会议、债权人三者的性质,能否将其视为实际控制人?本书认为,首先,从实际控制人的定义看,在这一时期,对公司进行临时控制的组织并不符合以上定义的要求。实际控制人必须在生产经营活动中对公司产生实质性的控制影响力。而在破产清算等阶段,公司的管理人仅是在这一阶段负责破产财产管理清算等事务的组织。破产程序中会涉及大量庞杂的非法律事务,如公司债权人财产申报、职工安排等。法院作为公权力机关,对某一公司的财产管理、变价等工作无法亲力亲为,这也是不符合效率的安排,因而这些事情需要专人来处理。此外,出于公平、合理的考虑,债权人会议出于自身利益,在实际工作中很难保证他们能完全公平、合理地处理公司事务,保障员工利益,所以破产管理人的存在是极为必要的。但是,破产管理人对事务的处理,并不代表其拥有对公司的实际控制权,这一机构还会受到法院、债权人会议的监督。其次,当公司进入重整、清算时,债权人会议和清算组织的职权范围仅限于重整、清算等事项,公司的经营活动并不在其职责范围内。同时,这些组织在处理破产等事务时,保持中立最符合其专业态度,其不会冒着违背债权人等相关主体意志的风险,轻易满足自身利益,损害公司利益。公司的债权人可能会基于其自身利益的考虑对债务人施加影响,但并不是出于参与债务人经营管理活动的目的。因此,完全可以认为,上述讨论的三者都不符合本书“实际控制人”的范畴。

综上所述,实际控制人通过表决权、合同关系以及特殊身份等方式,与上市公司产生了紧密联系,通过此种联系以达到控制公司的目的。

---

① Demsetz and Lehn (1985), Morck, Shleifer and Vishny (1988), Holderness, Kroszner and Sheehan(1999).

(二)实际控制人的法律地位

在上市公司的范畴下,实际控制人的地位考量,需要从其与相关主体的法律关系进行分析。从公司的内部组织结构来看,股东、董事和高级管理人员各自分工,对公司经营管理发挥作用,同时接受监督管理,使公司能够良好运转。然而,随着社会经济的发展,在实践中公司的情况日益复杂化,通过交叉持股、金字塔式持股、股权信托和表决权代理等方式,参与公司运营的主体不断扩张。也就是说,最终对公司行为产生影响力的主体远远大于股东、董事和高级管理人员这三者的范围。而范围扩大的实际控制人通过自身权利影响公司的运行以及与利益相关人的关系,这种自身权利即为对公司的控制权。该控制权源于持股方式的改变,源于合同的约定,其本质还是对公司行为的决定权和话语权,这也决定了实际控制人的法律地位。

1. 实际控制人的控制权解读

实际控制人的出现以及地位问题,究竟取决于什么?从其种种控制方式可以看出,其与公司控制权有密切关联,控制行为与控制权的来源是实际控制人现象产生的根源。我国《公司法》将"控制"解释为,非股东依据投资、协议等关系实施的支配。① 由此可知,公司控制的关键在于,必须将自身置于控制支配公司的地位,必须要达到支配公司行为的目的和效果。从法律界定以及实践中可知,无论主体是控股股东、实际控制人,还是公司董事、监事、高级管理人员,只要是对公司实施了实质意义上的支配行为,我们即可认为其是控制行为;而这样的主体,通过法律或当事人合意取得了对公司的控制权。

公司控制权的这一说法也是基于实践需要发展而来的,在法律专用术语中并没有"控制权"一说。学界对控制权的认识也是多种多样的,是权利还是权力,并没有一个统一总括性的观点。本书认为,从企业产权的角度,控制权是从股东所有权中派生出来的一项权利,具有权利的属性。例如,甘培忠教授将公司控制权视为一种经济性权利,这种权利具有利益内容,并不具有自身的独立意志,附属于公司人格。"经济性权利"就需要对公司经济资源进行把握和处分,并由此作出决策。② 同时,控制权利又能产生权力,使控制权具有了权力属性,即对公司

① 《公司法》第216条第3项规定:"实际控制人,是指虽不是公司的股东,但通过投资关系、协议或者其他安排,能够实际支配公司行为的人。"

② 甘培忠:《公司控制权的正当行使》,法律出版社2006年版,第61页。

行为进行实际控制的能力。例如,殷召良教授认为,根据其内容显示,这一权利是一种影响力,主要针对公司的经营方针,其可以决定公司经营管理活动,或是公司的人事任免权利,甚至是利用公司来实现某种自身目的。① 这实际上是一种权力,一种支配力量。

综上所述,公司控制权既是权利又是权力。公司实际控制人之所以能取得控制权,无论其是通过何种控制方式,都是建立在其对公司相关资源产生了实际控制的基础之上。在此基础上,公司控制权的主体还必须要具有支配公司的意思。② 控制者积极地用自己意志取代被控制公司的意志,使公司的意志与其自身意志相统一,控制人通过控制公司实体来达到使其利益最大化的目的,此时公司的意志是控制者意志的外化。此外,实际控制人利用种种手段进行控制的最常见表现形式就是,将其意志体现在公司的重大经营决策中,这样才能体现控制权的力量。而这样的控制并不是偶然为之,而是基于其利益考量的成熟理性人的商事行为。

所以,公司控制权与控股权和经营管理权不同。因为,发起人创立公司,必须完成出资或认购等,公司成立后,出资人即成为真正意义上的股东,享有股东权利、履行相应义务。所谓的控股权,也是依据其所持股份的数量来决定的。从控制方式来分析,控制股份仅是其中的一种形式,但拥有了控股的地位并不意味着股东拥有了控制权,二者之间并不能完全画等号。这是因为在控制权与所有权分离的大背景下,促成了现代公司治理结构以及实际控制人相关实践主体的产生。③ 加之,控制权完全可以通过协议等与获取多数股份完全不同的方式获得,可以说,这两者之间存在紧密联系,但又并不等同。

职业经理人利用手中的管理权,决定公司的经营计划、当下的运营模式、具体员工的留与走以及公司资金的投资利用。从当今时代的发展来看,一家公司不可能没有职业经理人的存在,其对公司发展与成功起到了决定性作用。一个好的职业经理人是千金难求的,其掌握了公司经营管理的大权。如果详细分析公司的治理结构,就可看出此时经营管理权与所有权相分离,这样的分离是具有

---

① 殷召良:《公司控制权法律问题研究》,法律出版社2001年版,第2页。

② 陈莹:《公司实际控制人认定的实务判断》,载《中外企业家》2016年第11期。

③ 梅慎实:《现代公司机关权力构造论:公司治理结构的法律学分析》,中国政法大学出版社1996年版,第83~93页。

实际意义的。从来源看,控制权可以源于股权,还可以基于协议、投资或是家族等关系,而经营管理权则主要源于股东对公司的终极控制权,显然二者权源不同。

对公司的控制来说,主要体现为直接或间接两种形态。前者即控制者仅利用自身的地位或权力直接对公司进行控制;后者是指控制人利用第三人的地位或权力对公司所施行的控制。实际控制人在公司的日常经营和管理中,没有被赋予具体的经营管理权,其掌控公司须通过控股股东与董事、监事和其他高级管理人员才能进行,所以实际控制人对公司的控制属于间接控制,并不同于控股股东的直接控制。而这样的间接方式在相关立法滞后的情况下,就容易产生诸多问题。实际控制人若遵守信义义务,依照法律法规和公司章程的规定善意行使公司的控制权,尊重公司的独立性以及相关主体的合法利益。那么,其对公司行为的影响便是一种正面影响;反之,对公司的未来发展绝无益处。

所以,实际控制人在拥有了这份权力后,不能仅凭自身意志随意处理,应当基于合法、合理的考量,这样,才能使这一特殊身份发挥其真正价值。

2. 实际控制人与公司的关系

理论上,实际控制人与公司是两个独立的法律实体,但在司法实务中,这样的独立是不存在的;若是完全独立,实际控制人又怎么来实现自己的控制权?通常而言,只有实际控制人秉承诚实信用的理念,怀着正常且善意的心态去经营公司,正确行使权利与履行义务,这样其对公司未来经营发展的影响才是一种正面积极的影响。此时,实际控制人的利益和公司的利益实现了一致,实际控制人利益的增长会带动公司利益的增长,公司利益的增长也会有利于实际控制人的发展。实际控制人对公司的财产享有控制权,对公司的经营方针享有决定权,在公司价值不断增加的同时,实际控制人的控制权收益也会随之增加。但是,这并不是绝对的,在某些情况下,实际控制人与公司之间可能会发生利益冲突。在实践中,实际控制人如果想利用公司的独立人格,完全可以通过其对公司的控制权使自己的意志通过公司的表决程序成为公司的意志,让公司成为行使实际控制权的工具。[①] 换言之,若实际控制人与公司的利益是一致的,则其不会轻易动用控制权损害公司的利益,而是会与公司紧密合作。但是一旦其发现合作的方式所

---

① 陈莹:《公司实际控制人认定的实务判断》,载《中外企业家》2016 年第 11 期。

能收获的利益甚少，则公司极有可能沦为其谋取个人利益的工具和手段。

既然实际控制人实质上掌握着公司控制权，那么可以认为，公司处于实际控制人的掌控下，受制于实际控制人的监管。从理论上来说，“控制”这个行为本身是中立的，并不带有任何感情色彩。也就是说，“控制”行为本身是没有对错的，但是如果实际控制人出现了过度控制公司的情况，这样的控制就带有了主观性与目的性，这会造成对公司控制权的滥用。控制权滥用主要表现为，在经营过程中，实际控制人只会考虑其私利而忽略集体以及中小股东的利益，甚至出现损害后者合法权益的情况。在实践中，实际控制人完全可以不具有相关身份，即公司的控股股东或其他内部人员的身份，完全可以通过其余股东来影响公司决策、进行人财物的处置。这种对公司进行过度管控的情形是比较普遍的，常见的有在召集股东会议、资产重组、担保等情形下进行违规操作。有研究发现，我国上市公司的实际控制人常会采用的手段是，用低层级的地位或者身份实现高层级控制或现金流分离，利用所谓的“多元化”方式进行违规操作扰乱公司正常经营秩序。[①] 在这种情况下，公司与实际控制人间的利益诉求是截然相反的。

对公司实际控制人构建一个信义义务体系，出发点就是考虑当前出现的一些违规情形。控制权因其特殊的行使方式，从本质上说凸显了一种显性“权力”的特质。正如博登海默所说，“被赋权者总是面临着滥权的诱惑”。[②] 我们的法律正是基于这样的考虑，设置了实际控制人的信义义务。在信义义务的规制下，其应当善意地处理与其他主体的关系，这是这一义务设立的应有之义。为了更好地展示其与股东、债权人之间的法律关系，也因其特殊的控制方式所限，公司中的股东完全可以分为两种，受实际控制人控制的与非受其控制的股东。

(1)实际控制人与受其控制的股东之间的关系

无论是基于哪一种方式对公司进行实际控制，实际控制人因其不具备控股身份，在公司进行决策时，如何才能对公司进行有力的掌控？在实际操作中，实际控制人必须为自己寻找一位或多位公司中的“代言人”，即代替实际控制人行使表决权的股东。这部分股东由于受控于实际控制人的影响力与控制力，在公

① 顿日霞、薛有志：《上市公司实际控制人、多元化经营与投资者保护》，载《证券市场导报》2007 年第 9 期。

② [美]博登海默：《法理学——法哲学及其方法》，邓正来、姬敬武译，华夏出版社 1987 年版，第 347 页。

司进行大大小小的生产经营决策时,不得不为实际控制人的利益“摇旗呐喊”。

在处理只涉及两者之间的关系问题时,无论是否订立书面合同,都应该依《民法典》合同编的具体规范来进行规制。若二者基于正当、自愿的自由意志订立合同,那么合同应当认定为有效。反之,若两者间签订的合同违反了有关效力规定的规范,则应当认定为无效合同,实际控制人的权利不会受到法律的保护。考虑到商事法律关系应具备稳定性要求,否则会导致相关法律关系变得不稳定,不利于公司以及利益相关人的权利保护。所以,在法律法规适用中,对其与隐名股东间的关系问题,完全可以按照《公司法》等有关法律规定进行调整。

如果实际控制人在生产经营活动中牟取私利,指令受其控制的股东按照其意志行使权利,任意践踏公司的独立性原则,那么,受其控制的股东的股东权利处于一种被完全架空的实际情况,该股东已经丧失了发声的权利,实质上成为实际控制人的“代言人”。公司治理问题的复杂性与重要性已不言而喻,不再仅仅是简单的人员管理问题。在实际控制人以及控股股东共同存在的公司里,两者间的权利制衡已经成为新的治理问题。

(2)实际控制人与受其支配之外股东的关系

关于与受其支配以外的其他股东的关系,在实践中也可以分成两种情况讨论。主要以其他股东对实际支配行为是否知情为依据,股东若是对这样的支配并不知情,可以说,其并不与公司实际控制人构成直接的法律关系,则可以将我国《公司法》第16条、第21条①的具体规范用以规制实际控制人的行为,《公司法》中保护善意股东的一系列原则与制度就得到了尊重。例如,在隐名股东的问题上,如何进行利益抉择,就是很好的体现。如果基于外观主义以及保护善意的商事主体出发,若部分不知情且无证据证明其存在过失的股东相信公司登记材料上的股东即显名股东为出资人,在这种情况下,继续认定隐名出资人为股东从而享有股东权利,就会损害上述善意股东的信赖利益,这一行为不利于商事主体

① 《公司法》第16条规定:“公司向其他企业投资或者为他人提供担保,依照公司章程的规定,由董事会或者股东会、股东大会决议;公司章程对投资或者担保的总额及单项投资或者担保的数额有限额规定的,不得超过规定的限额。公司为公司股东或者实际控制人提供担保的,必须经股东会或者股东大会决议。前款规定的股东或者受前款规定的实际控制人支配的股东,不得参加前款规定事项的表决。该项表决由出席会议的其他股东所持表决权的过半数通过。”第21条规定:“公司的控股股东、实际控制人、董事、监事、高级管理人员不得利用其关联关系损害公司利益。违反前款规定,给公司造成损失的,应当承担赔偿责任。”

的稳定发展。

(3)实际控制人与债权人的关系

当公司已经被实际控制人控制，在其没有独立意志的情况下进行一系列生产经营安排，导致公司与债权人之间债权债务关系的产生，并不是基于公司的意愿而是基于实际控制人自身的意愿。此时公司已经完全被实际控制人控制，如果债权人与公司发生纠纷，被控制公司常常会怠于行使权利、履行义务，债权人的维权之路将会更加艰难。解决办法可以有两种：一是由债权人向受实际控制人支配的股东主张损害赔偿请求权，股东可在向债权人承担责任后，向实际控制人追偿因此受到的损失；二是直接在《公司法》第21条中赋予债权人损害赔偿请求权，让实际控制人对债权人承担相应责任，据此，债权人可以要求实际控制人与受支配的股东共同承担法律责任。

如此，分析了上述几对主体的法律关系后，凸显了实际控制人对公司、对债权人承担信义义务的必要性。让上市公司的实际控制人承担信义义务，促使其在每次公司决策时，除考虑自己利益外，也必须要关注其他相关人的利益。

第二节　上市公司实际控制人信义义务概述

一、上市公司实际控制人信义义务的内涵

(一)信义义务概述

“信义”一词即英文中的“fiduciary”，其是由拉丁文中的“*fides*”发展而来的，最根本的意思为“诚信”或“信任”。现代社会经济的发展离不开“信”的作用，“信”不仅是指信任，还包括“诚”和“义”。所谓“诚”，要做到诚信，严格履行诺言。这就要求一个人的行为处事要遵循道义、信守承诺。所谓“义”，即“信义”，要求主体进行动作时不得损害他人利益，否则不但要受到道德的谴责，甚至还会受到法律的处罚。这样，“信义”自然成为一项基本义务，而纳入法律的调整范围。在信托法律关系中，受托人居于信托法律关系的中心地位，是承担信义义务的核心主体。受托人的信义义务包括忠实、谨慎义务两项中心内容，并在我国相关法律中普遍得到体现。[①]

---

① 王群：《论信义义务》，载《法制博览》2016年第15期。

1. 信义义务的内涵

狭义上的信义义务，是指信托法律关系中，受托人承担的义务。① 信义关系具体系双方基于彼此的信任，一方将其所有的部分财产交由对方处理，对方则承诺为委托财产价值最大化对财产进行管理和处置。长期以来，信托理论和代理理论是被用来解释信义义务存在的基础理论，无论是委托代理关系还是信托关系，信义关系的存在都是基于受托人或者代理人对委托人、被代理人财产或者事项的一种控制权的存在。

对信义义务的理解可以从两个方面入手：一是受信人接受委托人的委托，并承诺在处理委托事项时履行与管理自身事务时相同的职责；二是虽然信义义务发生的根本是源于双方合同关系而产生的相互之间的诚实信用，这种义务已经由最初的道德约束演变为法律约束，虽然在双方当事人的合同中未明确列出，但是双方当事人也不得通过协议排除该项义务。

2. 信义义务的主体

传统公司法基于经济学中“委托—代理”理论，董事、监事、经理负担信义义务。我国《公司法》第六章，专章明确了公司董事、监事、高级管理人员的任职资格以及所承担的义务。可见，我国公司法上所称的信义义务的义务主体包括公司的董事、公司的监事以及公司的高级管理人员。现代公司法的立法趋势是将信义义务主体扩大到控股股东、实际控制人等其他主体。

（1）董事

理论上，董事的信义义务源自公司的委托，是基于董事自身在公司中的经营管理角色而负担的，而无论其是否拥有公司控制权。在行为规则上，当个人利益与公司利益发生矛盾时，董事必须善意、审慎并忠实地从公司角度出发，为公司谋求最大利益。我国公司董事的信义义务最早规定在2005年《公司法》之中，并在现行公司中得以进一步发展。但是，由于法律规定的简单、模糊，并且缺乏先例制度，我国法院在适用这一制度时存在种种问题。当然，随着法治环境的好转，我国也逐步取得进步，在最近一系列的判决中，法院开始尝试更清晰地定义董事的信义义务。②

---

① 《信托法》第25条规定：“受托人应当遵守信托文件的规定，为受益人的最大利益处理信托事务。受托人管理信托财产，必须恪尽职守，履行诚实、信用、谨慎、有效管理的义务。”

② 贾玉杰：《浅析我国公司董事的信义义务的适用问题》，载《法制与社会》2016年第22期。

我国《公司法》明确了董事会的职权，赋予董事会管理公司的权利，以及聘请公司管理层的权利。坚持代理理论的学者认为，董事是公司股东的代理人，而公司股东实际上是董事的委托人。利益相关者理论的兴起，使人们认识到董事管理决策或者是执行公司事务时，不仅要考虑公司的利益，在此基础上还要考虑债权人、职工等利益相关主体的利益，其也应该被视为利益相关者的受托人。由此可见，董事对于公司实际上拥有广泛的管理和经营权，董事是受托人并在公司中处于至关重要的地位，所以董事对公司、股东、债权人、职工等人负有高度的信义义务。另外，对董事还规定了勤勉义务，在我国司法实践中，上市公司董事勤勉义务的范围是董事的职责，而董事的职责，一方面，包括法律规范和公司章程规定的其职位所要求的职责；另一方面，包括社会公认的应当采取的防止公司利益遭受损失合理的措施。①

(2)高级管理人员

董事通过董事会决议的方式来行使职权，必须按照一定的程序和要求，而程序的设定在某种程度上是对公司决策效力的降低。伴随经理革命的发生，各国《公司法》或公司章程均授权公司高级管理人员行使日常的经营管理，对公司事务及商业活动进行日常管理。尽管公司管理层受董事会委托并被赋予管理权，但公司管理层并不是董事会的代理人，而是公司的代理人或者管理人。也就是说，虽然高级管理人员的管理权来自公司董事会的授权，但是高级管理人员仍为公司利益执行职务，是公司日常经营管理和执行事务的核心人员。

(3)监事

由于公司所有人对于公司的经营管理以及其他方面监督不能的问题普遍存在，为了弥补此缺陷，大部分大陆法系国家强化了公司内部治理，调整了公司内部各个机构之间的权利分布状态，设立监事会或者具有相同职能的、不同于其他公司内部机关的监督性质的机构，从而强化监督。多数国家的监事会是由公司所有者选举成员组成的，同时，出于保护职工权益的考虑，部分监事由职工民主选举产生，所以监事和公司之间也存在一定的“委托—代理”关系，其应该对公司负有信义义务，诚实信用地履行其监督职责。由此可见，监事是信义义务的义务人之一。

① 张红、石一峰：《上市公司董事勤勉义务的司法裁判标准》，载《东方法学》2013 年第 1 期。

我国《公司法》也明确了监事会的监督地位，监事会有权代表全体股东对管理层的日常经营管理行为和业务执行情况行使监督权。监事会作为监督机构，其权利的行使将会对公司经营决策产生重大影响，虽然不直接对公司的经营决策产生影响力，但是其以“监督”的方式对公司产生了一种间接影响力。

(4)股东

经济学理论认为，在委托代理关系中，只要其中一方的行为对他方的权益造成影响，那么该方就是对方的受托人。所以，一方行为时除考虑自己的利益外，还要考虑对方的利益，不得滥用权利，并不得违反信义义务。早期理论一般认为，由于股东是公司的所有者，其只需根据公司章程的约定承担足额缴纳出资的义务，对公司及其他利益相关者不负担义务。但社会的发展演变迅速，公司也随之发展变化，公司的经营管理权主体从最初的股东变为董事、控股股东。

当公司存在控股股东时，股东对公司所负担的义务并不仅仅是缴足出资，基于其对公司的控制权应该负担更多的义务。比如，忠实义务要求公司股东不能为私利而损害公司权益，尤其是在自我交易的情形下。信义义务要求，当以股权控制公司的股东将其相当比例的控制股权转让给公司之外的第三人时，控制股东不得只为了自己的利益而损害他人的利益，包括中小股东、公司债券持有人等。信义义务还体现在，封闭性公司中少数股东不得为了自己利益而对大股东实施“敲竹杠”的行为。①

(5)实际控制人

实际控制人系公司常规的经营者范围之外的能够以其他关系支配公司的人，能够支配公司的其他关系包括投资关系、协议或者其他安排等。实际控制人通过投资关系、协议或者其他安排来控制公司机关并最终控制公司行为。实际控制人通过控制公司股东会或者董事会上的实际投票人，使其按照实际控制人的意思进行投票。实质是通过控制的方式将实际控制人的意思成为公司意思，进而控制公司行为。除非公司章程有特别规定，股东会决议反映的是由股东按照资本多数决进行投票的结果，在没有实际控制人的情况下，公司控股股东由于占有多数投票权从而控制了股东会决议的结果；反之，实际控制人影响并决定了

---

① 最典型的情况是，封闭公司在公司章程中规定股东会的一致同意条款，如果少数股东不同意，将使股东会决议无法达成，从而对大股东开出“敲竹杠”的要价。

股东会决议的形成,取代了公司股东会从而控制公司行为。在实际控制人控制公司的情况下,实际控制人可以通过取代控股股东、董事或管理层的地位来达到控制公司的目的。"从权利与义务相一致的原则"考量,实际控制人就应该对公司、股东、债权人、职工等负有信义义务。因此,从这个意义上来说,由于两者涉及的密切相关主体大致相同,实际控制人信义义务的来源基础与控制股东信义义务的来源基础相同。

3.信义义务的受信对象

信义义务的受信对象(也称受信人),是指信义义务法律关系中的受益人。按照信义义务发展的历史演进过程,信义义务的受信对象主要包括以下类型:

(1)信托关系中的信义义务对象

信义义务最早起源于古罗马法上的"遗嘱信托制度"。罗马传统中,未婚的成年人、外侨和被剥夺公权利的人不具备获得遗赠财产的资格。这一传统在很大程度上限制了遗嘱人对其财产的处分。为摆脱这种法律上的限制,在实践中出现一种规避法律规定的方式:遗嘱人立遗嘱时要求合法继承人将其所接受的部分财产转移给遗嘱人所希望的财产享有人。基于诚实信用原则和社会道德理念,合法继承人应该按照其与遗嘱人的约定,将继承财产转移给遗嘱人期待的受益人。在最初的"遗嘱信托"制度下,遗嘱人期待的财产受益人即为信托法律关系中的受信人。

到了中世纪,信托法正式形成,但信托法上的信义义务与古罗马"遗嘱信托制度"下的信义义务有较大差别。信托上的信义义务是一种法定义务,受托人在享有宽泛的管理信托财产权利的同时,负有让受益人满意的职责。负有信义义务的受托人除非得到相反的授权,不得利用其所处的管理信托事务的地位进行谋利,严格避免出现自己的利益与受托人利益相冲突的局面,即使避免不了,受托人也应该以信托受益人的利益为先。而古罗马法下"遗嘱信托"义务人是一种非法定的义务人。因此,中世纪,信托关系上升为法定的委托人、受托人、受益人之间的权利义务关系,受益人作为信义义务的受信对象也得到法律的确认,其受益权的实现得到法律的保护。

(2)公司治理结构中的信义义务对象

信义义务发展到现代,已经从传统的"遗嘱信托制度"、信托法律制度发展到合同法、公司法、代理法等领域。在公司治理结构中,基于"委托—代理"理论,公司董事、高级管理人员等管理者的信义义务是现代信义义务发展的典型代表。公司治理结构中信义义务的对象有以下几种类型：

首先，公司。公司具有独立的法人人格，从某种程度上说，公司与公司经营管理层之间存在信托关系：公司将自身的财产委托给管理层进行运作，公司自身就是受益人。基于这种关系，管理层应该为了公司的利益服务，不得利用其对公司财产的支配权滥用公司权利、谋取公司利益。

其次，公司股东，包括中小股东。股东是公司的所有者，因此，管理层的信义义务受信人自然应该包括股东。而当公司存在控制股东时，控制股东所负信义义务的对象，包括公司和少数股东。原因在于，虽然股东是公司的所有者，但是仍然不排除股东和公司之间会存在一定的利益冲突，为防止股东掌握控制权时滥用权利谋取公司利益、损害中小股东合法权益，控制股东应该对公司以及处于弱势地位不具有控股权的中小股东等负担信义义务。

最后，承担信义义务的主体，除向具有独立人格的公司负责外，是否还要向“利益相关者群体”负责？关于这一问题学界争议较大，各个国家的立法也比较模糊。施天涛教授认为：“在立法上，主要是一种鼓励或者提倡，并未上升到强制的程度。在司法实践中，原则上禁止，例外承认。”①深入探寻其影响因素，根本问题在于，一个难以消除的矛盾横亘在公司所有者与公司的利益相关者之间，如债权人、债券持有人和其他人。从最基本的公平正义理念出发，公司理应维护与其利益密切相关的利益群体的权益。为了平衡上文提到的这对矛盾，同时坚持公司本身具有的营利本质，并追求股东利益最大化的结果，在公司社会责任理论得到落实之前，无论是在法律制度中得以体现还是在实践工作中得以贯彻，我们都可以推断，法律和市场将会拒绝让公司的董事、监事和经理阶层向利益相关者群体承担理论上应承担的信义义务。

（二）实际控制人的信义义务

1. 实际控制人信义义务的内涵

权利与义务相统一的原则不仅是公法上的基本原则，也是私法上应当遵循的准则。从法学理论的角度研究权利与义务的关系，可以得出两者的对应关系，任何一项法律权利都有与其相对应的法律义务，任何一项法律义务都以法律权

① 施天涛：《公司法论》（第2版），法律出版社2006年版，第392页。

利存在为前提,即两者互为前提和基础。实际控制权既是权利,也是权力。在实践中,公司的实际控制人事实上掌握着公司命脉,无论是公司核心决策的形成还是日常事务的经营管理,都被实际控制人所控制;控制人手中的权力在一定程度上甚至比公司的股东、董事等有过之而无不及。根据权利和义务对等的基本原则,在享有支配公司行为权利的同时,公司实际控制人必须承担相应义务。此外,无论是成文法地区还是判例法地区的法律,对于公司实际控制人的权利限制都是出于相同目的,即保护公司和其他利益主体的利益,这也是实际控制人信义义务内涵的本质。

传统公司法理念认为,公司的经营管理者、监督者与公司之间存在委任或信托的法律关系,因此他们应该承担一定的义务。但是,本书认为,在有实际控制人的公司中,本质上对公司经营决策产生影响的是实际控制人,公司管理者和监督者并未发挥法律最初预设的作用。权利与义务是对等的,实际控制人既然享有广泛的权利,就必须受到特别的义务约束。由此,实际控制人法律规制中必须包含实际控制人的信义义务规则,它是实际控制人义务的重要组成部分。实际控制人通过行使支配权控制公司,从而实施有可能伤害公司、其他股东以及公司债权人利益的行为。这就是违反诚实信用原则、滥用权利的行为。为了防止实际控制人滥用控制权,保障控制权行使过程和结果的正当化,保护受控公司、公司的外部债权人和处于弱势地位中小股东的利益,于是将信义义务施加给控制人。

控制人享有的对目标公司的控制权就其权利属性而言,系事实上的一种权利,法律上并未明确赋予控制人对公司的控制权。但如前所述,权利义务是一致的,如果实际控制人对于公司的控制权仅仅是一种事实上的权利而非法律上的权利,则可推出,我们既无对应的权利理论来支撑为控制人设定法律义务的行为,也没有必要为其增设法律义务。目前,实际控制人在我国上市公司的公司治理中发挥的影响力日益增大,其享有的实际控制权是随着我国公司不断发展而自发形成的。我国公司法已经对实际控制人加以承认,实质上是将实际控制人事实上享有的权利以法律的形式予以认可。在以权利本位和社会本位并重的私法领域,我们对实际控制人的权利加以认可的同时,要求其承担相应的义务是必要的,也是合理的。

2. 实际控制人信义义务的主体

实际控制人是一个对公司控制权变化的兜底性概念,由于法律本身的滞后性,事先的立法不可能穷尽列举所有的公司控制人类型,事实上的公司控制权配置形态比立法者预先设想得复杂。在实践中,已经出现了不具有公司董事、控制股东身份而享有公司控制权的主体,包括一些不具有合法资格的董事、高级管理人员、家族企业的核心人物,通过契约关系或亲属关系获取公司控制权的主体。我国《公司法》第216条将实际控制人与股东并列在法条规定里,明确将股东排除在实际控制人之外。本节前述部分已经论述了控股股东、实际控制人因实质上掌握公司经营管理控制权而应当对受控公司、外部债权人、中小股东等利益主体承担信义义务,按照实际控制人控制公司的方式不同,实际控制人信义义务的主体包括以下几种类型:

(1)协议型实际控制人

协议型实际控制人系以控制性协议或者控制性契约的方式对公司进行实际控制的人。控制性协议是实际控制人控制公司的前提和依据,包括但不限于下列几种协议:特许经营协议、承包经营协议、委托经营协议、租赁经营协议、使用权转让协议等。基于控制性协议,控制人对受控公司经营决策的形成、日常经营管理实务的执行产生事实上的控制作用。在实践中,使用频率最高的是特许经营协议,而该种协议也是控制作用发挥得最好的一种控制性协议。

特许经营协议系特许(经营)权人以契约约定授权给被特许经营者(加盟者),使其有偿使用特定商号、商标、专有技术、商业秘密、商业信息等从事经营活动的一种商业性协议,特许权人同时有权指导、控制被许可人的业务经营或者提供商业经营性质的其他协助行为。加盟者获得特许权人许可,使用特许权人所有的或者控制的商标、商号、企业形象、工作程序等,并按照特许经营协议的许可内容和相关约定,在特许权人的指导、控制下,按照规定的经营方式和业务开展模式从事经营活动,同时向特许权人支付相应对价,这种行为模式类似继续性债权债务关系。其长盛不衰的经营优势在于,这种方式可以大大降低成本,同时可以避免市场风险。对于市场消息知晓不足的投资者来说,往往会盲目投资;但投资一家有实力的特许商,其"名声"将给投资者带来方向,使投资风险大大降低。再加上特许经营还能准确定位,使企业准确选择投资方向,围绕目标进行策略思考,并能据此了解市场动向,达到改善自身产品和服务不足的目的。在实践中,实际控制人大多具有特许(经营)权人身份,其利用法律上的特许身份可以更好地控制上市公司。

(2)投资型实际控制人

投资型实际控制人,系通过间接控(持)股等方式排除公司股东的控制人。所谓间接控(持)股,是指未直接持有公司股份,但是通过其控股的子公司或孙公司持有或合计持有该公司全部股份的1/2以上股份的方式,从而获得决定该公司行为和经营决策的影响力。比较常见的间接控(持)股方式有金字塔式控(持)股和多重控(持)股。所谓的金字塔式控(持)股,简言之,就是"母—子—孙"结构的股权控制关系,实际控制人通过母公司掌握子公司的股权来控制子公司,子公司再以同样的方式控制孙公司,以由上至下、层层叠加的方式使控制力到达最终的目标公司。金字塔式控(持)股是现代企业集团治理的一种常见结构;而多重控(持)股则是实际控制人以多条互不相同的股份控制链条互相交融从而实现控制的一种方式,在先的股份链条越过在后的股份控制链条,直接持股控制位于整个股份控制系统最末端的目标公司。如原始的控制人持有控制链条中一家公司的股份且没有达到控制股份的标准,但是其通过实际控制的子公司或者孙公司来共同持有目标公司的股份,累计起来就能达到控制目标公司的效果。以上两种股权控制的方式,都是通过间接控(持)股方式达到控制目标公司的目的。

(3)表决权型实际控制人

所谓的表决权型实际控制人系以各种方式获得目标公司相当数量的且可由其支配使用的投票权,但在法律地位上又不属于公司股东的控制人。表决权型实际控制人即是通过收集足够数量的表决权从而对公司进行实际控制。实际控制人虽然不直接享有公司的表决权,但是其可以通过表决权征集、代理等方式间接取得表决权,对公司产生具有控制性的影响力。因此,表决权型的实际控制人是承担信义义务的一类主体。

(4)其他类型的实际控制人

除协议型、表决权型、投资型实际控制人外,其他主体也可能成为公司的实际控制人,如家族亲属等。在家族企业中,以血缘关系为控制权的纽带极为典型。在这种情况下,为保护公司、股东的合法权益,不能直接对其适用董事、监事、高级管理人员的规范,而应该将享有公司实际控制权的家族亲属纳入实际控制人的范围之中,并成为信义义务的主体。此外,公司的外部债权人、公司所在的社区基层组织、行政机关等主体若满足一定的要件,都可成为目标公司的实际控制人。

3. 实际控制人信义义务的受信对象

实际控制人承担的信义义务,可以说是代理理论扩大适用的结果。即使委托—代理关系(如股东与董事之间的关系)不一定很显著,但在任何场合只要包含两个人或者两个人以上的合作,就会出现代理成本。在上市公司中,实际控制人掌握公司的实际控制权,出于对控制权收益的追求,无论是共享收益还是私人收益,其权利的行使一定会导致公司本身、公司的出资人、外部债权人以及其他利益主体的利益受到影响。由此,法律为实际控制人设定的信义义务,主要是为了保障以下主体的合法权益。

(1)公司

在大多情况下,实际控制人的利益和公司的利益是一致的,二者之间成正相关的关系:第一,实际控制人所实际控制的股份份额对应其公司财产的请求权,如果公司的财产增加,控制股东的控制权收益也就随之增加;第二,实际控制人对公司的资产有控制力,如果公司的财产呈增长状态,则其所能够控制的公司财产也就相应增加,实际控制人的控制权收益也会随之增加。

利益一致的和谐关系是公司和实际控制人都愿意追求的,但是这种一致并不是绝对的。在实践中,这种和谐关系有可能会被打破,实际控制人也可能与其控制的公司发生矛盾,此时不排除实际控制人以召开股东会临时会议等方式迫使中小股东服从其意志,或者直接实施关联交易、抽逃资金等违法行为从而侵害被控制公司的权益。尽管实际控制人掌握公司控制权,公司的经营实际上不能不受制于实际控制人,然而实际控制人对公司的控制是经济发展的结果,法律能起到的作用仅仅在于规范和限制其过度控制目标公司以及滥用控制权的行为,根本目的在于防止实际控制人践踏公司独立人格,侵占公司法人权益。综上,为避免公司实际控制人与受控公司利益上产生矛盾,实际控制人利用其控制地位损害或者侵占公司法人的合法权益的情形,必须从制度上限制实际控制人的行为,使其负有对公司所应承担的信义义务。

(2)中小股东

禁止权利滥用和权利相互制衡,已成为当今各国共识。依据"权责相一致"的原则,实际控制人对公司的经营决策享有"支配性的影响力",如果其滥用控制权将直接损害中小股东的合法权益。因此,为公司实际控制人设定信义义务,就是为了防止实际控制人滥用其权利,凡是滥用控制权的行为即为违反公司实际控制人的义务。

“施加给实际控制人一定的义务,让其对中小股东负责,其法理源于基于公司法中的股份平等原则,同时也考虑到要平衡资本多数决制度下可能出现的道德风险。”①无论股东出资份额的大小,各股东在法律地位上均为公司出资人,以其出资享有相应的股东权益,包括分红的权利、参与表决的权利和参与公司管理的权利等方面。此外,按照股权平等的基本要求,上市公司的股份权益原则上应是同股同权,同时注意维护中小股东的合法权益。但在实践中,公司实际控制人过度利用其对公司的控制权,在将自己意志通过资本多数决的表决制度转化为公司意志的同时,极可能发生上市公司实际控制人侵犯公司中小股东权益的情形。从股权控制链的角度来看,实际控制人有极大概率以控制公司的控股股东从而获得公司的控制权。从这个意义上来说,上市公司实际控制人对中小股东应负有义务,即中小股东是实际控制人信义义务的授信对象。

(3)公司债权人

股东有限责任制度是现代社会中公司得以发展的主要原因之一,它使企业的投资者免于承担其出资额度之外的企业债务责任。但同时,股东有限责任也加剧了债权人所面对的极大的债务人失信风险。因此,应强化债权人利益保护,平衡债权人和股东之间的利益冲突。为了使债权人在关联交易中免受实际控制人的侵害,英美法系和大陆法系从不同角度出发,发展出了保护债权人利益的不同规则。英美法系重在事后保护,典型的有美国,其以数量庞大的判例建立了许多因时制宜的新规则;以德国为代表的大陆法系则多通过公司法的关联企业专章立法,来对事前保护作较详细的规定。

将上市公司债权人或者其他利益相关者作为实际控制人信义义务的授信对象具有一定的正当性。通过公司法制度设计干预实际控制人的信义义务比让公司债权人仅仅以协议来维护自己的合法权益更加高效、便捷,同时在责任承担上也更有价值。公司法制度设计能在合同之外提供更加有用的保护方式,信义义务的设定有助于强化实际控制人对公司履行忠实、勤勉义务;做到真正为公司的利益考量,并且基于诚实信用的理念,不对债权人为欺诈行为。对于其他法律

① 朱慈蕴、郑博恩:《论控制股东的义务》,载《政治与法律》2002年第2期。

相关者的保护，从理论上看，大大增加了所花费的成本，而这与法律设计提高效率、降低成本的目的不相符。然而，法律所能做到的不是彻底地消除公司的股东或者实际控制人对其他利益主体的利益侵蚀，而是合理安排信义义务的相关制度，从而使实际控制人滥用控制权的责任成本和利用法律规避责任的机会成本达到一个总体平衡，进而实现对债权人及相关利益者利益的最大化程度保障。

二、上市公司实际控制人信义义务的法理基础

（一）实际控制人信义义务的法哲学理论基础

1. 权利义务一致的理念

权利义务相一致是现代私法领域的基本理念，同时也是支撑现代私法稳步发展的理论基石。公司法作为典型的私法，对这一理念的贯彻主要体现在公司治理结构中相关主体的权利义务配置。尤其是在上市公司中，对于掌握较大权利的实际控制人，更应该遵循权利义务相一致的原则，才能更好地平衡公司内部主体之间的权利义务关系，以促进公司治理结构的完善。权利与义务的关系在法理学上表现在两个方面：一是结构上的相关关系；二是数量上的等值关系。

结构上的相关关系，主要是指权利与义务之间相互依存、相互贯通。相互依存，即权利或义务的存在和发展须以另一方的存在和发展为条件，每一方都不可能脱离另一方而独立存在和发展。相互贯通，是指权利和义务之间相互联系、相互渗透，若同时满足一定条件则可相互转化。就上市公司实际控制人而言，其享有的控制权是相对其他不享有控制权的相关主体而言的，如果上市公司实际控制人只享有控制权而不承担相应的义务，而相关利益主体由于享有较少的公司管理权利却得不到合理的利益，则会导致公司内部权利义务结构失衡。因此，基于权利义务相一致的原则，实际上享受着公司控制权的控制人理应承担与其享受的权益相对应的信义义务。此外，权利和义务还表现为一种数量上的等值关系。首先，一个社会的权利和义务总量相等，一部分人享有权利，另一部分人就履行对应的义务。也就是说，无论怎样分配权利和义务，二者在数量关系的"绝对值"上是等值或等额的。[①] 其次，在具体的法律关系中，权利义务之间存在相互包含关系，二者互为边界。即个人负有多少义务，就享有多少权利；享有多少权

---

① 徐显明主编：《公民权利义务通论》，群众出版社 1991 年版，第 65 页。

利,也就负有多少义务。基于权利义务的对等关系,在一个上市公司中控制权的“绝对值”是不变的,实际控制人享有上市公司控制权,就应该要求其承担与其控制权相对等的义务。我们不可能要求本身享有较少权利的其他利益相关主体负担较多的义务。因此,为了实现公平正义这一社会最大价值目标,在权利和义务对等的基础上,既有理由也有必要让上市公司的实际控制人承担相应的义务。

2. 公平正义的法律理念

公平正义是一个历久弥新的概念。公平的核心理念在于合理分配利益,使利益分配达到最佳平衡点,最终实现社会正义、促进社会和谐。对公平的理解可以包含三个方面的内容:一是在立法层面,要求制度的设计必须衡量不同社会主体的利益诉求,在相关主体之间公平地分配利益。二是在民商事活动层面,要求当事人进行商事活动,尤其涉及财产交易时,应秉持公平交易以及等价有偿的观念。三是诉讼层面,要求民事案件的处理结果应该与最基本的公平正义的价值取向相一致。[①] 要求上市公司实际控制人承担信义义务,目的在于约束实际控制人滥用控制权,从而平衡上市公司、实际控制人、公司股东及其他相关人员和组织的权益。基于公平的法律理念,上市公司实际控制人由于享有公司的控制权,一方面,在行使权利时主观上应该持公平态度,行为时应该注意平衡相关主体的利益;另一方面,上市公司实际控制人极有可能滥用控制权,损害其他人的合法权益。因此,要求上市公司实际控制人承担与其权利相对应的信义义务是公平的。

古罗马法学家乌尔比安认为,正义是一种永恒不变的意志,这种意志体现为每个人获得其应得的东西。[②] 每个人都能获得其所应得的东西则是正义的最大实现,恰如亚里士多德所认为的,正义所为的恰是有益于他者的事情,行“他者之善”。[③] 他将正义分为分配的正义和矫正的正义。所谓分配的正义,即社会利益关系的分配应该以“均衡”为根本出发点,实现社会利益的均衡分配才是最正义

---

① 张玉敏主编:《民法》(第2版),高等教育出版社2011年版,第27页。

② De Finibus Bonorum ef Malorum ,*Loeb Classical Library*,trans. by H. Rackham,1951,p. 65－67. 转引自[美]E. 博登海默:《法理学:法律哲学与法律方法》,邓正来译,中国政法大学出版社2004年版,第253页。

③ Nicomachean Ethics, *Loeb Classical Library*, trans. by H. Rackham, 1947, p. 17. Plato, *The Republic*, trans. by A. D. Lindsay, 1950, p. 341－342. 转引自[美]E. 博登海默:《法理学:法律哲学与法律方法》,邓正来译,中国政法大学出版社2004年版,第253页。

的体现。矫正的正义，是"存在于出于意愿的或违反意愿的私人交易中的公正"，[①]矫正的正义只有在社会成员违反分配正义的规范时才开始发挥作用。正义只有通过良好的法律才能实现，基于亚里士多德分配正义的理念，要求法律对社会利益进行均衡的合理配置。上市公司实际控制人相较非控制人而言，在公司的经营决策、实际收益等方面的权利较大，因此为了实现利益平衡，需要法律对享有较大公司控制权的上市公司实际控制人赋以一定的义务，是分配正义下"均衡"的一种体现。矫正正义的根本目的在于，对社会成员之间遭受损害的权益进行救济。以此为出发点，法律对于上市公司实际控制人滥用控制权的行为以及违反法定义务损害其他主体合法权益的行为等设定了相应的义务以加以规制，是实现矫正正义的一种表现。

只要社会存在是非，就必然存在对公平、正义理念的价值判断和追求，社会离不开公平正义，正是由于人类社会对公平正义的不断追求，才推动着社会的不断发展和进步。人们之所以从道义上一致认为，侵害公司权益的实际控制人承担相应的损害赔偿责任是理所当然的，在很大程度上来说是受到公平正义的法理念与社会道德观评判共同作用的影响。公司实际控制人对公司经营决策、发展状况起到决定性作用。若实际控制人滥用其对公司的控制权，利用公司独立法人人格制度来规避自身的法律义务和责任，侵犯中小股东和债权人的合法权益，导致最终承担责任的是上市公司，而公司作为一个"非人"机构，在这种情况下，受损者内心深处依然存在惩罚"真凶"的想法。[②]"尽管人类以及非人类的其他动物均可对某一事件的后果负有逻辑上因果的责任，然而仅仅只有人类才能负起道义上的责任。"[③]因此，对于一个"非人"的社会组织——上市公司来说，人们的情感难以直接施于其上，总是力图寻求公司这一组织背后实际操控的人，尤其在该组织侵犯人们的实际利益时，这种心理状态表现得尤为强烈。"法律虽然不能用情感来解释，但是法律追求的公平正义目标却总是应该与社会认可的观念相一致。"[④]因此，基于社会对公平正义、道德评价的一致性要求，对享有上市公

① [古希腊]亚里士多德：《尼各马可伦理学》，廖申白译注，商务印书馆2017年版，第150页。

② 叶敏：《公司控制人的法律分析》，中国政法大学出版社2015年版，第84页。

③ [美]约翰·马丁·费舍、[美]马克·拉维扎：《责任与控制：一种道德责任理论》，杨韶刚译，华夏出版社2002年版，第2页。

④ 叶敏：《公司控制人的法律分析》，中国政法大学出版社2015年版，第84~85页。

司实际控制权的控制人应该赋予其相应责任。

(二)实际控制人信义义务的民法理论基础

1. 权利不得滥用原则

民法是权利本位法,强调当事人的意思自治,注重对私权的保护。但是民事权利的行使并不是毫无界限的,权利不得滥用原则的出现即是对民事主体行使权利的一种约束,该原则的出现是为了防止个体利益的无限度扩张从而侵害其他民事个体或组织的正当权利,进而破坏当前整个社会市场秩序的情况出现。1896 年《德国民法典》第 226 条、①1907 年《瑞士民法典》第 2 条第 2 款、②《日本民法典》第 1 条第 3 款③等均将权利不得滥用作为民事活动的一项基本理念或原则。英美法中虽然没有独立的权利滥用概念,但是其在衡平法中创设的"允诺禁反言规则"(Promissory Estoppel Rule)本质上是权利不得滥用的一种体现。因此,权利不得滥用无论是在成文法还是在不成文法国家都是一项基本的民法理念。我国《民法典》第 132 条对禁止权利滥用原则作出了规定。孙宪忠教授认为,禁止权利滥用,是指民事主体从事民事活动不得损害国家和第三人的合法权益。④ 权利之间存在界限,过度行使某项权利就是对他人权利的侵犯,因此任何权利的行使都必须限制在一定范围内。不得滥用权利的理念包含两层含义:一是要求权利主体承担一定的义务,限制权利滥用;二是对权利滥用的行为进行责任追究,增加权利滥用的风险负担。

控制权的产生是公司内部资源配置的结果,上市公司实际控制人是随着公司的产生而产生的,具有一定的合理性和正当性。公司将多个主体的资源集中管理和经营,发挥效率运作和规模协作的优势,这是现代企业制度适应更激烈的市场竞争和更迅速的市场需求变化而必须采取的措施。因此,从这个角度来说,上市公司实际控制人享有的控制权具有一定的正当性。从法律规定的可行性角度来看,上市公司实际控制人,是指实际行使公司决策、管理、利益分配等职能,

---

① 《德国民法典》第 226 条规定:"如权利的行使专以加损害于他人为目的,则不得行使权力。"陈卫佐译注:《德国民法典》,法律出版社 2015 年版,第 78 页。

② 《瑞士民法典》第 2 条第 2 款规定:"显然滥用权利的,不受法律之保护。"《瑞士民法典》,于海涌、赵希璇译,法律出版社 2016 年版,第 5 页。

③ 《日本民法典》第 1 条第 3 款规定:"禁止权利滥用。"沈阳师范大学法律文化协同创新中心组织编写:《日本民法典》,王爱群译,法律出版社 2014 年版,第 18 页。

④ 孙宪忠主编:《民法总论》(第 2 版),社会科学文献出版社 2010 年版,第 66 页。

能对公司产生具有实际“支配性的影响力”的除股东外的个人或者组织体,[①]上市公司实际控制人控制权的产生是民商事主体之间意思自治和相互博弈的结果,因此,公司实际控制人的问题是一个事实问题,公司法只能规定公司内部机构设置及与公司治理相关的基本权利义务的设置,而不能对公司管得过严。如果法律规定由谁来作为实际控制人,谁不能作为实际控制人,只会限制公司的发展。因此,从这个角度来说,实际控制人的存在具有一定的合法性。但是,法律承认实际控制人的合法性和正当性,并不等于对实际控制人行使其对公司的控制权不加以任何规范。如果实际控制人无限度地追求其自身利益的实现而操纵或者滥用其手中的控制权,在与公司、中小股东或者其他相关利益主体发生冲突时,以自身利益为先,损害其他主体的权益,则会导致利益导向失衡。当前,我国处于转型时期,社会主体价值形态呈现多元化,很难保证上市公司实际控制人都能正确行使控制权。因此,基于权利不得滥用的原则,应该对上市公司实际控制人的权利加以适当的约束和限制。我国《公司法》第 21 条[②]规定,公司实际控制人不得利用关联关系损害公司利益,否则应当承担赔偿责任,即是对权利不得滥用原则第二层含义的体现。责任的承担是基于对义务的违反和对他人权利的损害,因此,要求其按照公司章程、合同约定或者法律规定履行信义义务是必要的。

2. 诚实信用基本原则

诚信原则是大陆法系民法之“帝王法则”,《德国民法典》首次将诚实信用原则作为一项强行规定,该法典第 157 条[③]规定合同解释应该遵循诚实信用,第 242 条[④]规定债务人履行给付应当遵循诚实信用。《瑞士民法典》第 2 条、[⑤]《日本民法典》第 1 条第 2 款[⑥]均规定,诚实信用是人们行使权利和履行义务的根本准则。

---

① 《公司法》第 216 条将实际控制人作为一个与公司控股股东相并列的主体,并且明确排除了股东身份与实际控制人身份的重合。

② 《公司法》第 21 条规定:“公司的控股股东、实际控制人、董事、监事、高级管理人员不得利用其关联关系损害公司利益。违反前款规定,给公司造成损失的,应当承担赔偿责任。”

③ 《德国民法典》第 157 条规定:“合同必须照顾交易习惯,以诚实信用所要求的方式予以解释。”陈卫佐译注:《德国民法典》,法律出版社 2015 年版,第 54 页。

④ 《德国民法典》第 242 条规定:“债务人有义务照顾交易习惯,以诚实信用所要求的方式履行给付。”陈卫佐译注:《德国民法典》,法律出版社 2015 年版,第 86 页。

⑤ 《瑞士民法典》第 2 条第 1 款规定:“任何人在行使权利和履行义务时,都应该遵守诚实信用原则。”《瑞士民法典》,于海涌、赵希璇译,法律出版社 2016 年版,第 5 页。

⑥ 《日本民法典》第 1 条第 2 款规定:“行使权利和履行义务,应当遵循诚实信用。”沈阳师范大学法律文化协同创新中心组织编写:《日本民法典》,王爱群译,法律出版社 2014 年版,第 18 页。

《意大利民法典》第 1176 条规定，债务人应当像善意的家庭的父亲般尽到勤劳谨慎的注意义务。[①]《美国统一商法典》总则编第 1－201 条第 19 款[②]也对商事交易中的诚实信用要求作出规定。我国《民法典》第 7 条也规定了诚实信用的原则。因此，诚实信用的基本原则业已成为民商法领域的通识性原理。我国目前商事法领域由于缺乏通则性规定，对诚实信用原则未在商事领域明确规定，但在我国民商合一的背景下，所有从事民商事活动主体都应该遵循该行为准则，因此，实际控制人的行为自然应该受到该原则的约束。

所谓诚实信用，是指为实现当事人及社会利益之间的平衡关系，当事人在从事经营活动时，应该秉持善意理念，正当合理地行使权利、履行义务。[③] 一方面，权利的行使应该秉持"善意"理念，不得恶意为之。即行为人主观没有损害他人、社会或国家利益的故意，也不希望或放任自己的行为给其他利益主体造成损害。另一方面，基于平衡社会整体利益的考量，诚实信用原则要求享有权利的主体应该如实履行相应义务。诚实信用是信义义务产生的最基本理论根源，从最初的遗嘱信托来说，遗嘱管理人对委托人信义义务的基础就在于管理人应该基于对委托人的委托事项诚信为之；到后来，公司董事的信义义务也是从董事与公司之间的委托代理关系出发而来的，要求其诚实善意地履行经营管理公司的义务。就上市公司实际控制人而言，其拥有对公司经营决策的支配权，在行使该权利时，应该秉持"善意"理念，忠实于公司，作出决策时应当尽到合理的注意义务，不得滥用权利损害其他相关主体的合法权益。此外，从某种意义上来说，公司的控制权在总体上有一个相对稳定的总量，实际控制人对公司享有控制权的本质上是其他相关主体将自身对公司管理权限的一种让渡。因此，基于对相关主体及社会利益平衡的目的来考虑，要求上市公司实际控制人承担一定的信义义务是诚实信用原则的必然要求。

（三）实际控制人信义义务的商法理论基础

控制权本质理论是大陆法系国家建立控股公司诚信义务体系过程中产生的一个重要学说。该学说认为，享有公司控制权的主体由于具备对公司的"支配性

---

① 《意大利民法典》第 1176 条规定："在债的履行中，债务人应当尽善良家父般的勤谨注意。"《意大利民法典》，费安玲、丁玫、张宓译，中国政法大学出版社 2004 年版，第 325 页。

② 参见吴兴光等：《美国〈统一商法典〉研究》，社会科学文献出版社 2015 年版，第 19 页。

③ 赵万一：《民法的伦理分析》（第 2 版），法律出版社 2012 年版，第 136 页。

的影响力”而应该承担比照董事的诚信义务。比如，法国“事实上的董事”制度，就是比照衡平法上董事受托于公司及股东，要求实际处于董事位置的控股公司负担与董事相一致的诚信义务。德国学者鲁特（M. Lutter）认为，大额出资人与公司机构不仅对公司承担同样的信义义务，而且也应对中小股东负有相当的信义义务。这种信义义务具体表现在上述主体中，即应恰到好处地履行自己所处的多数派地位的义务。大股东信义义务源于其对公司和中小股东具有的控制力。①伊蒙格（Immenga）认为，由于大股东可以利用资本多数决的投票制度，以占优势的表决权份额来操控股东大会作出决议，从而形成对小股东利益的某种控制。因此，大股东承担诚信义务的基础即在于其身份本身具备了对小股东利益处分的可能性。②德国联邦最高法院也认为，大股东有很大概率以其对公司经营管理的强势控制力来侵犯其他主体的合法权益，因而要求大股东行使权利时应该有所顾忌。③因此，以上观点可以总结出：在公司法上控制权本身就蕴含一种因介入公司利益和其他股东利益而产生的诚信义务。④

旧有公司法以单一公司为模型所设计并建立的公司法规范体系，该规范体系并没有为公司的控制——从属关系预留出法律规制的余地，因此，设计并建立控制权行使的法律规范已是目前各个法域内公司法人制度发展的方向。实际控制人是公司所有与控制分离理念发挥到极致的表现，是现代公司的新发展。它通过投资、协议、人事锁链等方式，直接或间接掌握公司的控制权，影响公司的经营决策。因此，控制权作为事实上具有强制性和“支配性的影响力”的体现，如果不加以规范，必将使公司遭受严重损失。甘培忠教授认为，实际控制人享有的控制权是一种具有利益内容的经济性权利，这种权利依附于公司独立人格而产生，权利的实现方式是对公司资源的占有、处分及作出决策。⑤在公司治理领域，赋予相关主体信义义务的根源在于，该主体是否对公司产生“支配性的影响力”，从最初的信托受托人信义义务、董事信义义务，发展到控制股东的信义义务，都是

---

① 刘俊海：《股份有限公司股东权的保护》，法律出版社1997年版，第524页。

② 同上。

③ 邵万雷：《德国资合公司法律中的小股东保护》，载梁慧星主编：《民商法论丛》第12卷，法律出版社1999年版，第465页。

④ 白慧琳：《控股公司控制权法律问题研究》，北京大学出版社2010年版，第144页。

⑤ 甘培忠：《公司控制权的正当行使》，法律出版社2006年版，第284页。

基于这些主体具备的“支配性的影响力”而承担的信义义务。① 我国《公司法》第216条②虽然将实际控制人排除在股东行列之外,但是实际控制人享有的对公司经营决策的控制权和影响力并不亚于控制股东。因此,基于控制权本质理论,上市公司实际控制人由于具备公司经营的“支配性的影响力”,应该负有相应的信义义务。

三、上市公司实际控制人信义义务体系构建的可行性

(一)中国上市公司治理的特殊性

公司自产生以来,一个不可回避的问题就是应该如何合理配置公司内部机构的权利义务,以更好地提高公司经营的效率。然而,不同的国家由于法律传统、经济发展方式和发展程度的不同,在公司治理模式上的侧重点和权利配置也不同。当前,世界上发达国家主要的公司治理模式包括:一是德国的双轨制模式。在德国,股东会、监事会和董事会共同组成公司的主要机构,虽然董事会组成人员是由监事会决定的,但是董事会的职责仍然是负责公司的经营管理。二是美国的单轨制。美国的公司机构主要由股东会以及董事会所组成,董事会的组成人员由股东会选举产生,董事会对公司的日常业务和其他经营管理事项负责,同时设立独立董事行使监督权,主要对董事经营管理行为进行监督。三是英国模式。英国公司设置的基本理念与美国相同,但是英国公司设置专门的审计员来对公司财务进行监督。四是日本模式。日本的董事会和监事会均产生于股东会,二者处于平行地位。五是法国模式。法国对公司机关的设置比较灵活,既可以采取单轨制,也可以采取双轨制。

我国公司治理采“三会”作为公司机构的模式,即要求公司原则上组建股东会、董事会以及监事会,董事会负责公司的经营决策和管理,上市公司设立独立董事。分析以上各国公司治理模式可知,董事会是各国公司原则上必设的经营决策机关,尤其对于股权比较分散的上市公司来说更重要。因此,为了保障董事

---

① 信托受托人本质上是由于对委托人财产享有一种“支配性的影响力”,而被赋予相关信义义务;公司董事因具备对公司的经营决策权,本质上也对公司存在“支配性的影响力”;控制股东对公司的“支配性的影响力”更是不言而喻的。因此,在公司治理中,信义义务的根源在于实际控制权。

② 《公司法》第216条第3项规定:“实际控制人,是指虽不是公司的股东,但通过投资关系、协议或者其他安排,能够实际支配公司行为的人。”

合理行使公司的经营控制权，保护公司、股东的合法权益，各个国家纷纷规定了董事的信义义务体系。但是市场主体逐利性导致公司控制权的配置不断发生变化和流转，①公司的经营管理已经不仅局限于公司董事，有的控制股东甚至比董事产生的影响更重要，因此，“控股股东”“控制股东”的概念便应运而生。基于对公司享有的控制权而产生的信义义务自然也转移到了控股股东。

我国上市公司中实际控制人的出现打破了传统的以股东会、董事会、监事会相互制衡的理想化公司治理模式。实际控制人成为我国公司治理中不可小觑的新主体，实际控制人获得操控公司的权利并非通过对目标公司直接控股的方法，而是以协议、代理权竞争、人事锁链、债权等方式来实现的，这就是我国当前公司治理应考虑的一个特殊性。通过分析，对比我国公司治理结构与国外公司治理结构的不同，探索实际控制人在我国当前社会经济背景下产生的根源，来设计实际控制人信义义务体系具有一定的理念支撑。此外，目前在我国公司治理结构中，监事会的作用和功能发挥不全面，对掌握公司较大控制权的实际控制人赋予一定的义务，有助于对监事会监督作用发挥不足的现状起到一定的弥补作用。

（二）信义义务适用范围的扩张性

探索和完善公司治理结构是各国公司法都必须面对的课题，各国公司法普遍认为，理想化的公司治理模式是在所有权与经营权分离的基础上，公司股东会保留对重大事项的决策权，董事享有经营管理权，并承担相应义务。这种模式可以实现物质资本与人力资本充分结合，有助于实现公司财富的最大化。但是公司发展的实际情况却并非按照法律法规预设的理想轨道来运行，对公司的经营控制权并非都掌握在董事会手中，其他主体也可能通过支配董事选举、合同约定、表决权代理等多种方式来对公司控制权进行调配。因此，事实上享有公司控制权的主体并不一定是立法者所最初设想的董事会，有可能是控制股东和实际控制人。由于相关法律约束不足，控制股东以及实际控制人不当利用控制权侵害公司以及中小股东合法权益的情况屡屡发生，由此，是否只需对董事、经理等高级管理人员施加信义义务的疑问被提出。学术界渐渐将信义义务的义务主体范围由董事、经理等高级管理人员增加到公司的控制股东。部分研究人员认为，

---

① 公司控制权配置与流转的基本依据为：当某个主体为公司提供了重要资源而这一资源正处于重大风险状态时，该主体就会努力使自己处于公司控制人的地位。参见叶敏：《公司控制人的法律分析》，中国政法大学出版社2015年版，“序”第3页。

对处于控制地位的控制股东施加一定的信义义务,有利于加强对中小股东权益的保护,信义义务的增加不仅是对公司法体系中表决权自由行使规则和资本多数决规则导致的制度缺陷的填补,而且是民主理念在公司法体系中的新发展,是信义义务原有内涵的科学延伸。①

本书认为,公司董事以及高级管理人员负担信义义务的基础是其本身就享有对公司日常事务的经营管理权,若存在实际控制人,则公司的董事以及高级管理人员的经营管理自主权极有可能被“架空”,公司的经营决策权实质上不再由董事会行使,而是掌握在实际控制人手中。那么,公司法要求公司董事承担信义义务的基础将不复存在。因此,承担信义义务的基点在于是否对公司享有控制权,若实际控制人享有公司的控制权,就应该对相关利益主体承担一定的信义义务。随着社会主义市场经济的发展,我国公司法越来越完善,公司治理结构也日臻合理,对于董事、高级管理人员的信义义务体系也逐步建立,掌控公司运行的实际控制人也不能在滥用控制权之后全身而退。在构建上市公司实际控制人的信义义务体系时,公司董事、高级管理人员的信义义务规制可以给我们提供借鉴和一定的制度支撑。

(三)实际控制人的可认定性

上市公司实际控制人控制公司的方式虽然很多,且大多是隐秘性的,但是通过本章第一节的论述,上市公司实际控制人并非完全不可界定。在司法实践中,实际控制人的判断应该坚持实质性审查,以“实际享有控制权”为核心,并允许法官结合个案按照本章第一节关于实际控制人的认定标准来具体加以审查。审查的要点主要是几个方面:一是查清公司是否存在控制性协议。这类协议包括托管协议、商标许可协议、租赁经营协议、重大资产租赁或转让协议、承包经营协议、特许经营协议等。二是审查是否存在间接股权关系。这类关系包括是否存在金字塔结构、多重控股等情况。三是审查公司章程。主要审查公司章程中是否存在对董事、股东的控制权进行限制以及有损民主决策的条款。这种条款包括最高表决权限制、较严格的董事选举和监督规则、对股东表决权的限制、关联交易表决回避规则等条款。四是审查公司董事、监事、高级管理人员的人事安排。重点审查是否存在公司不同职位人员之间的亲属关系、合谋控制、个人对公

---

① 刘凯:《控制股东的信义义务及违信责任》,载《政法论坛》2009 年第 2 期。

司的影响力等情况。五是其他需要考虑的审查事项。包括公司会议记录、交易资料,相关主体是否对公司的销售渠道、业务拓展或者其他重要资源拥有控制力或决定性的影响。[①] 经过审查上述几个方面,有利于我们进一步明确上市公司实际控制人的认定标准,进而构建实际控制人信义义务体系。

(四)实际控制人违反信义义务的可追责性

权利、义务和责任是相互联系、不可或缺的。若不在权利上增设义务,则每个权利主体都有无限使用权利的倾向,甚至出现权利滥用的情况,进而扰乱正常的社会经济秩序;要求权利主体承担相应的义务,尤其是享有较大权利的社会主体应承担更重要的法律义务,这有助于实现权利义务的统一,对社会的稳定状态起到一定的促进作用;此外,责任的承担是社会主体不履行义务的一种追责方式,为保障社会主体义务的履行,必须以承担一定责任为后果,否则其被赋予的,与权利相对应的义务的履行将无法得到保障。由于上市公司实际控制人掌握公司较大的经营权,对公司的生存发展享有较大决定权,为了保障其信义义务能够得以实际履行,保障上市公司、中小股东及其他利害相关人在其合法权益受到侵害时能够得到救济,应该设置相关的、与实际控制人信义义务相对应的责任,以追求法律公平正义的实现。

目前,我国公司法将忠实、勤勉义务的主体范围限定为公司的董事、监事以及高级管理人员。而且,为了保障信义义务得到切实履行,法律规定了相应的责任机制。虽然目前对于我国公司信义义务主体违信责任的相关规定尚不完善,但无论是公司董事、监事、高级管理人员,抑或是上市公司实际控制人,信义义务产生的基础都是相同的,在制度设计上都是一脉相承的。因此,现有的违信责任相关规定对于保障上市公司实际控制人信义义务的履行具有较大的借鉴和指导意义。就我国目前相关法律制度而言,对保障董事、监事、高级管理人员信义义务履行的责任机制主要表现在以下几个方面:

第一,股东代表诉讼制度。该制度也称为“股东派生诉讼”,是指当公司法人的合法权益受到侵害时,有股东资格的人可以在满足特定条件的情况下,针对公司所受到的损害向侵权人主张赔偿,代表公司向人民法院提起诉讼的一种救济方式。股东代表诉讼对公司董事、监事以及高级管理人所承担的信义义务的实

---

① 叶敏:《公司控制人的法律分析》,中国政法大学出版社2015年版,第35页。

际履行具有极大的威慑作用，是股东对公司信义义务主体履行义务的一种较好的监督方式。正如施天涛教授所言，股东代表诉讼本质上是法院为被“堕落的董事或者股东”(the fallen directors and shareholders)所控制的公司主持公道的一种程序上的设置。[①] 我国公司法中股东代表诉讼主要体现在现行《公司法》第151条。[②] 根据该条规定，首先，股东代表诉讼的原告为股东，最终诉讼利益归属于公司。其次，股东代表诉讼的被告包括任何损害公司利益的行为人。我国《公司法》第151条规定的是董事、监事、高级管理人员和他人，其中“他人”自然包括上市公司的实际控制人。也可以说，股东代表诉讼制度被认为是为被“堕落的实际控制人”所控制的上市公司主持公道的一种较好的制度设计。因此，该制度为上市公司实际控制人不履行信义义务，给公司造成损害的责任承担提供了制度保障。

第二，股东直接诉讼制度。股东直接诉讼制度，是指对于董事、高级管理人员损害股东利益的行为，其可以向法院直接提起诉讼的制度。我国现行《公司法》第152条[③]对股东直接诉讼进行了规定。首先，公司的股东具有直接诉讼的原告资格。其次，直接诉讼的被告是公司的董事和高级管理人等。但是，有学者认为，股东直接诉讼适用于公司及其内部人侵害股东利益的情况，被告限于公司、控股股东、实际控制人、管理层。[④] 本书认为，我国公司法中对股东直接诉讼的被告不应当限定为董事和高级管理人员，这两类人员成为股东直接诉讼被告的原因在于，其事实上直接掌控公司经营管理的权利。而上市公司实际控制人存在直接控制该上市公司的情况，此时董事和高级管理人员事实上被实际控制

---

① 施天涛：《公司法论》(第3版)，法律出版社2014年版，第445页。

② 《公司法》第151条规定：“董事、高级管理人员有本法第一百四十九条规定的情形的，有限责任公司的股东、股份有限公司连续一百八十日以上单独或者合计持有公司百分之一以上股份的股东，可以书面请求监事会或者不设监事会的有限责任公司的监事向人民法院提起诉讼；监事有本法第一百四十九条规定的情形的，前述股东可以书面请求董事会或者不设董事会的有限责任公司的执行董事向人民法院提起诉讼。监事会、不设监事会的有限责任公司的监事，或者董事会、执行董事收到前款规定的股东书面请求后拒绝提起诉讼，或者自收到请求之日起三十日内未提起诉讼，或者情况紧急、不立即提起诉讼将会使公司利益受到难以弥补的损害的，前款规定的股东有权为了公司的利益以自己的名义直接向人民法院提起诉讼。他人侵犯公司合法权益，给公司造成损失的，本条第一款规定的股东可以依照前两款的规定向人民法院提起诉讼。”

③ 《公司法》第152条规定：“董事、高级管理人员违反法律、行政法规或者公司章程的规定，损害股东利益的，股东可以向人民法院提起诉讼。”

④ 李建伟：《公司法学》(第3版)，中国人民大学出版社2014年版，第352页。

人“架空”。因此,该项制度的设计对于实际控制人不履行信义义务的责任机制的设定也起到较大的借鉴意义。

第三,证券市场违规操作责任追究制度。上市公司是证券市场的核心成员,其在证券市场的影响力较大,证券市场的有序发展对国家整体经济发展意义重大。故而为了维护证券市场交易秩序、保障中小股东的合法权益及促进社会经济发展,我国证券法对证券市场上的违规操作行为作出了严格的责任规定,既涵盖民事赔偿责任,也包括行政、刑事责任。这些违规操作行为主要包括内幕交易、操纵市场、虚假陈述、欺诈等,主要体现在我国现行《证券法》第三章第三节“禁止的交易行为”中以及证监会颁布的相关行为指引和规范中,并且还在《证券法》第十三章规定了相应的法律责任。上市公司实际控制人对上市公司的经营管理掌握实际的控制权,如果其违反信义义务,并且其行为属于以上违规操作行为之一的,即应对其追究相应责任。因此,证券市场上违规操作的责任追究制度为上市公司实际控制人违背信义义务提供了相应的责任追究机制。

第四,法人人格否认制度。公司人格独立制度的设立对现代社会发展起到极大的促进作用,这一制度使公司具有独立的人格,公司股东承担有限责任,促进了社会资本流通和资源配置。然而,为了防止公司沦为股东获取私利的工具,大多数国家均设立了法人人格否认制度,使滥用公司独立人格的股东对公司债务直接承担责任。这一制度要规范的对象主要是公司的股东,对其滥用独立法人地位与股东有限责任制度从而侵害其他利益主体的行为,明确规定要承担相应责任。我国公司法领域主要体现在现行《公司法》第20条。① 上市公司实际控制人虽然不是公司的股东,但是存在实际控制人操纵公司的股东并滥用公司法人人格,为自己谋取私利的情形。出现这种情形时,对于滥用公司独立人格或者有限责任的股东来说,即使其被实际控制人控制,直接承担损害赔偿责任或者连带责任,对减少实际控制人违反信义义务的发生也能起到间接作用。

综上所述,在观念上,我国社会主义法治理念不断深入人心,上市公司治理

---

① 《公司法》第20条规定:“公司股东应当遵守法律、行政法规和公司章程,依法行使股东权利,不得滥用股东权利损害公司或者其他股东的利益;不得滥用公司法人独立地位和股东有限责任损害公司债权人的利益。公司股东滥用股东权利给公司或者其他股东造成损失的,应当依法承担赔偿责任。公司股东滥用公司法人独立地位和股东有限责任,逃避债务,严重损害公司债权人利益的,应当对公司债务承担连带责任。”

也应该坚持依法治理的理念。为防止上市公司实际控制人对控制权的滥用,应该以法定义务制约其行为。同时,公司治理应该从我国的实际出发这一理念,也为我们构建上市公司实际控制人信义义务体系提供一定的支撑。在制度上,信义义务由董事承担扩张为由控股股东承担的制度,为我们设计上市公司实际控制人的信义义务体系提供参考。义务承担的主体上,实际控制人的可界定性更强化了其信义义务承担主体的明确性。保障信义义务履行的责任机制上,我国公司法上的股东代表诉讼制度、股东直接诉讼制度、法人人格否认制度等为信义义务的履行提供了制度保障;证券法及相关的法律规范对证券市场上操纵市场、内幕交易、欺诈、虚假陈述等违规行为作出一定的认定标准,并且对这些违法操作行为的法律后果也作出规定,都为上市公司实际控制人切实履行信义义务提供了一定的法律保障和制度基础。这些条件的具备为我国上市公司实际控制人信义义务法律体系的构建提供了可行性基础。

第二章　上市公司实际控制人信义义务的历史演进与体系构建原则

以时间发展进程为线索,对上市公司实际控制人信义义务的探索颇具意义。产生于古罗马法的“信托遗嘱”制度,近代推演为大陆和英美两大法系的重要制度。前者将其扩大适用到合伙领域;后者则扩大适用至代理及早期的公司形态中,再到当代“影子董事”的提出以及在世界范围内不断完善并走向成熟,信托的适用领域、受信主体、义务内容的不断扩大和补充,对我国构建实际控制人信义义务体系颇具借鉴意义。此外,本章指出,从上市公司本身及其发展趋势的角度可深入探究信义义务的基础,公司的人格独立原则和利益平衡原则指明信义义务体系构建的出发点及受信主体与受益主体之间的关系,区分设计原则和动态回应原则则表明信义义务尚需不断发展和补充。既着眼于内部现状又涉及动态发展,故构建信义义务体系的基本原则是信义义务贯穿始终的重要依据。

第一节 上市公司实际控制人信义义务的历史演进

一、信义义务的古代渊源

(一)古罗马法“信托遗嘱”制度

信义义务的产生和发展最早可以从古罗马法的“信托遗嘱”制度中找到线索。在古罗马法中,被剥夺公权的人、外侨以及未婚成年人不具有获赠遗产的资格。因此,在当时的社会实践中,若立遗嘱人欲以某人为受遗赠人,则会先在遗嘱中指定一个合法的继承人由其获得遗产,再经其转让给立遗嘱人指定的真正受益人。查士丁尼在《法学阶梯》中对“信托遗嘱”进行如下解释:“当有人想将其个人财产或者遗物赠送给他不能直接根据继承法所给予的人们,他可以通过信托等能够根据遗嘱获得遗产的人来实现这个目的。”①这种被委托人指定的继承人被称为“*fiduciarius*”,即受信人,受信人对于委托人遗嘱指定的真正遗嘱受益人负有信义义务。但是,此时其承担的信义义务仅是道德义务而非法定义务。

(二)中世纪教会法“教会用益”

在公元4世纪时,教会对世俗财产的拥有与其所信奉的教义之间产生了激烈冲突,因此教会法开始吸收古罗马法上的“信托遗嘱”制度、日耳曼法中的萨尔曼受托人制度、伊斯兰法中的瓦克夫制度等相关制度,逐渐发展出“教会用益”这一制度,用以协调教会财产与教义之间的矛盾。中世纪的基督教教义认为,人世间的财富是所有罪恶的根源,因而教义要求教士不得持有财产,但是随着基督教教徒人数的不断增多,教会所需的运营资金数额亦不断增大,基督教教会的活动需要更多的神龛、祭坛,埋葬死去的基督教教徒也需要更多的基督教公墓,以及为神职人员提供更多的寓所等,这些变化都使现实的需求与教义的要求之间产生了更加激烈的冲突。圣奥古斯丁认为,财富本身不是罪恶,财富若被用于行善,则是美德和善行的源泉,只有当财富被滥用时才应受到教父的指责。但若某人是为了他人利益而持有财产的受托人,从事管理财产的工作,并且其对财产的使用是出于增加团体利益的考虑,则此人对该受托财产的持有就是合法的,因为该财产隐含救济穷人的公正意愿和教徒之间兄弟般的情谊。基于此,中世纪基

① 费安玲:《罗马继承法研究》,中国政法大学出版社2000年版,第258~259页。

督教教士引入了类似后来普通法信托制度的理念，逐渐发展出“教会用益”这一制度，即教士持有和管理财产是为了教会之用益，教会持有和管理财产是为了上帝用益之目的。[①] 法学家约翰·威里克夫对此有经典的论述：“教士立誓不为自身利益的目的而拥有财产并被其誓言所制约，因此成立‘使徒社团’，以此接受教会永恒的财团，每一位使徒均是天主财产的财产管理人。”[②]随着“教会用益”被教会所广泛运用，加之教会法院对众多用益纠纷案件进行了裁判，“教会用益”制度得以广泛推广，开始在其他领域得到运用并用来作为逃避相关禁令的依据。

（三）1535 年英国《用益法案》

为规避当时法律禁止通过遗嘱或遗赠处分土地的规定，英国在 1535 年颁布了《用益法案》。但由于《用益法案》的规则设计不尽完美，一些本来不需要受《用益法案》拘束的“用益”关系被纳入了法案的调整范围，在一定程度上阻碍了用益制度的变革，所以在 17 世纪 30 年代的“Sambch v. Dalston 案”中，大法官将上述不应受《用益法案》约束的“用益”定义为“信托”，以区别于传统的“用益”。自此，用益法融入信托法之中，受托人的信义义务也从古罗马法“信托遗嘱”制度中的道德义务，发展为法定义务。禁止受委托的人将自我利益与信托利益置于互相冲突的境地，禁止利用其所处地位谋取私利，如果确实已经处于此种境况之下，则必须优先考虑自己所承担的义务。[③]

二、信义义务的近代推演

（一）大陆法系

近代大陆法系的信义义务源于代理和合伙制度。古罗马法上的“委任”制度是大陆法系代理制度的渊源，“委任”被查士丁尼在《法学总论》中界定为一种契约。为适应中世纪后商业模式的不断发展，注释法学和教会法学在“委任契约”的基础上发展出代理人制度，以扩展商人进行商业活动的范围。大陆法系的合伙制度则源自古罗马法上的“信托遗嘱”制度。信托制度被称为法律领域的伟大设计，它是一种极具社会经济效率的财产管理制度。商事信托继承并发扬信托

---

① 吕富强：《论中世纪教会对普通法信托制度的起源和形成所发挥的作用》，载《暨南学报（哲学社会科学版）》2013 年第 12 期。

② 同上。

③ ［英］D. J. 海顿：《信托法》，周翼、王昊译，法律出版社 2004 年版，第 38 页。

制度的传统优势,使其具有了独特的制度价值。① "信托遗嘱"制度最初仅是作为立遗嘱人死亡后财产转移给受益人的特殊安排而产生的,后来该制度被用于商业活动中,逐渐发展成"两个或者以上的当事人签订的目的是实现他们的某一共同目标而进行协作互助的协议",②即合伙。如同"信托遗嘱"是基于立遗嘱人与受托人之间的信任关系而产生一般合伙人之间的信任关系,是合伙制度的核心,这充分体现了合伙制度对信托法原则的继承:合伙人之间互负信义义务,每个合伙人均被视为对方的受信人。③

(二)英美法系

英美法系的信义义务源于衡平法,最初出现在信托法领域。衡平法所说的"信托"含义是非常宽泛的,可以涵盖几乎所有的衡平法关系。在1795年"York Building Co. v. MacKenzie案"中,衡平法院的大法官将各个普通合伙人之间所存在的"类比于信托关系对财产进行处分的行为"作为依据来认定普通合伙人之间互相承担信义义务,从此,法院就纷纷在司法实践中对"信托"和"受托人"等概念进行扩大解释和类推解释,使很多类似信托法律关系中的受托人也要对委托人承担信义义务,并且逐渐以"信义"一词来形容这种类似意义上的信托。由此可见,信义义务与信托法有极为深厚的渊源,信义义务以信托关系为起点,并逐步泛化适用于其他法律关系之中。在英美法系中,信义义务是贯穿代理法、合伙法、公司法的重要内容,是商事组织主体中委托人与受托人之间权利义务关系成立的基础。④

1. 代理法中的信义义务

英美法上所说的代理制度要结合许多历史原因进行解释,其中,涵盖王室法院广泛运用指定代理的制度、教会法对"代理"定义作出的具体规定以及各种形式的商贸活动对代理的运用与创新等。⑤ 因为在代理这一法律关系中,被代理人对代理人有特殊的信赖,所以代理人相应地对被代理人负担一种类似信托责任的受托信义义务。有学者将上述义务分类并归纳为忠诚义务、利益保护义务和

---

① 燕林祺:《商事信托受托人信义义务的法律分析》,载《法制与社会》2016年第29期。
② [英]巴里·尼古拉斯:《罗马法概论》(第2版),黄风译,法律出版社2004年版,第200页。
③ 王继远:《控制股东对公司和股东的信义义务》,法律出版社2010年版,第50页。
④ 同上。
⑤ 江帆:《代理法律制度研究》,中国法制出版社2000年版,第48页。

如实报告的义务。[①] 代理人的信义义务首先在英国1820年"Oliver v. Court案"的判例中得以确认;[②]在18世纪50年代末美国的"Cumberland Coal and Iron Company v. Sherman案"中,州法院对代理人所要承担的义务也作出了类似裁判,法官认为,一个受被代理人委托为其进行财产价值评估的人不能就该财产与自己进行交易。[③] 英美法系国家就是这样通过一系列判例将代理人对被代理人承担的义务类比为信托法上的信义义务,这也是在18世纪末代理人滥用代理权侵害被代理人利益背景之下,加强对被代理人合法利益保护的最优选择。

2. 合伙法中的信义义务

到18世纪,共同出资、共同经营、共享收益、共担风险的普通合伙已经成为商事组织的主要法律形式。在该组织形态下,各个合伙人对合伙财产实行共同共有,每个合伙人对于合伙组织的财产均有处分权并以合伙组织的名义从事商业贸易活动。合伙人之间存在信义关系,互相负有最高诚实标准义务、注意义务、忠实义务等。在1928年美国"Meinhard v. Salmon案"中,卡多佐大法官判决萨尔蒙(Salmon)违反对其他合伙人所负担的信义义务,随后,其他司法判例也逐渐将合伙人视为相互之间的受信人,赋予其与信托法律关系中受托人类似的地位,因而认为合伙人之间彼此应承担信义义务。此后,信义义务不仅出现在信托、代理等领域,在合伙中也得以广泛运用。

3. 公司法中的信义义务

19世纪末,随着工业城市的兴起和航海业的发展,此时的合伙制度已不能满足日益繁荣的商业贸易需要,公司制度开始出现。1673年法国国王路易十四颁发《商事条例》,首次将"无限公司"纳入成文法,此后,随着一系列商事组织法的制定,现代意义上的商事公司作为一种新的企业形式应运而生。[④] 美国哥伦比亚大学前校长尼古拉斯·巴特尔对公司给予了极高评价:"公司的出现是现代社会最了不起的发明;没有它的话,即便人类发明了蒸汽机和电,生产力也不会有革命性的进步。"公司作为市场活跃的主体,占据主要地位的是资合性公司,但在公司中,管理人与股东之间、控股股东与中小股东之间也存在类似合伙组织中合伙

---

① 范剑虹、金彭年主编:《澳门国际商法研究》(上册),广东人民出版社2005年版,第290页。

② 王继远:《合伙人信义义务问题探讨》,载《理论探索》2009年第2期。

③ 同上。

④ 覃有土主编:《商法学》,高等教育出版社2004年版,第86页。

人之间的人合信任关系，这是公司人性化的基础。因此，管理人和控制股东应对中小股东承担信义义务。

英美法系各国家历史文化条件的差异导致各国在公司法领域对信义义务的具体引入形式各有不同。以美国和英国为例，美国公司法以"类比"方式引进信义义务规则，审理案件的法官通常先指出这种法律关系与已有的信义关系之间的相近之处，然后再将该种关系定义为信义关系。在1807年"Gray v. Portland Bank案"中，审理该案件的3位法官中有两位将公司与出资股东的法律关系类比为委托人与受托人之间的关系，从而认为受托人（公司）在没有委托人（股东）授权的情况下不能为受益人以外的人创造利益；另一位法官则将所有的股东类比为合伙人，进而认为公司以利润为目的的任何行为必须是为了全体合伙人（股东）的利益。[①] 而英国往往是通过代理或信托关系将信义义务规则引入公司法的。在传统英国法上，董事被定义为受托人，比如，在1724年"Charitable Co. v. Sutton案"的判决中，法院将信托关系引入依特许状成立的公司中，审理该案的法官认为，如果公司的董事违反公司管理规则，滥用公司资金，那么董事就应该对其违反信托的行为向公司承担受托人责任。此外，随着代理法的发展，法院也将代理法的原则更彻底地运用于公司之中，如在1866年"Ferguson v. Wilson案"中，法官认为，公司没有如同自然人一般的身体，董事即是公司的手和脚，为公司从事各种行为，董事与公司之间的关系就等同于代理人与被代理人的关系，因此，董事需要向公司承担信义义务。近代信义义务从信托法和代理法进入公司法的路径差异也造成了公司法信义义务理论基础之争，但无论是信托理论还是代理关系理论，其目的都是让公司实际控制人承担更重的义务，以更好地保护股东、公司等受益人的利益。因此，两种理论并无根本性矛盾，且在一定程度上可以互相补充。

三、信义义务的当代发展

（一）主要国家和地区信义义务的当代概况

1. 美国

美国控制人信义义务是通过一系列判例逐步发展起来的，最初是由董事以

① 王继远：《控制股东对公司和股东的信义义务》，法律出版社2010年版，第53页。

及以经理为代表的公司高级管理人员作为信义义务的主体，对公司和股东承担责任，后来受信主体扩展至控股股东，最后公司控制人亦被囊括其中，且受益人范围扩张至债权人等受益人。1919 年的"Southern Pacific Co. v. Bogert 案"首肯了控制人应承担如董事、高级管理人员等的信义义务，而公司应在实际破产时对债权人承担信义义务则在 2007 年"North American Catholic Educational Programming Foundation v. Gheewalla 案"中得以确认。美国《1933 年证券法》对控制人的责任作了规定，该法第 15 条规定，控制人应与实施证券欺诈等违法行为的被控制人一起对投资者承担连带责任。

2. 英国

英国的"影子董事"类似本书指称的公司实际控制人，英国在《1980 年公司法》中开始正式使用"影子董事"概念，是指公司董事惯常按照其指令或者指示行使的人，以此和其他董事相区别。《1986 年公司董事资格剥夺法》规定，如果公司遭到内部的高级管理人员的欺诈或者高级管理人员违背本法第 4 条的规定，则公司能够作出"董事失格令"，这里的"高级管理人员"包含了所谓的"影子董事"。[①]《1986 年破产法》规定了"影子董事"与公司董事进行不当交易应承担的责任。此外，《1985 年公司法》《1986 年金融服务法》等也对"影子董事"的义务和责任承担作了规定。

3. 日本

1950 年日本借鉴了美国信义义务的规定，引进了公司负责人的忠实、注意义务。《日本公司法》第 355 条规定："董事负有遵守法令及股东全会决议，为公司忠实执行其职务的义务。"[②]同时，《日本商法典》第 254 条第 3 款规定："董事负有遵守法令或章程规定及股东全会决议，为公司忠实执行其职务的义务。"[③]另外，《日本商法典》亦从责任承担角度强化了高级管理人员的信义义务：公司董事在履行其职务行为时存在恶意或者有证据证明有重大过失的，应与其他人对公司承担连带赔偿责任。关于注意义务，按照日本 2005 年公布且最新修订的《公司法》，其应遵从民法上关于委任的规定，即依照委托关系的法理，作为受托人的

① 赵金龙：《英国法上影子董事制度评述》，载《北方法学》2010 年第 1 期。

② 吴建斌编译：《日本公司法：附经典案例》，法律出版社 2017 年版，第 189 页。

③ 《日本商法典》，王书江、殷建平译，中国法制出版社 2000 年版，第 66 页。

董事应以善良管理人的注意处理委任事务，负善良管理人的注意义务。[①]

4. 韩国

财阀控制是韩国公司治理的突出特点，拥有集团决策最终决定权的财阀会长等控制主体往往通过对公司作出业务指示等方式参与公司的经营管理，在滥用控制权对公司和股东的利益造成损失后又因不是公司名义上的经营管理者而无法通过法律来追究其责任。韩国《公司法》针对此问题专门在1998年作了修订，在第402条之2中新增了对于“指示业务执行者”责任追究的有关规定，将那些利用自己对公司的控制权向公司董事、经理等管理人员发出指令，从而间接或者直接干预公司相关业务执行的非董事人员，在其指示的该项特定业务上视其为董事，干预行为人须对公司、其他股东和外部第三人承担与董事相同的法律责任。韩国《公司法》第401条第2款具体规定了以下3种应当视行为人为董事进而承担董事责任的情况：(1)利用其对公司的控制力，非经公司正常决议程序直接指示公司董事执行业务的人；(2)非董事直接以公司的董事名义直接执行或者敢于执行公司业务者；(3)非董事使用名誉会长、会长、社长、副社长、专务董事、常务董事、董事以及其他可认定为有权执行公司业务的执行公司业务者。除财阀会长、控股股东等常见的控制人外，“指示业务执行者”制度还适用于对公司具有影响力，从而产生控制权的外部债权人、在政治上能对公司施加影响力的人等其他控制人，上述“指示业务执行者”对其所指示的该项业务承担与董事同样的，对公司、股东或第三人的连带损害赔偿责任。

5. 中国台湾地区

中国台湾地区“公司法”第23条规定，公司的负责人员如果违反有关规定干预公司业务之执行并因此损害他人权益的，公司负责人应与公司一起对该受损害的人承担连带赔偿责任。[②] 第369条之4规定，控制公司直接或者间接使从属公司为不合营业常规或其他不利益之经营，而未于会计年度终了时为适当补偿，致从属公司受有损害者，应负赔偿责任。控制公司负责人使从属公司为前项之

① 金海平：《日本股份公司董事义务初探》，载《日本问题研究》2003年第4期。

② 任佩：《我国董事对第三人责任制度之反思》，载《商业研究》2004年第19期。

经营者应与控制公司就前项损害负连带赔偿责任。①

6. 中国香港特别行政区

中国香港特别行政区《公司条例》参考了英国"影子董事"的概念,将"影子董事"界定为:凡能使公司的董事或过半数董事惯于按其指示或指令行事的人。香港特别行政区法律对于"影子董事"的规定散见于《公司条例》之中,内容主要包括禁止"影子董事"在某些特殊时间出任公司董事职务以及参与公司经营管理;公司应及时披露对"影子董事"的贷款情况;"影子董事"有向香港交易所汇报公司股票或债券中的利害关系和交易的义务;"影子董事"在特定情形下须接受与董事同样的罚款或惩罚等。此外,中国香港特别行政区法院还在具体案件中对"影子董事"的认定进行了完善,如在"Re Unisoft Group Ltd. 案"中,法官认为,《公司条例》中所规定的"惯常按照指示或指令行事"是指持续的一段时间内某种有规律性的行为的集合,只要能证明"影子董事"的指示或命令影响的并非个别情况下的行为即可,不需要证明该"影子董事"以指示或者命令的方式影响了公司所有的日常经营决策行为,也无须证明公司的董事会因其指示或者命令完全丧失了对公司经营决策的自主权利。在"Re Tasbian 案"中,法官拒绝仅仅基于"影子董事"的专业顾问身份就将其排除在"影子董事"之外,法官认为虽然此人是公司的特许会计师,但是其实际上控制了公司资金的用途和银行账号的运作,其所拥有的这些控制权已经超出专业顾问提供专家意见对公司经营决策产生影响的正常范围,因此仍然应被认定为"影子董事"。

(二)信义义务的当代主要发展趋势

从历史发展的进程上来看,大陆法系虽然存在信义义务发展的历史基础和理论基础,但在很长一段时间内信义义务并没有得到法律的确认,甚至在司法实践中出现了大量信义关系的受托人损害受益人的非法行为之后,法律才对此予以规制,并且大陆法系中有关信义义务的规定在很大程度上是通过对西欧和美国的法律资源进行移植来完成的,是民法禁止权利滥用原则的延伸。② 而英美法系中的信义义务最初只是依法律性质产生的道德义务,后来通过判例法的演变逐渐发展为基于合同上"默示条款"或"隐含契约条款"而产生的合同明示义务

① 叶敏、周俊鹏:《公司实际控制人的法律地位、义务与责任》,载《广东行政学院学报》2007 年第 6 期。

② 王继远:《商事组织中信义义务的源流及其嬗变》,载《甘肃社会科学》2010 年第 4 期。

之外的受托人加重义务。在当代,随着两大法系的相互吸收融和以及经济全球化背景下世界各国所共同面临的经济发展新趋势,信义义务有了新发展,在适用范围、义务主体等方面被赋予了新内涵。

1. 适用领域扩展:从民事领域到商事领域

传统的信义义务源于信托关系,严格意义上的信托关系,是指委托人与受托人签订信托协议,受托人根据信托协议各条款的约定内容为受益人的利益而占有、管理受托的财产。由此可见,信义义务一开始是在民事合同中出现的。随着信义义务被泛化适用,其他法律关系中受托人或者代理人也被要求承担信义义务,导致信义义务广泛运用于合伙法和公司法等商事法律之中,信义义务由此从民事领域走入商事领域。从经济学角度看,合伙、公司与信托都是"资产分割"的形式,三者只存在程度上的差异和具体安排的不同,合伙、公司与信托并不存在本质上的区别。因此,合伙人、公司管理人员等也被视为"被信任者",应当像信托受托人一样承担相应的信义义务。一位英国研究信托法的学者认为,信托法中的"受信人"是具有延展性的名词:"若在两者的相互关系中,一人有权利期待另一人会忠诚勤奋并谨慎地为了他的利益(或者为了两者共同的利益但是要除去后者自身利益)管理受托事务,则衡平法就会认定后者是受信任的人。"①由此可见,信义义务的实质是一种"矫正正义"的实施,使处于相对优势的受信者和处于相对劣势的受益人之间不对等的法律关系趋于平衡。当代信义义务在商事领域获得更深入的发展,信义义务的受信主体从公司董事、经理等高级管理人员扩展到控股股东,最新出现的"实际控制人"概念更是对公司中层出不穷的信义义务受信主体的高度概括,对实际控制人信义义务的研究成为当代信义义务研究的热点。

2. 受信主体扩张:从经营管理者到控股股东、实际控制人

传统的公司法律制度把信义义务的受信主体范围仅限于公司的董事、经理等管理公司的人员,由于传统公司法倾向认为股东对内不参与公司的事务管理,也不能代表公司对外进行各种商事交易活动,因此其无须承担信义义务。而英国法院则在著名的"Fross v. Harbottle 案"中认为,股份是一种财产,股东只需为

---

① [英]D. J. 海顿:《信托法:中英文本》,周翼、王昊译,法律出版社2004年版,第38页。

自己的最大利益而行使其股东权,无须顾及其他。①

但是,现代公司法上的股东权是一种综合性权利,既包含财产性权利,又包含经营决策权等非财产性权利。近年来,由于控股股东滥用控制权而损害公司和中小股东的合法权益的情况接连出现,对股东权进行规制的呼声日益高涨。控股股东需要承担的信义义务最先被明确提及于美国"Southern Pacific Co. v. Bogert 案"中,大法官认为:"大股东具备控制公司日常经营管理事务的巨大权力,而当其行使其控制权时,无论其使用合法方式或者非法方法,其信义义务就随之发生。"目前,对公司其他股东来说,处于控制地位的股东的信义义务在各种判例中已经得到确认,控股股东的信义义务规则在英美法系国家得到了全面确立,而大陆法系国家也通过修改法律的方式确认了控股股东的信义义务,如德国《股份公司法》第三篇关于"关联企业"的第二部分"在企业从属情况下的领导权力和责任"中就对"支配股东"的责任作了规定。②

控股股东承担信义义务的原因不在于其控股股东的身份,而是因为其拥有的控制权可能造成权利义务关系的失衡,因此需要通过赋予信义义务予以矫正,这正是信义义务作为"矫正正义"实施手段的体现。正是在上述理念的指导下,当代信义义务的受信主体范围扩张至控股股东,再慢慢转移到"实际控制人"之上。当然,从信托关系理论的角度来分析,亦是如此。当公司的实际控制人获得公司的控制权之后,其就能将公司的财产及收益置于自己的支配和管理之下,实际控制人控制的财产属于公司所有,而公司财产所产生的利益又属于公司的全体股东所有。因此,实际控制人与公司、股东之间存在一种信托关系,这就要求作为受托人的实际控制人在对公司作出任何控制行为的同时,除考虑实际控制人自身的利益外,更要考虑被控制的公司和其他中小股东的合法权益。英美法系中虽然没有明确提出"实际控制人"这一概念,但是基于实际控制人对公司财产强力支配的特征,致使其在公司经营中的角色与董事、经理等公司管理人员非常相似,因此,在公司的经营和控制上,公司的实际控制人和董事、经理等管理阶

① 施天涛:《关联企业法律问题研究》,法律出版社 1998 年版,第 187 页。

② 德国《股份公司法》第 309 条、第 311 条。

层对公司所承担的信义义务基本上是一致的。[①] 因此，美国法律中控股股东、董事、经理等主体的信义义务规则，英国的"影子董事"制度与我国上市公司实际控制人制度是基本同质的。

虽然目前仍存在"实际控制人"与"控股股东"之间是何种关系的争论，但是从"实际控制人"的核心——"控制权"来分析，可以明显看出，"实际控制人"这一概念还涵盖了除董事、经理、控股股东外的其他对公司拥有控制权的新型主体，如控制合同之相对人、债权人等，信义义务受信主体的扩大有利于扩大其统治领域。

3. 受益人范围扩容：从公司、股东到外部债权人

传统公司法认为，实际控制人的信义义务范围仅限于公司和股东，公司债权人被排除在外。传统理论认为，实际控制人与公司债权人之间不存在信义关系，无须为债权人利益最大化行使控制权，因而无须对债权人承担信义义务。这是因为当时人们认为公司资本构成一般只包括股东的出资，股东是公司唯一的剩余控制权人和剩余索取权人。但是随着公司融资方式的日益发展，债权融资已经成为股权融资之外的重要资本构成，实际控制人控制权的行使将对债权人的利益造成重大影响，此时将公司债权人完全排除在实际控制人信义义务受益人之外已经明显不合适，因此实际控制人信义义务转移理论应运而生。在英美法系国家中，实际控制人信义义务转移理论被广泛接受，其中，美国判例法在促进该理论产生和发展的过程中更是显示出独特的影响力。

美国实际控制人信义义务转移理论的起源最早可以追溯到 1824 年的"Wood v. Drummer 案"，斯托里（Story）法官提出了"信托基金原则"：处于实际破产状态下的公司资产应视为"信托基金"，供债权人分配而排除股东对其的享有，公司董事是该财产的托管人，向公司债权人承担保护该剩余财产的信义义务。但在当时，人们并未广泛接受实际控制人应对公司债权人负有信义义务这一理念。直到 1991 年，特拉华州衡平法院的阿利（Alley）法官在"Credit Lyonnais Bank Nederland v. Pathe Communications Corp. 案"中指出，实际控制人信义义务的受益人在公司濒临破产时期应扩展至利益相关者的联合，因为"股东具有将债

---

① 在美国"Southern Pacific Co. v. Borgert 案"中，法院认定："当外部人员通过各种方式成为公司的实际控制人时，他们对中小股东的信义义务同时产生，这种义务与公司自身、公司的董事和高级管理人员对公司或者中小股东所承担的义务内容是一致的。"

权人的钱用于赌博的动机”。[①] 该判决引起了学界对公司濒临破产时期实际控制人信义义务受益人的讨论。在 2007 年特拉华州最高法院审理的“North American Catholic Educational Programming Foundation v. Gheewalla 案”中，实际控制人信义义务转移理论最终确立。审理该案的诺布尔(Noble)法官认为，实际控制人信义义务的受益人是公司的剩余索取权人，随着公司经营所处阶段的不同，公司的剩余索取权人也不同，因而实际控制人信义义务的受益人也就会随之发生变化。在公司正常经营状态下，股东是剩余索取权人，因为他们是公司价值增长的最终受益人。[②] 在公司丧失偿付能力的实际破产状态下，债权人成为公司价值增长的最终受益人，此时实际控制人应当对公司债权人承担信义义务。

4. 义务内容扩充：从忠实、注意义务到信息披露义务和特殊阶段的特别注意义务

忠实、注意义务是传统信义义务内容中有且仅有的两大构成部分。忠实义务要求受信主体应当以符合受益人利益的方式从事活动，不得将自己置于与受益人利益冲突的境况之下；当自己利益与受益人利益发生冲突时，应当优先考虑受益人的利益。忠实义务主要规制的是董事、高级管理人员等受信主体通过自我交易损害公司利益的行为。注意义务则要求董事、高级管理人员等受信主体“应当在履行他们的义务时，恪尽一种处于其类似地位的其他人在类似场合下会合理地认为是适当的注意”，[③]注意义务表达更多的是对受信主体作出经营决策时应当具有的审慎态度的一种期待。但是，由于法官对公司经营决策一般采取尊重审查模式，加之严格的“商业判断规则”在司法实践中的运用，导致注意义务的适用受到很大限制，这就使传统的注意义务很难对董事、高级管理人员等受信主体的行为进行有效规制。

除忠实、注意义务外，当董事、高级管理人员等受信主体在面对涉及利益冲突的事项时，应当有义务向董事会、股东会如实披露有关信息；当董事、高级管理人员等受信主体在需要董事会、股东会表决通过某些事项从而进一步作出经营决策时，即使这些事项不涉及利益冲突，受信主体也需要向董事会、股东会如实、

---

① 裴度：《德国法财产承受制度研究》，载《邢台学院学报》2012 年第 4 期。

② 徐晓松、徐东：《我国〈公司法〉中信义义务的制度缺陷》，载《天津师范大学学报(社会科学版)》2015 年第 1 期。

③ 刘敬伟：《董事勤勉义务判断标准比较研究》，载《当代法学》2007 年第 5 期。

全面地披露决策所需要的有关信息,不得作出误导性陈述、不得故意作出虚假陈述或者隐瞒重要信息。由于上述义务难以为传统的忠实、注意义务所涵摄,因此,近二三十年来,信义义务衍生出了第三类核心内容——“信息披露义务”。① 信息披露义务的产生源于董事、高级管理人员等受信主体与股东等受益人之间存在的先天的信息不对称地位。所有权与经营权分离是现代公司治理结构最显著的特征,股东一般不插手公司的日常经营管理,公司的经营管理信息由董事、高级管理人员等受信主体掌握,他们有动机也有能力利用信息优势实施一些损害公司和股东利益,进而为自己谋取私利的行为。比如,在2006年“中航油案”中,中航油新加坡公司CEO陈某某不顾风险,不正当地操纵公司进行期权交易,给公司造成了巨额损失,且之后没有进行任何披露,并在隐瞒巨额亏损的情况下将中航油的股份私下配售给投资者,从而套取资金来弥补亏损,给投资者造成了巨大损失。陈某某本人被新加坡法院判处4年零3个月监禁,并处以33.5万新加坡元(约20.6万美元)的罚款。当前,大多数国家的公司法和证券法都要求董事、高级管理人员、实际控制人等受信主体,在董事、股东作出决策之前,承担向董事会、股东会如实披露决策所需信息的义务,如果上述受信主体存在故意作出虚假陈述、隐瞒重大信息或者作出误导性陈述等情形,则会构成对信息披露义务的违反,要承担纠正性披露或者赔偿损失等民事责任、行政责任甚至刑事责任。

此外,随着各国经济的发展及金融法律制度的完善,当公司处于特殊经营阶段时,受信主体所应承担的信义义务也受到了越来越多的关注,学者纷纷对公司被收购、破产、解散清算等阶段的受信主体应承担的特别注意义务展开研究,各国法律也开始对此作出相应规定。以公司被收购为例,当公司处于被收购状态的情形下,董事、高级管理人员等受信主体面临收购人更换公司管理层,使他们失去工作职位和相应的权利、地位的风险,因此他们很可能会拒绝股东希望他们接受的收购要约,或者接受那些要约方承诺他们能继续在被收购后的公司任职的要约,从而拒绝股东所希望的其他要约。上述情况导致了董事、高级管理人员等受信主体与公司、股东之间不可避免地存在利益冲突,这就要求法律对董事、高级管理人员等受信主体赋予特别注意义务,以保证他们的行为符合股东、公司

① [美]伯纳德·S.布莱克:《外部董事的核心信义义务》,黄辉译,载《商事法论集》2006年第2期。

等受益人的利益需求。由于公司被收购、破产、解散、清算等特殊经营状态涉及众多复杂的情形，相应地，董事、高级管理人员等受信主体应当承担特别注意义务也就较难界定，仍有很多疑难问题留待学者探讨。

5. 诚信义务问责路径探索

上文已提到，传统理论中的信义义务主要由忠实、注意义务两部分构成，前者解决受信主体“谋私”，后者则针对受信主体“无能”，但是在该模式建构中，董事、高级管理人员等受信主体表面上为了公司利益所作出的且符合决策程序的“失信”行为，却无法为忠实、注意义务所涵盖，依然存在巨大的问责空隙。忠实义务明显与受信主体“失信”行为所应承担的义务相去甚远，而注意义务又因为法官对公司决策采取的尊重审查模式，加之严格的商业判断规则在司法实践中的引入，其适用范围被极大限缩，亦难以对受信主体的“失信”行为有所作为，面对注意义务边缘化的现象，一些公司法学者甚至问道：“注意义务还存在吗？”

法官面对商事海量信息的经营决策能力远不如董事、高级管理人员等受信主体，因此法官在审查公司经营管理者的经营决策时非常谨慎，尽可能保持谦抑和包容，对受信主体的经营决策一般持尊重态度。美国联邦第七巡回法院认为：“经营者上级最终决定其所做商业判断是否合适。但是法院在经营决策方面无此机制。商业判断由相关的专人作出尽管不能避免错误，就公司的长时间营运而言，专业判断仍属上策。”①美国的商业判断规则就是在这种背景下，在司法实践中得以广泛运用，该规则推定公司经营者的经营决策是在尽可能获得充分信息的基础上，合理地相信该决策符合公司的最佳利益而作出的，其要求除非具体案件中的原告提出优势证据推翻上述推定，否则董事、高级管理人员等受信主体的行为就不受注意义务的约束，但原告要拿到公司内部证据困难重重。另外，法院在判断受信主体是否“尽到合理义务”时只进行形式审查，即只要董事、高级管理人员等经营者的经营决策经过规定的决策程序，法官就不对决策内容的合理性作出实质判断，这就意味着受信主体决策时只需要例行公事，循规蹈矩地考虑相关信息，即可免受追究。凡此种种，履责推定、严格的举证责任、形式审查模式等，使受信主体的“失信”行为往往因受商业判断规则的庇护而脱离注意义务的

① 朱羿锟：《论董事问责的诚信路径》，载《中国法学》2008年第3期。

控制范围。

为应对该问题，诚信义务问责路径在英美国家逐渐兴起。20世纪90年代初美国特拉华州法院在“Cede Ⅱ案”中最开始表达出“三元”信义义务的观点：“若指控公司董事违反了3种信义义务的其中之一，则原告对其指控承担举证责任。”①特拉华州在1995年“Cede Ⅲ案”、1998年“Malone v. Brincat案”和2001年“Emerald Partners v. Berlin案”中均将诚信义务与忠实、注意义务并列。1996年的CVS公司股东派生诉讼中，法院认为：“忠诚地保证其所在公司构建有恰当的信息报告和披露制度是董事对公司和股东、其他利益主体所承担的义务之一，未搭建起高效合适的信息报告制度就是对忠诚义务的违反。”从此确立了客观诚信的行为准则，将有意失职或者懈怠职责的行为认定为对诚信义务的违反。2002年美国联邦第七巡回法院审理的“Abbott Laboratories案”中，法院认为：“公司董事们明知其负有监管职责而故意违反，其长期性持续性不履行监管职责，同时也不采取有效的补救行为，由此使公司承受了巨大损失，与公司利益最大化的目标背道而驰，确实违背了其应承担的诚实信用义务。”在2005年的迪士尼股东代表诉讼中，钱德勒大法官更是对诚信义务的内容进行了扩充：“违反诚信义务的行为有几种情形，如非为公司最佳利益而行事，有心违反法律，或者知道其应该作为而不作为，上述几种情形最为典型。”②虽然，董事、高级管理人员等受信主体承担的诚信义务是否独立于忠实、注意义务在公司法理论界仍有争议，但诚信义务在实务中，在完善信义义务体系方面发挥的重要影响，无可置疑。

从英美国家诚信义务的产生发展历程可以看出，诚信义务作为单独规制工具的适用情形，主要是既不存在利益冲突，又比重大过失更具有责难性的有意失职和故意懈怠行为，具体主要有以下3种类型：一是故意让公司违法，即董事、高级管理人员等受信主体明知行为违法而让控制公司予以实施。在这种情形下即使受信主体不涉及自我交易、违反忠实义务，也可以被合理认为是为公司最佳利益行事而不违反注意义务，但是此种行为却明显违反公共利益且将公司置于承受法律惩罚的巨大风险之下，因此是不忠于职守的不诚信行为。违反了诚信义务，受信主体应当赔偿公司因此受到的损失（如罚款），并且不得与控制公司实施

① Cede & Co. v. Technicolor, 634 A. 2d 345, 361, Del. 1993.

② 907 A. 2d 693, Del. Ch. 2005, p. 123 – 125.

该违法行为取得的利益冲抵。二是严重失职,主要是指董事、高级管理人员等受信主体持续性、系统性地放任公司信息和报告系统缺陷的存在,放纵经营者决策失误,有意地放弃了自己的职责。三是滥用控制权实施经营决策,即董事、高级管理人员等受信主体通过欺骗、威胁、个人独裁等违法或不当手段在董事会、股东会强行通过有关决议,或者在进行经营决策中考虑如个人喜恶、欲望、嫉妒、报复等无关因素,如世界银行行长沃尔福威茨亲自介入其女友的升职加薪事宜,使世界银行陷入了"领导危机",他本人也黯然下台,付出了沉重代价。

近年来,类似的公司经营管理人员滥用职权的事件在我国也不断出现,严重损害了投资者的合法权益。如在"长虹案"中,四川长虹的董事为了实现多年的MBO梦,储备MBO能量而有意不向美国合作伙伴阿派斯公司(APEX)追讨巨额应收账款,在2002年和2003年的财务报表中都加以掩饰,并且没有为巨额应收账款计提减值准备金,因此留下了重大隐患。2004年长虹开始计提准备金之后,公司形势急转直下,亏损37亿元,股价暴跌,投资者损失惨重。我国法律没有类似英美国家对董事、高级管理人员等受信主体科以诚信义务的相关规定,类似行为往往隐匿在忠实、注意义务都无法涉及的"灰色地带"中以逃脱法律的制裁,投资者的损失得不到充分补偿,投资者的投资热情和信心受到了打击,影响了资本市场的稳定。虽然当前信义义务已经增加了信息披露义务等内容以及更加关注公司特殊经营状态下受信主体应承担的特别义务,但对董事、高级管理人员等受信主体表面上为了公司利益所作出的,且符合决策程序的"失信"行为的规制仍有不足。

(三)上市公司实际控制人信义义务在我国的产生与发展

与信义义务在英美法系的演进——起于信托制度、经衡平法通过判例逐步发展——不同,信义义务在我国的产生和发展带有明显的国家意志。信义义务在我国是随着《信托法》《公司法》《证券法》的颁布和施行而同步产生和演进的。经由20多年来的发展,目前在我国已基本形成了由《公司法》和《证券法》为主导,并由《收购办法》《上市公司治理准则》《〈首次公开发行股票并上市管理办法〉第十二条"实际控制人没有发生变更"的理解与适用——证券期货法律适用意见第1号》《公开发行证券的公司信息披露内容与格式准则》等一系列规范性文件为补充的上市公司实际控制人信义义务规范法律体系,并且随着信息披露制度以及公司特殊经营阶段实际控制人承担的特别信义义务等规则的不断发展,我国上市公司实际控制人信义义务体系逐步走向成熟。如果实际控制人违反了信义义务,并给公司带来损失,就应当对公司进行赔偿。我国《公司法》第21条规定,当公司的控股股东、实际控制人、董事、监事和高级管理人员利用其关联关系给公司带来损失时,应当承担相应的损害赔偿责任。①

第二节　上市公司实际控制人信义义务的体系构建原则

一、人格独立原则

(一)人格独立原则的理论概述

1.人格独立原则的基本内涵

人格独立是公司法人制度最基本的特征。人格独立原则是贯穿公司运营始终的基本原则。原则上,公司一旦成立就是一个独立法人,能够以其自身财产承担独立于出资人的法律责任,尽管公司法人不具有自然人享有的生命权、健康权、身体权、肖像权等人格权利,但是公司法人与自然人有相同的独立民事责任能力。公司人格的取得应得益于法律上的人格相关理论。在法律中,人格的概念并不等同于我们平常所说的生物意义上的人格。“在当代法学研究领域中,人格这一法律术语的具体含义是丰富的,所谓人格既可以和法律地位、民事地位等放在一起理解,也可以和民事能力等相提并论,均指向民事主体的法律地位。”②就这个角度而言,在法律意义上,拥有人格的可以是自然人,也可以是某些为法律所认可的团体,在中国,通常认为此类团体就是法人。要取得法律上的人格,当然要获得法律上的认可,这种人格也会具备一些法律意义的特征,如拥有法律赋予的权利和义务。就这种资格而言,法人作为拟制的市场主体同自然人一样,对市场有重要影响。因此,我们有必要将法人视作一个独立的“人”来看待,认识到公司这种无自然肉体的组织也具有特别的“生命表征”。在此基础上,可以具体从公司人格独立原则中提炼出几大内涵。

公司人格与其成员的人格互相独立是人格独立原则的首要要求。公司是法人的典型形式。在理论上是这样论述法人的人格独立性:“在任何特定时间,都

① 汪世虎、杨淦:《实际控制人信义义务的法律机制构建》,载《深圳大学学报(人文社会科学版)》2015年第5期。

② 朱慈蕴:《公司法人格否认法理研究》,法律出版社1998年版,第2页。

不同于和独立于作为其构成成员的自然人。"①这表明了,作为法人典型形式的公司一旦成立后,就在任何时期内具有独立于股东的人格——即使在公司中担任管理者和分享公司经营利益的仍然是同一批人。因此,我们应当将公司人格所涵盖的所有要素从股东的手中剥离出来。例如,公司要拥有自己的名称、自己的住所、自己的场所并受到法律保护。② 同时,公司组织体的生命形式和自然人截然不同,因而在法律上也有显著区别。公司通过履行法定的注册程序而拥有生命,也因一些法定原因可能走向衰亡。公司的存续和消亡不会以其股东的存在和消亡为转移,即使是公司的控股股东死亡,也可以通过股份继承、转让等方式确保公司自身的安全无虞。从理论上来说,股东可以不断更换,但公司可以通过上述方式作为法律上拟制的人而永久存续。当然,公司也并非"永生不死",股东解散公司、公司的合并分立、公司因管理者经营不善而破产等都会导致公司消亡。但值得注意的是,当公司成为某一实际控制人的附庸而被肆意干涉时,公司经营不善而破产消亡的风险可能会更加突出。

公司人格独立代表着公司财产和股东个人财产之间应有明显区分,公司以其独立财产偿还债务。这能够排除股东对公司财产的直接支配,公司股东对公司具有充实公司资本的义务,在信息不对称的情况下应尽可能地避免公司资产不实等问题,这对维护公司资产信用具有重要意义。财产独立在一些情况下也是股东自身的"护身符"。在公司法经典案例"萨洛蒙诉萨洛蒙有限公司案"中,这一内容得到了完美体现:19 世纪末英国萨洛蒙公司向其股东萨洛蒙发行了有担保的债券,后来公司陷入困境进行清算时,剩余资本不足以清偿所有债务。此时,如果萨洛蒙公司依据担保物权优先让其股东萨洛蒙受偿,那么其他债权人将难以实现自身债权。因此,其他无担保债权人以股东萨洛蒙和萨洛蒙公司"实际上是同一个人"为由,要求禁止萨洛蒙公司优先向股东萨洛蒙偿还债务。他们认为,萨洛蒙公司实际上就是股东萨洛蒙的人格延伸,是他的代理人,因而不能"自己对自己偿还债务"。当时,初审法院和上诉法院一度认为,萨洛蒙公司是股东萨洛蒙的代理人,因而二者的财产实际上是混同的,股东萨洛蒙不得优先受偿。但最终上议院推翻了这一判决,并将萨洛蒙公司作为一个独立的"人",从而将二

---

① [英]佩林斯等:《英国公司法》,《公司法》翻译小组译,上海翻译出版公司 1984 年版,第 1 页。

② 王保树、崔勤之:《中国公司法原理》,社会科学文献出版社 2006 年版,第 35 页。

者的财产区别开来。最终,萨洛蒙公司以其财产优先向股东萨洛蒙偿还了债务。[①] 可见,公司财产独立对于公司内部成员的意义重大,一方面,减少投资者的投资风险以刺激市场经济;另一方面,股东不必担忧其私人财产和公司财产混同而使自己遭受私人财产清偿公司债务等不公平待遇。当然,公司的财产独立可谓一把"双刃剑",对于股东来说,将自身财产与公司财产分割开来确保自己只承担有限责任,这未尝不是一个谋取更大不正当利益的途径。为了确保债权人不因这种滥用公司独立人格的行为而受到损失,公司人格独立制度还有一项重要补充,即法人人格否认制度。该制度是指在公司股东滥用公司独立人格而使债权人受到损失时,可追溯至股东。该制度并非否定了公司的独立人格,而是通过对作为个人私利之工具的虚假公司人格进行否认,维护公司独立人格制度的正义性。因此,人格否认制度补全公司独立人格制度的缺憾,也可以说是公司人格独立不可或缺的一部分。

公司独立实施行为是公司人格独立的另一大表现。这主要是因为公司独立人格赋予公司独立的权利能力和行为能力。这里所指,并非公司也同自然人一般具有生命权、健康权以及自然人身份上的权利,而是指公司具有实现其经营目的且独立为相关行为的能力。这里的经营目的与公司在设立之初的目的息息相关,往往具化为公司注册登记时的经营范围。公司独立实施行为主要分为公司的意思表示和公司的具体行为实施两个方面。虽然公司经营本身是为了能让股东分享利润,但是公司的意思表示并非内部成员意思的简单复制,公司内部机构对成员的意见进行表决进而实现意志的升华和转化。公司的经营行为不应受到内部成员或者实际控制人的干涉,公司起诉或应诉也应以自己的名义进行。进一步分析,公司独立实施行为代表了公司意思表示的形成、执行、监督这一系列环节,不应当以公司内某个实际控制人的意志为转移,而应由公司独立完成。具体而言,公司意志的产生和获得执行是由公司机关实现的。从组成成分看,公司内部机构均由自然人组成或任职,所以,公司的意志受到他人的不当干预或影响是无法避免的。[②] 因此,在公司治理制度设计上,法律应当做到制衡和监督。公司股东会议的召开和表决,决策机关董事会的席位分配、召开和组织,表决结果

---

① 毛亚敏:《公司法比较研究》,中国法制出版社2001年版,第20页。

② 王建文、范健:《论公司独立人格的内在依据与制度需求》,载《当代法学》2006年第5期。

的具体实施,监督机关监事会的监督权利行使都应当合乎法律规定和公司章程。在非正常情况下,公司机关的实际操控权还会因为合作关系、政策因素的影响而落入公司外部的实际控制人之手,实际控制人可能更难以受到公司内部规章制度的约束。所以,在优化公司内部控制的同时,要注意避免实际控制人利用控制权对上市公司进行干扰和主导。

2. 人格独立原则是保证上市公司顺利开展商事经营活动的必要条件

公司要进入市场,首先需要成为一个人格独立的"人"、一个独立的主体,这是公司作为市场主体从事商业交易的人格基础。最显而易见的例证是,公司拥有独立的名称,这个名称是唯一而特定的,并且具有排他性,经过相关行政程序而获得认可。在日常交易中,交易相对人能够以此来明确交易的对象,在协议等文件中,也能够清晰无误地指代该主体。这样能够省却因混淆而带来的不必要的成本支出。公司人格独立还代表着公司与实际控制人的人格相分离,交易相对人在与公司进行商事活动时才能够清晰地识别交易对象,让交易相对人明晰自己在和眼前的公司进行交易,而非其背后不知名的操控者。尤其在上市公司中,股东关系往往比闭锁公司更加错综复杂,而对公司存在潜在操控能力的实际控制人不仅局限于某些控股股东,他们可以是与大股东达成合作协议而对公司决策产生决定性影响的人,也可以是一些在业务上掌控公司主要经营资源的其他交易商人,甚至可能是因为政策性原因凌驾于公司自主经营之上的政府和其他公立机构。如果公司的人格不能同上述主体相剥离,则交易相对人必须在进行每一笔交易前,在错综复杂甚至扑朔迷离的关系网中寻找自己真正的交易对象,并考量这些交易对象的资本实力、真正意图以及其他一切可能对交易产生影响的因素。这对交易相对人来说几乎是不可能的。按照理性经纪人的思维,调查公司这套躯壳背后的真实人格,所浪费的过多成本已经远超交易可能带来的利益。按照这个逻辑,一切与上市公司有关的交易几乎都可以直接被放弃。当然,我们并不能令这种情况出现,这才有了公司人格独立原则。

公司的独立人格有助于公司实现资本的积累。上市公司存在的意义在于,在公开的市场上汇集分散的巨额资本,统一单个投资者的意志进行营利活动,在实现股东利益的同时也促进社会经济的进步。其中,公司财产是公司开展经营活动的物质担保。为了保证公司的实际偿债能力,将公司财产和公司股东财产分离是应有之义。公司的内部成员或实际控制人在侵占公司财产方面有明显优势。当公司的财产被侵占混同时,会使债权人承担的风险大幅提高。只有通过公司独立人格在公司和其实际控制人之间竖起一道制度的高墙,才能够使公司免受财产混同侵占之虞。同时,公司的财产独立衍生出了股东有限责任制度。公司和内部成员的人格互相独立,导致公司和股东之间责任承担互相独立。股东有限责任制度表明,即使公司不足以让所有债务实现,在一般情况下也不得追溯至股东抑或是背后的实际控制人。该制度从根本上解决了投资者在投资时以全部身家为一小部分投资作担保的忧虑。风险的降低令投资者更加乐意投身到市场中,大量的资金得以在上市公司中积累起来,充沛的资本力量活跃了整个证券市场。可以说,正是公司财产独立才使公司这种经营模式具备了最大优势。

公司的独立人格更是公司提高经营效率的根本保证。公司独立人格保证公司能够独立地进行决策和实施决策。公司为了公司利益最大化而进行经营活动,公司独立意志和独立实施行为能够按照利益最大化的要求来对公司内部事务进行效率最大化的安排,比如,尽可能地提高公司的经营效率和管理水平等。[①]在一些上市公司中,“职业经理人”对公司进行管理是一种比较常见的经营现象,因为上市公司的股东并不都是经营该公司的良才;相反,股东自己经营公司可能会是一场巨大的灾难。除专业经营能力方面的缺失外,股东还可能因个人私利方面的考量而对公司不利,或是因股东意见分歧而发生无尽争端,进而拉低公司决策效率。从公司成立时起,公司便具有独立人格,股东将自己的部分财产让渡给公司,从而达到集聚资本完成大笔交易的目的。与之相对的代价是,股东可能因公司经营需要而被排除出公司管理人序列,公司可以根据实际需要聘请合适的职业经理人来运营公司,实现公司利益的最大化。而公司利益的最大化又能进一步让公司股东分享公司内部管理带来的经济效益。职业经理人便是公司独立人格保证公司提高管理效率的典型例证。因为公司如果不从其他任何一个主体的人格中剥离出来,那么公司将不具备独立的、为了自身利益为意思表示和执行该意思的能力,至于迫使股东不插手公司管理事务和聘请职业经理人更是无从谈起了。同时,职业经理人对公司的专业管理也能够在一定程度上减少实际控制人对公司的不合理干涉。

---

① 朱慈蕴、郑博恩:《论控制股东的义务》,载《政治与法律》2002 年第 2 期。

3. 人格独立原则是保证利益平衡的前提

公司人格独立原则并非孤立存在,人格独立还是利益平衡原则实施的重要前提。从理论上讲,公司的利益最大化同股东的利益最大化是一致的。但是,在有实际控制人存在的公司,这种一致性通常存在不同程度的异化。需要明确的一个事实是:公司成员之所以加入公司并非为了公司利益最大化,而是为了自身利益最大化。也正因如此,公司人格独立导致了公司利益和内部成员利益的互相独立。当公司与成员利益刚好一致时自不必言,但这种理想状态只是一个理论上的美好假设。在实际经营过程中,实际控制人自身利益和公司利益相冲突时有发生。公司利益最大化关注更多的是所有股东的利益,这里的利益也并非所有股东利益的简单相加,而是一个综合性概念。这种整体利益更关注的不是大股东,也不是某个实际控制人,而是囊括了所有股东的综合需求,还有公司本身生存发展的需要。因此,公司利益会和个别大股东或者其背后控制人的利益有所出入。另外,在一笔交易中,可以把这笔交易所能够给双方带来的利益和风险视作不变的总量。没有哪一种高明的交易安排会使交易总利益有所提升,交易活动本身实际上就是在公司和债权人之间进行利益和风险此消彼长的分配。因此,公司和债权人之间本就存在利益分歧,实际控制人的利益和公司债权人的利益之间会存在更多分歧。

利益分歧产生时,实际控制人可利用身份、合作关系等独特优势操控公司,使公司成为其谋取利益的工具,而公司却不能作出独立的意思表示。一个在实际控制人操纵下的上市公司,对于交易相对人来说也产生了更多的潜在风险和更多的不确定因素。因为与操纵下的上市公司进行交易同正常情况相比,其行为更具有不可预测性——一般的商事经验只能对一个独立的公司行为进行风险判断,操纵下的公司行为可能会偏离正常商业逻辑。实际控制人若不尊重公司人格独立,侵占公司财产,通过股东会表决、董事任免等方式干涉公司独立意志,为自己私利服务的现象将会大大增加。公司经营的物质条件和公司管理机构的异常情况直接对公司经营产生负面效应,广大小股东的利益容易受到威胁。按照交易人客观实际的需要,其只可能关注公司的意思,当然也没有条件为了每一笔交易,耗费巨大的成本调查实际控制人的真实想法并同公司背后的实际控制人进行谈判。因此,只有在上市公司中贯彻公司人格独立原则,才能够保证公司的安排有利于实现公司自身的利益,让公司行为直观反映公司自身的真意。这样才有利于公司实际控制人与股东之间、实际控制人与债权人之间实现利益和风险的公平分配。

（二）人格独立原则在上市公司实际控制人信义义务中的表现形式

人格独立原则在实际控制人信义义务中表现为实际控制人对公司负有尊重其人格独立的义务，具体表现为实际控制人在资产、财务、人员上与公司“三分开”。这里进一步总结为两个方面：保证公司财产独立的义务以及保证公司独立意志不受干涉的义务。

实际控制人要避免自身财产和公司财产混同。顾名思义，实际控制人不得对公司的物权进行直接或间接的占有、使用、处分和收益。因此，法律要求上市公司建立健全的财会管理制度并进行独立核算。按照尊重公司财产独立义务的要求，实际控制人不能直接占有公司经营所用之资金，也不得通过利用对公司的控制优势，强行破坏上市公司财务制度、意思形成制度，从而将公司独立的财产不公平地挪作私人利益服务之用。为保证公司资产信用，实际控制人也不得肆意为公司设立重大担保，按照我国《公司法》的规定，实际控制人利用公司财产设立担保的不得超过公司章程的限额规定，并需经公司权力机关决议。值得注意的是，在设立此类担保时，法律将控股股东或由实际控制人支配的股东排除在上述表决主体范围之外，以此杜绝实际控制人滥用控制权损害公司财产独立性进而造成公司损失。如此一来，实际控制人对公司财产独立的影响力被降到了最低。此外，还有学者提出了一些具体的侵犯公司独立性的表现以作为审查标准：对于生产型公司，实际控制人不与公司共用生产系统、辅助系统或其他设施；对于非生产型公司，实际控制人不对公司商标、专利、非专利技术无偿运用，以及不得干涉公司独立会计核算等。[①] 该观点的提出，对维护公司独立性具有实际意义。在实务操作中，实际控制人取得公司控制权的依据十分复杂，对公司财产独立性的侵犯也呈现各种不同的形式。若要减少实际控制人滥用控制权干涉公司人格独立的行为，制订一个切实可行的判断标准，并以此作为追究其责任的依据具有重要作用。

尊重公司独立意志不受干涉义务的基本要求是，实际控制人不应干涉公司

---

① 汪世虎、杨淦：《实际控制人信义义务的法律机制构建》，载《深圳大学学报（人文社会科学版）》2015 年第 5 期。

机关履行其职责。要避免实际控制人的过分干涉,公司董事会和监事会的人员构成上应尽量避免实际控制人的不公平操控。前文已经提到,公司内部机关由自然人组成,受到各方利益因素影响的可能性大。为此,一些国家设立了独立董事制度和职工监事制度,以期在外部监督实际控制人不正当运用控制权领域有所作为。所谓独立董事,又称为"外部董事",是指独立于公司机构并与公司没有重大关系的董事。他们具有丰富的经验、能力与管理公司事务的水平,是被公司聘请来监督及评价公司管理层运营的董事。① 证监会自2001年起要求上市公司聘请独立董事。独立董事主要在公司事务决策方面实施监督工作,发表独立意见。因此,对于有滥用控制权嫌疑的董事会议案,独立董事可以提出质疑,发表反对意见。除公司机关的成员构成外,公司决策的作出和执行也不应受到实际控制人的干涉。我国在《上市公司治理准则》中也对排除控股股东干涉公司内部治理和决策表决有所规定。借鉴独立董事制度,让独立董事以中立客观的立场和态度有效地监督实际控制人,规范运用控制权,公司的利益不因其控制行为而受到侵害,客观上可以减少实际控制人通过控制公司股东而对公司横加干涉的行为。当然,实际控制人并不总是具有高尚的牺牲精神,会主动在个人与公司利益冲突时退避三舍,其首先选择维护自身的利益才是合乎经济学原理的。因此,除设置一些外部的限制外,为了减少实际控制人干涉公司经营活动的内在动因,实际控制人个人所经营的业务不应与公司业务有存在利益冲突的可能。具体而言,上市公司的业务和实际控制人之间互相独立,实际控制人以及其下属单位等利益密切相关者均要注意避免和上市公司同业竞争。

二、利益平衡原则

(一)利益平衡原则的理论概述

1. 利益平衡原则的基本内涵

利益平衡,是指以法律作为权威的手段协调各种相互冲突的因素,使冲突各方的利益在相容与共存的前提下处于合理的优化状态之下。由于不同的利益往往分属于不同的利益主体,之间难免存在冲突,为了达成利益平衡,必须进行利

① 汪世虎、杨淦:《实际控制人信义义务的法律机制构建》,载《深圳大学学报(人文社会科学版)》2015年第5期。

益衡量。[①] 学界有人论述利益平衡为："若满足相应的社会条件，则多元的利益系统是一个内部各种利益关系既对立又统一的、各方利益能够互相平衡的、具有相对稳定性的利益体系，多元利益平衡原则是社会稳定的有力保障。比较平衡的利益体系能够在利益分配的基础上构建一个较稳定的利益格局。"[②]利益平衡原则广泛运用于法律制度设计之中。用法经济学的眼光来看，如果说，整个社会上现存的可得利益是一个不可增加和减少的总量，每一个社会主体的社会活动就是在这个巨大的"蛋糕"上进行争夺和分配。在失去规则的社会，这样的分配必然向混乱演变。社会主体实力的强弱将直接决定其在这场分配战争中的"战果"。然而，这种一切以实力说话的结果却并非想象中那样公平和美妙。无序而漫长的争夺将会消耗大量的社会成本——而这部分消耗本可以在平和的分配中得以保存。另外，若得不到足以令自身存续的利益，一些弱势群体会不可避免地消亡，这对整个社会来说是一种损失，所以便有了法律的出现。法律就是通过权利义务的分配，在各种主体之间进行利益的统一性分配，实际上剥夺了社会主体之间无序争夺的机会。所以我们所言的公平并非文学家说得那样美好，而是充满着赤裸裸的利益考量。在进行制度设计时，需要让每一个框架内互相有利益冲突的利益主体能够通过此制度获得利益，这需要照顾其间的弱者，防止强者滥用强权，使多方利益分配成果达到动态平衡，保证这个利益框架体系能够长久地存续，从而创造更多的社会价值。在此定义基础上，若上市公司良好地执行利益平衡原则，那么上市公司的实际控制人、股东、债权人等有利益关系的主体能够均衡地获得充分实现利益的机会，从而使各方能够达到一种平衡稳定、共存相容的状态。只有多元利益方均势，才能够保证上市公司和整个市场可持续协调发展。

上市公司实际控制人利益平衡原则的主要内容就是通过制度设计，运用法律的权威来对各个利益主体所承担的利益和风险进行合理分配，从而减少各利益方的冲突，尤其是要减少实际控制人滥用控制权侵犯公司小股东和债权人利益的行为。公司虽然具有独立人格，但只是一个拟制的"人"，是一个不能够像自

---

① 刘胜超、李光辉：《论我国量刑司法中的利益平衡原则》，载《江苏警官学院学报》2016 年第 2 期。

② 王伟光：《利益论》，人民出版社 2001 年版，第 208 页。转引自赵万一：《公司收购中目标公司董事信义义务研究》，载《河南财经政法大学学报》2012 年第 2 期。

然人一样进行思考行动的组织体。公司事务的决策实施只能通过其成员加以实现。构成组织的每个成员在资本实力、个人经营业务以及公司治理中的角色扮演均不同。因此,在面对同一件事务时也有不同的利益考虑。一些公司大股东和外部人员私下缔结合作关系,帮助外部人员控制公司,或者公司因政策性因素以及其他关系受到外部人员的制约,在这种情况下对于小股东来说可能会存在较多的利益分歧。公司和交易相对人在交易时也会在利益分配需求上有所冲突,每一方无不尽可能地多从对方身上攫取利益,公司背后的实际控制人也是如此。每个利益主体都渴望在市场的角逐中实现最大利益,这是理性经济人的本性,而市场上信息不对称导致每个利益主体所掌握的资源各不相等,进而致使其在分配过程中的话语权和控制权也有所不同。交易相对人很难了解公司背后实际控制人的真实情况,甚至要求在受到损失后让实际控制人承担相应责任。在这种因素的介入下,利益的分配必然不可能向着一个均衡的方向发展,甚至可能因为控制权的滥用或者有限责任的滥用导致利益分配有失公平、正义。因此,法的定分止争作用在商事领域也十分重要。我们所追求的最大正义是在利益总量固定时使每一个主体能够满足需求和获得足够的利益。“法律控制的任务系打造此类型的正义——判断其中哪些关系应被承认与保护,并且前述需要被保护的关系的具体范围如何认定,最后是如何以最小的代价和最高的效率来满足上述的正义。”[①]通过法律的这一系列利益平衡,能够保证各个利益主体的均势平衡。在理想状态下就是风险和收益的并存:使每个证券市场参与者承担与其能力相匹配的商业风险,同时能够得到与其承担的风险相匹配的利益,才有利于刺激市场经济。

2. 利益平衡原则平衡实际控制人和小股东之间的利益关系

上市公司小股东的利益受到作为资本多数决制度强势者侵害是一种固有现象。这是资本主义世界最大的“公平”——谁力量雄厚,谁就有机会撬动利益的天平。这里直接把实际控制人代入大小股东的冲突现象中同样适用。因为其原理实际上是一致的:实际控制人和小股东之间存在不同的利益考虑,实际控制人通过协议或身份地位等优势取得公司控制权,有牺牲弱势群体的利益来实现自

① [美]罗斯科·庞德:《通过法律的社会控制》,沈宗灵译,商务印书馆1984年版,第32~33页。

身利益最大化的动机和客观条件，而且实际控制人往往容易通过控制公司的大股东，进而间接获得公司大部分的表决权为其个人私利服务。

按照股东平等原则，股东能够享有同股同权，即相同类别和数量的股份代表相同的利益分配请求权、剩余财产分配权及投票权，但是这种平等本身只能实现一种机械的量的平等，对于小股东来说，当手中的投票权不足时，其意思能够转化为公司的意思的概率大大降低，甚至低于其所持有的股份比例。实际控制人的介入必然导致此种机械平等进一步异化。这里的实际控制人是通过投资关系、协议或者其他安排，能够实际支配公司行为的人。其虽非股东，但对公司的经营管理和财产分配享有绝对的话语权。而小股东的股份稀少，能在董事会中拥有的利益代表者有限，且在上市公司股权分散的状况下，难以聚集起来统一表达意愿。众所周知，在中国证券市场上存在大量散户，这些散户持有公司的股票却可能对公司股东会召开的具体情况一无所知，有的人甚至终其一生也未真正有机会去行使自己的表决权。因此，小股东的意志被实际控制人完全吸纳在所难免，而单纯依靠实际控制人的道德自律几乎不可能避免其滥用控制权。然而这部分的散户利益确实需要进行保护，对于庞大的证券市场来说他们的资金可能只是沧海一粟，但是对于散户来说，这笔投资关系家庭的收入和社会的稳定。还需要考虑到，散户往往不具备足够的抗风险能力和专业证券知识，股市的动向受到散户跟风投资的影响较大。保护散户利益未尝不是保护这个牵一发而动全身的证券市场，对于小股东来说，最担忧的莫过于关联交易中的利益输送问题。在关联交易中，实际控制人操控公司与自身相关联的公司进行交易，但是大多数的小股东，尤其是一些不具备调查能力和相关专业知识的股市散户，根本不能够察觉实际控制人是否进行了利益输送，遑论合理地表达自己的质疑。还有的实际控制人为了保证公司资产充足以便进行关联交易和利益输送，操纵公司长期逃避分红的义务，一些公司甚至推出了“实物分红”①来敷衍小股东。虽然对于股市散户来说，可能更关注股票涨跌赚取的差价，但长期不分红、实物分红也切实损害了持股人的利益。

既然不能寄希望于形式上的平等和实际控制人的道德自律，那么就需要对

① 实物分红一般以公司的积压产品来代替现金分红，这种做法表面上确实履行了分红的义务，但是由于积压产品的流通性弱于现金，这种分红并没有充分让小股东享受到公司经营的成果。从实际控制人的角度来说，实物分红能保证公司资金充足，更方便进行关联交易。

这种实际的不平等进行再一次调整。这就是利益平衡原则的效用之所在。在利益平衡原则的指导下,公司事务的决策和执行应当更多地考量公司决策的利益操控现象,更多地关注优势者和劣势者之间的利益分配,以弥补形式平等的一些缺陷。

3. 利益平衡原则平衡实际控制人和债权人之间的利益关系

实际控制人和债权人的利益冲突主要源于公司人格独立制度和市场信息的不对称。公司人格独立中的财产独立使债权人可实现债权的范围止于公司的自有财产,由此衍生出的股东有限责任,使债权人的追索止步于股东在公司中所占的份额。这样的安排本身是有合理性的。对于债权人来说,公司财产独立能够直接根据公司的资产信用作出合理的商业判断,而不需要调查公司背后成员的资产情况,因此也不能在实现债权时越过公司直接追溯至其背后的成员。在非滥用控制权情况下的商业判断已经将交易产生的合理商业风险纳入考量,这种制度在理想状态下能够使公司和债权人之间的利益达到平衡。

但是,这种平衡在实际控制人滥用控制权时被打破。因为公司在资本不充分时,公司经营亏损风险实际上被转嫁到了债权人身上。但此时,公司资本不充分并非源于合理经营因素,而是受外部人员的额外干涉影响。债权人在承担这种额外风险的同时难以向股东本身追索,遑论让股东背后的实际控制人承担责任。尤其在一些情况下,实际控制人仅仅是和某个股东有关联关系,存在合作协议,或是通过一些政策性因素取得公司控制权,对实际控制人的信息调查成本远超交易能够带来的利益和交易相对人的自身能力。即使能够获取足够的信息,在受到损害的情况下,法律制度却使这种“脆弱”的关系链条并不能成为债权人追索的路径。当然,实际控制人干涉公司决策,最终通过公司决策机关投票予以实现。在这种情况下,一些股东可能因为各种利益关联关系成为实际控制人控制公司决策的表决工具,帮助实际控制人实施操纵行为,但是有限责任制度则降低了股东为此负担的风险。债权人很难绕过公司追索股东,而对于股东来说,风险的降低间接提高了同实际控制人合作操控公司的效益,使这种现象发生的概率有所提高。所以说,“当股东滥用有限责任时,它变为狡诈舞弊者的护身符”。[①] 股东可以更加无所顾忌地担任滥用控制权的投票机器。对于实际控制人

① 王天鸿:《一人公司制度比较研究》,法律出版社2003年版,第276页。

来说,这样的利益体系是最有利于自己的。实际控制人掌握公司的各种资源,同时比股东更容易利用公司的独立人格而被免于追责。更糟糕的是,市场信息不对称导致债权人很难探知公司的真实控制权属情况,以及公司背后实际控制人的真意,其所能得到的资料仅限于沦为附庸的公司对外披露的信息,信息取得的主动权掌握在利益冲突方的手中,因此这种交易的不确定性是显而易见的。如果对实际控制人的约束不足,滥用控制权的负面影响将会更明显。实际控制人可能利用控制优势占有公司财产、滥设担保物权、业务混同或是进行欺诈交易,实际控制人对公司的操纵还可能导致公司的经营行为偏离正常轨道。在正常状态下,交易是为了交易双方公平分配利润,进而为实现双方综合利益最大化服务。但实际控制人为了个人私利行事,当个人私利与公司最大利益不统一时,操纵下的公司意志,反映的不再是公司的最大利益而是实际控制人的利益。与之对应的公司,行事也并非为了促进公司和交易相对人双方利益的最大化,正常的交易秩序就被打破了。此时,交易相对人几乎不可能通过商业经验判断公司的非常理行为,对于商业决策背后所蕴含的商业风险的预知能力也被大大减弱,交易相对人将陷入进退失据的境地,对市场安全的负面影响是显而易见的。

基于上述原因,我们不得不将债权人和实际控制人之间的利益平衡纳入考量。因为公司独立人格成为实际控制人滥用控制权的"护身符",在信息不对称时,这种滥用变得更隐秘。依靠债权人自身的努力难以打破这种局面,因此在制度构建时应当重点扭转实际控制人利益分配畸重的局面,以及债权人利益分配畸轻的现状。只有这样,才能使公司和债权人之间重回利益平衡状态,从而保证交易安全。

(二)利益平衡原则在上市公司实际控制人信义义务中的表现形式

利益平衡原则的实现方式主要是限制实际控制人的权利行使,来保护其他股东和债权人的利益,迫使实际控制人严格履行信义义务,从而有效防止权利滥用。利益平衡原则要求减少利益冲突,在节省代理成本的情况下平衡各方利益,使各方承担的风险和得到的利益达到收支平衡。具体而言,可以着眼于公司的内部治理和外部监督,对实际控制人、股东、债权人的权利进行再一次分配。

在实际控制人和股东的利益冲突中,法律在处理资本多数决制度带来的实质不平等问题时,应当主要强化实际控制人的责任从而防止实际控制人滥用控制权;同时,应当加强对小股东的利益保护,为小股东提供更多的制度救济供给。

例如,完善股权回购请求权制度,以此保证有异议的小股东能够退出公司,及时止损。对于公司来说,股份的回购客观上会减少公司的资产,削弱公司的实力,也能够对实际控制人滥用权利的行为起到一定的限制作用。当然,减少冲突不等于弱势者的黯然退出。更重要的是,在公司事务表决制度上适当平衡实际控制人和小股东的权利分配,有一种思路是监督实际控制人的行为,并限制实际控制人的表决权。考虑到许多散户保护自身利益的需要以及不能参与公司事务的客观现实,按照利益平衡原则赋予实际控制人对关联性交易向公司信息披露的义务,并且在此类事项表决时排除实际控制人和与其有关联关系的股东介入。还有一种思路是,限制股权转让中新的控股股东通过获得股份直接获得投票权,该投票权的获得需大多数股东同意。[①] 这种制度能够尽可能地保证公司表决权分配结构的稳定性,减少在股权收购中一些不确定的外部人员介入争夺公司控制权的风险。同时,也能够增加广大小股东在公司控制权事务上的发言权,起到一定的利益保障作用。

为限制实际控制人滥用控制权,法律倾向对债权人提供更多的制度供给,以达到双方的利益平衡。在债的实现上,典型制度有公司法人人格否认制度和深石原则。公司法人人格否认制度克服了股东有限责任制度的缺陷,在实际控制人滥用公司法人独立人格造成债权人损害时,债权人得以刺破公司面纱直接追索至公司背后的股东。按照深石原则,在公司清算重整中控制股东有不公平行为的,其债权将劣后于其他债权人。本书认为,公司法人人格否认制度和深石原则应将承担责任的主体由股东延伸至实际控制人,这有助于提高实际控制人滥用控制权的成本和债权人实现债权的可能性,以此保护债权人的利益。在公司处于特殊状态如破产清算时,公司控制权还可能转移至债权人手中,由债权人会议对公司财产业务的处置作出决策。

值得一提的是,这种利益平衡的分配可能带有其他表征。目前,市场上不乏一些服务于公共事业的上市公司,出于对公共利益的考量,国家会对此类公司进行控制。因为就公司而言,无论其经营业务为何,最终的经营目的是实现私人的利益,这对公司来说却无可厚非。但由于行业的特殊性,公司一些关乎国计民生

---

① 汪世虎、杨淦:《实际控制人信义义务的法律机制构建》,载《深圳大学学报(人文社会科学版)》2015 年第 5 期。

和社会公共保障的行为应当由公权力进行适当控制。否则,在公司利益和公共利益发生分歧时,公司将会自发地牺牲公共利益来实现自己利益的最大化。但对于整个社会来说,只有保证了公共利益才能够实现整体的公平,因为这些公司中或者以国家为股东,或者国家直接以政策性因素取得公司的控制权。国家出于社会公共利益对公司的决策进行掌控,在一些特殊情况下,甚至会牺牲小部分股东的利益和债权人的利益。但这种牺牲并非利益不平衡的表现;反之,这种对个体的牺牲是为了保全更大群体的利益。按照法经济学的观点,制度的安排往往关注的是整个社会的效益。也就是说,追求在整个制度框架下社会综合可得利益能够弥补支出,并且实现社会总体利益的最大化。在实际控制人和股东、债权人利益之间进行利益分配是为了保证整体公平。所以,在针对牵涉公平利益的实际控制人操控行为时,制度设计往往更偏向对代表公共利益实际控制人的保护,这也是利益平衡原则的一个特殊表现。但是,如果国家控制公司的目的超出了维护公共利益的范围,这种操控也必将受到规制。

总体来说,利益平衡原则不仅兼顾了形式平等和实质平等,更包括对各方利益进行衡量。这主要表现为,在信息不对称和资本实力不均衡的情况下更关怀利益体系中的弱势群体。大部分追求利益平衡的制度设计对中小股东和债权人进行了额外的利益补给,实现了上市公司中各利益主体的平衡稳定。在涉及公共利益的特殊情况下,利益平衡原则也会倾向保护社会公共利益。这也意味着利益平衡追求的并非一味保障利益体系中的某一方,而是动态可变的主体,最终目的是维护市场的长久健康存续和社会效益的最大化。

三、区分设计原则

(一)区分设计原则的理论概述

区分设计原则,是指将上市公司实际控制人的信义义务依据公司的不同发展阶段而给予不同规制。具体而言,即将上市公司的经营阶段分为正常经营阶段与特殊经营阶段。其中,特殊经营阶段细分为被收购阶段、解散清算阶段和破产阶段,而较之正常经营阶段,在上市公司的特殊经营阶段,实际控制人的信义义务在对象、内容、程度等方面被科以了特殊要求。

对上市公司实际控制人信义义务坚持区分设计原则,究其原因在于:(1)在上市公司的正常经营阶段,公司经营产生的现金流足以支付到期债务,股东作为上市公司的实际所有人,实际控制人直接对其承担信义义务,实际控制人运用其控制权操纵公司决策,其控制决策行为所产生的后果由公司以其独立的人格及财产对公司债权人因实际控制人决策而遭受的损害承担责任;(2)在上市公司特殊经营阶段,由于上市公司的经营状况发生了重大变化,公司无法以其自身独立人格及财产维持正常的经营活动,此时,实际控制人所作出的任何一个决策都不仅仅是对公司及股东产生影响,其行为更会直接牵涉公司债权人的利益,如在上市公司资不抵债面临破产时,实际控制人的行为可能在边际上影响债权价值,债权人仅仅依靠债权合同已不足以保护自己的债权利益,若仍然将之与公司正常经营阶段的实际控制人信义义务进行同等规制,则有缩小实际控制人责任范围之嫌。

区分阶段规制上市公司实际控制人的信义义务的意义有以下 3 点:其一,更加有效保护债权人的利益。如前所述,当上市公司处于特殊经营阶段时,实际控制人及董事运用其控制权对公司所进行的干预效果扩展到债权人身上,债权人暴露在实际控制人采取的高风险策略中,①当实际控制人倾向保护股东或公司利益时,债权人的利益就被置于危险之中,实际控制人所进行的高风险投资,便将亏损转嫁给债权人;即使投资行为获利,该项投资的"剩余价值"由实际控制人或者公司股东获得,债权人的获益不会超过事先约定的利息和红利。因此,将上市公司实际控制人的信义义务以公司的不同经营阶段为基础进行区分,使之在特定情形下对债权人承担与其对公司和股东所应承担的同等信义义务,能够有效防止上市公司实际控制人对公司债权人利益的损害。其二,加强上市公司实际控制人信义义务的实践可操作性。基于上市公司实际控制人身份的特殊性,对信义义务在上市公司不同经营阶段的笼统适用,越来越无法满足对利益相关者的保护要求。而在区分设计原则下,明确了在上市公司正常经营阶段与特殊经营阶段,实际控制人的信义义务是不同的,在特殊经营阶段,实际控制人所承担的信义义务较之正常经营阶段而言更严格。如此一来,实际控制人信义义务得以细化,在实践中更容易操作。其三,体现了商法维护交易公平的价值取向。商法是以民法为基础发展起来的,其主要作用是弥补民法调整作用的不足,当然地

---

① 参见王佐发:《上市公司重整中债权人与中小股东的法律保护》,中国政法大学出版社 2014 年版,第 159 页。

受民法基本原则的制约。① 在特殊经营阶段,实际控制人信义义务的对象有不同程度的扩张,实际控制人对信义义务权利人所承担的义务内容也有所变化;区分设计原则的适用正是在于平衡正常经营阶段与特殊经营阶段对于实际控制人信义义务的不同要求,以此实现商法维护交易公平的价值取向。

(二)区分设计原则在上市公司实际控制人信义义务中的表现形式

1.正常经营阶段上市公司实际控制人的信义义务

其一,严格履行注意、忠实义务。在上市公司的正常经营阶段,公司作为一个独立的法律主体以其独立的法人人格和法人财产对外开展商业活动并承担责任,实际控制人控制公司决策的行为后果及于上市公司和全体股东,上市公司和股东将不得不为控制人的决策行为埋单。与非上市公司相比,上市公司的中小股东更被动,缺少话语权,掌握控制权的实际控制人所受到的约束要远低于非上市公司的管理层。因此,在上市公司正常经营阶段需要对实际控制人科以信义义务来规范其控制权的行使,其所承担的信义义务类似公司董事的信义义务,即注意、忠实义务。

其二,充分尊重上市公司的独立人格。实际控制人游离于公司治理机构以外,行为的自利性较强,为避免实际控制人滥用手中的控制权干预上市公司的正常经营,应要求上市公司实际控制人在控制权行使过程中充分尊重公司的独立人格。这主要表现为:尊重公司机构独立行使职权和尊重公司独立财产权,前者要求上市公司实际控制人不得为自己的私利而对公司决策机构作出非法干预,迫使其作出有损公司利益和股东权益的行为;后者要求实际控制人不得挪用公司资产或者利用公司资产为自己谋取不正当利益。

其三,积极践行信息披露义务。实际控制人对上市公司的控制渠道是多样的,或许是通过对某一控股股东的支配来实现对上市公司的控制,或许是通过分散中小股东的支配来达到控制目的,故其应向所有股东披露所持控制权的控股数量、性质,控制权对公司的影响程度以及对公司组织机构决策的干预程度等,保证中小股东的知情权,扭转实际控制人与中小股东间信息不对等的局面。要做到这点,上市公司须建立实际控制人信息披露的长效机制,对实际控制人信息披露义务的相关内容及追责机制作出详尽规制;监事会在此机制下,对实际控制

① 赵万一:《商法基本问题研究》,法律出版社2013年版,第67页。

人信息披露的完整性、及时性进行审查。

2. 特殊经营阶段上市公司实际控制人的信义义务

上市公司的特殊经营阶段可以分为被收购阶段、解散清算阶段以及破产阶段，对于实际控制人信义义务的要求较正常经营阶段有所区别和强化。

其一，被收购阶段：强化的忠实、注意义务及信息披露义务。首先，在要约收购中，上市公司的中小股东很难作出是否接受要约的抉择，主要原因在于中小股东所掌握的信息很少，不足以使他们在已有信息的基础上作出最有利的选择；另外，中小股东的利益诉求往往被收购者忽略，讨价还价的空间极为有限，在要约收购人发出要约时，实际控制人需要对要约收购人作尽职调查，分析要约收购人的资信状况及收购目的，聘请专业顾问对收购的可行性进行检测，预防上市公司因虚假收购而蒙受损失。其次，在收购进行过程中，董事会依据其尽职调查所得出的结论，向股东大会提出拒绝或者接受收购要约所提条件的建议，以《董事会报告书》的形式呈现，在《董事会报告书》中陈述接受或拒绝要约条件的理由。实际控制人应将其所掌握的可能影响股东对此次收购判断的信息如实向股东披露，不得非法干预《董事会报告书》的公布，进而损害股东利益；实际控制人干预《董事会报告书》作成程序的，应于《董事会报告书》中记载清晰并签字。实际控制人的控制地位意味着其获取信息与资源的便利性，并且对收购谈判具有较大话语权，但实际控制人在逐利心理的驱使下，可能为一己私利，或是乐见其成——通过控制股东会作出未经审慎考虑的收购决定或者以其他方式促使公司股价下跌而促成收购；或是极力阻挠——罔顾公司和股东的利益而采取各种措施来提高收购成本，抑制收购的发生；在实际控制人同时也是收购方或者与收购方就收购事项有关联关系的情况下，实际控制人应在要约收购发生的第一时间向股东大会披露这一信息，由股东大会通过修改公司章程的方式将实际控制人及受其控制的管理层人员排除在此次收购决议过程之外，并不得向收购方泄露不利于被收购上市公司及其股东的信息。即实际控制人需要在公司收购中负有强化的忠实义务，义务相对方既包括上市公司及其股东，亦涵盖收购方。前者主要体现为实际控制人不能为自己的利益而向公司及其股东隐瞒重要信息，致使股东作出错误判断，例如，为了采取反收购措施而只向股东透露有关收购的负面信息以掩盖有利信息；后者主要体现在平等对待收购人方面，即在收购无法避免的场合，实际控制人不得为了自己倾向的收购方而罔顾股东利益，打压其他有力竞争者。

其二,解散清算阶段:信义义务的受益人范围扩展。在上市公司解散清算的场合,公司唯一的存续价值便是进行清算,不再开展与此不相关的业务。债权人此时便成为公司剩余财产所有人,在这一情形下,实际控制人的信义义务与其他阶段的不同之处在于信义义务受益人范围的扩展,即实际控制人信义义务的受信对象指向债权人,因为其在公司解散清算中任何对公司资产的不当处置或任何有碍公司正常解散清算的行为都将对债权人产生不利影响。

其三,公司破产阶段(主要讨论上市公司濒临破产时期与上市公司破产重整时期):信义义务的债权人保障内容丰富。在上市公司濒临破产时,为摆脱困境、挽回局面,实际控制人倾向采取高风险策略,其行为可能直接导致上市公司陷入资不抵债的状况,若此时仍仅强调实际控制人对公司及股东的信义义务,那么实际控制人极有可能为了公司及股东的利益,甚至只是为了其自身的利益而置债权人利益于不顾,使债权人的权益受损。因此,在上市公司濒临破产或者在实际控制人的某一项举措直接将公司拉入破产境地的情形下,实际控制人信义义务的受益人应当延伸至债权人。在上市公司破产重整阶段,为了实现重整目的,债权人不得不就其债权对上市公司作出一定的妥协,且重整中可能涉及上市公司重大资产的处置,这一系列操作均与债权人利益息息相关。实际控制人在破产重整阶段对债权人承担信义义务,包括忠实、注意义务以及信息披露的义务,此处的信息披露义务表现为:(1)在表决前就,债务人相关资产负债情况、已采取的解决债务人财务困境的措施、拟采取的保障债权人债权的措施及其可行性分析等;(2)信息披露义务程度的强化,确保所披露信息的“真实、准确、充分、完整”,并坚持债权人利益最大化标准。

四、动态回应原则

(一)动态回应原则的理论概述

动态回应原则,是指金融市场与资本市场的不断发展,催生了新的金融工具与交易模式,同时也引发大量新的问题,故而要求对上市公司实际控制人的信义义务进行扩展与完善,以适应新的经济形势。

首先,上市公司实际控制人的信义义务需要遵循动态回应原则,究其原因在于:股权资本内部开始产生差异化。随着股权“同质化”被打破,金融创新催生了类别股,持有不同股权的股东,其利益诉求也开始分化,普通股股东可能更倾向参与公司治理,类别股股东可能更关注公司的利益分配。此外,在现代上市公司的治理中,机构投资者被引入并且其参与公司治理的意向被强化,再加上机构股东对上市公司股价的影响不容小觑,其已经成为上市公司决策制订中必须予以考量的重要因素。股东身份的变化也对上市公司实际控制人信义义务提出了新要求,面对这些新变化,传统信义义务的规制显得有些力不从心。

其次,上市公司的资本构成出现新的结构变化。在传统的公司融资方式中,股权融资是最重要的融资方式,以债权融资为代表的其他融资方式在公司融资结构中的比例较小。但是,随着上市公司业务的拓展以及市场的开发,债权融资渠道的重要性逐渐显现;同时,随着金融创新的不断发展,新的融资渠道和融资技术在经济生活中扮演越来越重要的角色。从经济创新的角度来看,当代公司的资本结构出现了根本性变革,具体而言,即构成公司资本的不仅有传统的股权、债权,还有期权、混合所有权等多种新型方式。① 公司资本结构的变化要求在上市公司治理中,对不同利益主体的诉求加以考量和满足,如果仍然将投资者进行股权投资与非股权投资区别对待,则不利于公司治理结构的优化。因此,如果只将实际控制人的信义义务受益人局限于上市公司及其股东,实际控制人极有可能无视债权人的权益,通过高风险策略将损失转嫁给公司债权人。

最后,金融市场的复杂性及专业化程度不断加深。在上市公司内部治理中,实际控制人手中掌握公司的重要资料,同时实际控制人可以直接利用手中的控制权进行干预,这一优势在某些程度上决定了实际控制人在上市公司决策中的不可替代性。实际控制人为了取得对上市公司的实际控制权,进行了大量的资金、人力等前期投入,在公司运行过程中,实际控制人会选择将其投入成本以各种形式转移给公司,再加上上市公司中小股东股权分散,对实际控制人的监督形同虚设,实际控制人的权利行使没有边界。金融衍生品的复杂性与专业性导致投资者在决策时的弱势地位愈加显现,其只能通过第三方评估机构等专业性机构来协助其作出判断;此时,实际控制人的信息资源优势更加凸显,实际控制人

---

① 李安安:《金融创新与董事信义义务的重塑》,载《证券法苑》2012 年第 2 期。

可能在自利性驱动下选择与第三方机构合作，通过向评级机构付费来获取更高的评级以保证证券的发行，实施证券化诈骗，而此种形式下发行的"包装豪华"的金融衍生品极少能真正为投资者带来利益。另外，在新形势的冲击下，对于无法适应变化的实际控制人来说，应对也是吃力的，其对金融市场的不完全掌握可能会导致错误决策。而在这一全新模式下，传统信义义务机制是无能为力的。

对上市公司实际控制人信义义务坚持动态回应原则具有较大的实践意义：首先，有助于规制实际控制人。如上文所述，在金融创新背景下，实际控制人的控制权优势及其控制权波及的范围日益扩大，如仍然以传统的忠实、注意义务来规制，却不配套相应的责任，必然会出现实际控制人实施了侵权行为却不用承担责任的法律漏洞。2017 年 4 月 12 日中国银行保险监督管理委员会发布《关于切实弥补监管短板　提升监管效能的通知》。该通知提出"六个强化"，即强化监管制度建设、强化风险源头遏制、强化非现场和现场监管、强化信息披露监管、强化监管处罚和强化责任追究，①表明在金融创新背景下实际控制人的责任越来越得到重视。其次，有益于保护利益相关者的利益。金融创新导致更多的主体参与到上市公司的运行过程中，各主体与上市公司的利益纠葛趋于复杂，拒绝扩张、更新实际控制人的信义义务，即是为实际控制人提供了违信空间，不利于相关利益主体的权益保护。最后，为实际控制人的信义义务延展提供了弹性空间。动态回应原则并非为适应金融创新而产生，而是为了适应日新月异的经济形势，随着金融市场与资本市场的不断发展，新的投资形式与新的违信形式的出现是难以避免的，动态回应原则为这些将来可能会出现的现象提供了一个原则性指引。具体而言，当目前上市公司实际控制人的信义义务无法适应经济新形势时，可以立足于经济现实将信义义务进行适当延展，以更好地约束上市公司实际控制人，保护相关主体的合法权益，维护经济秩序。

---

① 《银监会"六个强化"补监管短板　强调穿透识别金融机构实际控制人、最终受益人》，载《21 世纪经济报道》2017 年 4 月 13 日，第 9 版。

（二）动态回应原则在上市公司实际控制人信义义务中的表现形式

1. 上市公司实际控制人信义义务受益人范围扩张

如上文所论证的，在金融市场不断发展的今天，扩张上市公司实际控制人信义义务的受益人范围已是必然，而这种扩张的边界在哪里是值得探讨的。本书认为，上市公司实际控制人信义义务的受益人扩张范围并非涵盖所有债权人，而是当实际控制人的行为致使上市公司陷入资不抵债境地或者有陷入资不抵债危险等严重威胁债权人债权实现时，实际控制人得向该特定债权人承担信义义务。即债权人得在债权合同中约定，当债权人有合理理由相信公司行为将会严重挫伤公司偿债能力时，公司实际控制人等应向债权人承担信义义务。在实践中，上市公司资产结构复杂，在某些情形下，债权融资在上市公司资产构成中占据较大比重，在此情形下，实际控制人得向债权人随时履行信息披露的义务，使债权人得以对上市公司的资产状况与经营动向有充分了解。此处所说的债权融资比重，是指上市公司的总债权在公司资产结构中的比重，而非单独的债权比重，这一比重如何确定，双方可进行约定。

另外，值得关注的是，实际控制人对未来债权人的信义义务。未来债权，是指尚未发生的债权，故而是一种期权，未来债权在金融创新领域有举足轻重的作用。如资产证券化，即发起人将未来债权所提供的现金流整合为一个资金池，以该资金池为基础进行设计并向金融市场发行证券产品，以实现其融资目的。资产证券化实现了风险的转移与分散，由金融市场中不特定的投资者来承担特定债务人的信用风险，提高了债券资产的流通性，同时也创造了资产信用融资的新路径。在此创新模式下，未来债权人所持有的金融远期证券既不同于股权权证也并非传统债券，其利益的实现与证券发行方息息相关，且由于缺少债权合同的保障，其利益的实现有赖上市公司的正常健康运营，更重要的是，其证券价值的实现有赖原始债务人的偿债信誉和偿债能力。如果此种金融创新模式取得成功，则上市公司与实际控制人均能取得预期可观的回报，未来债权人的利益也能得到保障；而一旦失败，实际控制人不能以投资风险以及其对未来债权人不负有信义义务为由拒绝对未来债权人承担责任。因此，针对未来债权人，本书认为，实际控制人在上市公司的任何经营阶段均应承担信义义务。

在实际控制人侵害上市公司及其股东利益的场合，股东可以通过提起股东派生诉讼来寻求救济，要求实际控制人就其对公司所造成的损失承担赔偿责任。因此，在实际控制人信义义务受益人扩展到债权人的场合，同样应该赋予债权人以提起诉讼的形式，要求实际控制人因其不当行为对债权人造成的损害承担个人责任的权利。

2. 上市公司实际控制人信义义务内容扩张

在对传统信义义务的讨论中，注意义务，是指公司中的管理者应当以适当的注意管理公司，以免损害公司利益；忠实义务，是指公司中的管理者应将公司利益置于自己利益之上。[①] 建立在"理性经济人"假设之下的忠实、注意义务似乎涵盖了对决策控制者一切徇私、不合理行事等违信行为的规制，但事实上，控制决策的实际控制人并非总是理性的，甚至在多数时候，"感觉"战胜"理性"对决策的作出产生了影响，在恶意与重大过失之间存在传统信义义务对于实际控制人个人责任的问责空隙。在一些情形下，实际控制人的行为并未构成对上述两种义务的违反，而是处于传统信义义务规制的空白地带。以 2008 年三鹿集团"三聚氰胺事件"为例，由于在婴幼儿奶粉中违规添加三聚氰胺，致使食用该奶粉的婴幼儿普遍患上肾结石，甚至出现死亡。此严重食品安全犯罪案例最终以集团破产、董事长入狱告终。然而，公众无法从信义义务路径对公司负责人进行归责，就忠实义务而言，此事件中并未出现控股股东、董事、实际控制人利用职务便利进行自我交易等徇私行为；就注意义务而言，三鹿集团的管理层可以算是全心为公司谋发展的。这就需要通过诚信义务予以填补，对三鹿集团这种实际控制人故意使公司违法的行为进行预防与规制。为应对实践需要，信息披露义务和特别注意义务应运而生。

3. 强化传统信义义务内容

如前所述，在金融创新背景下，实际控制人也不尽然是游刃有余的，其现有的专业素养可能无法适应新的金融形势，这直接导致实际控制人对全新交易模式的错误解读。若仅仅依据商业判断规则归责，则可能会使实际控制人免责。因此，应对实际控制人的信义义务提出更审慎的标准。在某项交易超越实际控制人的能力范围时，对"合理"注意义务的考察应包括实际控制人是否已穷尽所有可利用的措施来帮助其作出决策，包括专业顾问团队的引入、对第三方评级机

① 施天涛：《公司法论》，法律出版社 2014 年版，第 393 页。

构的全面考察等。在实际控制人几乎垄断金融创新相关交易的信息渠道时，实际控制人在“理性”的基础上应承担对股东的解释义务，使股东对相关创新工具有足够的了解，以支撑其作出的决策。实际控制人利用中小股东对金融创新工具知识的缺乏而刻意隐瞒、欺骗的，即使其行为并未损害公司利益，也应视为对公司和股东的信义义务的违反。

第三章　上市公司实际控制人信义义务体系的基本内容

本章通过比较上市公司实际控制人信义义务的不同划分方法得出,传统的“二分法”体系将实际控制人的信义义务分为忠实、勤勉义务,忽视了实际控制人信息披露的必要性以及公司处于特殊经营状态下对实际控制人加以规制,信义义务的履行方式和保障措施单一,由此具有很大的局限性。而“四分法”体系在适应经济发展新需求的基础上,增加了信息披露义务和上市公司特殊经营状态下实际控制人的信义义务,侧重对股东权利和其他利益相关人权利的保护,增加了信义义务的履行方式和保障方式,具有重要的现实意义和理论价值。在此思路下,构建并探讨上市公司实际控制人的忠实义务、勤勉义务、信息披露义务,及上市公司解散清算、被收购、破产阶段特殊状态下实际控制人的信义义务制度。

第一节　上市公司实际控制人信义义务体系的基本内容概述

作为公司法律制度关系中核心准则之一,上市公司实际控制人的信义义务一直处于一个不断发展和进步的过程,虽然存在一些被认可的理论,但是对于其内容的界定一直没有法典化。作为判断实际控制人是否违反信义义务的一项司法审查规则，商业判断规则的开放性判断程度高，在实践中，法官对于商业判断的能力往往没有专门从事商业活动的人专业，不同的审判人员受公司最佳利益、利益关联和独立性等要素的影响，对商业规则适用条件的把握以及判断产生了分歧，故简单地用忠实、勤勉义务来划分信义义务体系，已经无法满足现有的经济发展需求。

市场经济发展的必然趋势是公司所有权同经营权相分离，实际控制人与公司其他人员之间既存在一致的经济利益目标又要对利益分配进行均衡。实际控制人所拥有的权利范畴越来越大。因此，为防范实际控制人滥用其对公司的控制权有必要以法律责任的形式对其进行规制。如何更好地划分信义义务体系，使该体系的划分更加全面而又合理，构建一个具有可操作性的完整体系成为现阶段亟须解决的问题。如今"三分法"已成为美国公司法学界的少数说，但包括艾森贝格(Eisenberg)教授在内的"三分法"论者对缺乏诚信的各种作为或者不作为进行的类型化研究仍具有十分积极的意义。① 经过对"二分法"理论的分析与完善，在其基础上产生的信义义务体系"四分法"成为大家关注的焦点。

一、上市公司实际控制人信义义务的"二分法"

传统的信义义务"二分法"认为，在公司法律制度中，实际控制人应当承担起"忠实义务"和"勤勉义务"，这两种义务是基于委托代理关系而在实际控制人和"代理人"之间产生的一种管理责任义务。

忠实义务从实际控制人的品德方面入手，在进行有关决策时，实际控制人应尽职尽责，实际控制人在公司事务的决策中，把公司利益作为自身行为的判断标准，将公司的整体利益放在个人自身利益之上，它是保证两个利益不发生冲突的不作为义务，是对实际控制人"德"的要求。② 勤勉义务则从个人能力出发，凸显其勤勉和努力程度，尽量避免损害公司利益行为的发生，主要解决实际控制人"懈怠"的问题，是对"勤"的要求。

将忠实义务同勤勉义务相比较，忠实义务应该作为第一性义务，是实际控制

---

① 梁爽：《董事信义义务结构重组及对中国模式的反思　以美、日商业判断规则的运用为借镜》，载《中外法学》2016 年第 1 期。

② 刘凯：《控制股东的信义义务及违信责任》，载《政法论坛》2009 年第 2 期。

人所有义务中最原始、最基础的义务；勤勉义务则是从技能上进一步对实际控制人提出要求。两者间的相互支持、相互配合，既能够对实际控制人起到监督作用，也能够保障其合法利益。

（一）忠实义务

忠实义务指实际控制人在对公司业务进行处理决策时，应将实现公司最大利益作为目标严谨对待。当公司整体利益与个人自身利益发生冲突时，应当把公司整体利益放在首位。与勤勉义务相比较，忠实义务要求实际控制人在对公司业务进行处理决策时，如果个人利益与公司的整体利益产生了冲突，则实际控制人必须以公司利益最大化为目标，不允许其将个人的自身利益置于公司利益之前。当然，并不要求其完全放弃自身的合法利益，而是要求其维护自身合法利益不能以损害公司整体利益为前提。

作为重要的基础性义务，忠实义务要求公司实际控制人在处理个人自身利益与公司整体利益相互冲突中，实际控制人应当首先考虑公司的整体利益，为公司的整体利益而不是其个人自身利益努力。

在实践中，常见的利益冲突交易主要存在两种情形：一是内部人员在交易中，可能存在以直接牺牲公司利益为代价而获利的交易行为；二是以关联方之间的内部交易为手段，将企业的价值进行转移。但忠实义务并不是要求实际控制人完全放弃个人利益，而是要求其在处理有关交易时做到公正，不能损害公司整体利益。

在实际交易的过程中，实际控制人的个人利益与其控制的公司的利益存在相互冲突的情况下，则实际控制人的行为往往会被视为一种违反忠实义务的行为，两者似乎是一种相对立的状态。但事实上，对于实际控制人忠实义务同“利益冲突”之间的关系来说，“利益冲突”并不等同于将交易行为的本身视为一种侵权或给公司利益带来损失和侵害的行为。严格意义上来讲，所谓的利益冲突只是一种潜在的交易风险，有利益冲突并不代表公司利益事实上受损。商事贸易中，尽管公司相关交易事项与其实际控制人存在利益上的冲突，但双方事实上依旧从该“利益冲突”的交易中获益。因此，实际控制人所承担的对公司的忠实义务并不完全要求其将利益冲突型交易完全排除，忠实义务仅仅要求实际控制人在这种利益冲突交易的决策行为中对公司必须是公正且不存在任何徇私的。两者并不是一种相对立的状态。因此，为了维持两者间的平衡，建立起一种以保证运作过程公正为目的机制,成为忠实义务的必然要求。①

(二)勤勉义务

实际控制人的勤勉义务,也被称为“实际控制人的善管义务”。我国《公司法》第147条第1款称为“勤勉义务”。所谓勤勉义务,是指公司实际控制人在公司事务决策或处理相关公司业务时,要使用恰当的、与被处理事务相适应的有效手段,以最大限度地保护公司的合法权益。要求公司实际控制人遵守勤勉义务,是为了表明当实际控制人有义务履行其对公司所承担的相关职责时,其行为必须是为了公司的最佳利益,并且尽职尽责地履行了应注意的有关事项。

具体而言,实际控制人的勤勉义务可以从以下几个方面加以阐述。首先,在技能层面上,实际控制人必须是履行其作为一个行为主体的责任,即履行作为“谨慎理性人”在处理相关事务时所应尽到的勤勉义务,才能免除承担有关法律责任。其次,实际控制人并不对公司所有事务承担连续不断的关注义务。实际控制人的义务不具有连续性,只对其参加、知道以及应当知道的问题承担相应的责任与义务。最后,实际控制人的行为必须具有善意性。不能故意放任或因为疏忽大意、缺乏必要的谨慎而导致损害后果的发生,否则视为实际控制人违反了勤勉义务。简言之,勤勉义务要求实际控制人必须基于善意,尽其所能履行其对公司事务应有的关注。

勤勉义务是实际控制人与公司之间没有利益冲突的交易中的第二项实际控制人的核心义务,要求实际控制人应当勤勉履行其作为实际控制人应尽的义务,对于公司相关业务给予合理注意并尽可能作出有利于公司的决策。勤勉义务并没有对实际控制人的行为进行较明确的限制和界定。实际控制人一般不直接参与公司经营,要求其保证作出正确不违法的决策要求过高。因此,其需要做的仅仅是履行作为一个谨慎的普通人应尽的合理注意,作出一个不是完全非理性的决策即可。

在通常情况下,勤勉义务是一种期望性义务,是公司对于实际控制人应当如何行为的一种期待,而不能将该义务作为在实际控制人没有实现这一标准时,追究其法律责任的判断基础。

---

① 朱慈蕴:《资本多数决原则与控制股东的诚信义务》,载《法学研究》2004年第4期。

二、上市公司实际控制人信义义务的"四分法"

实际控制人的信义义务"四分法"是在适应经济发展新需求的基础上,在以"二分法"涵盖的忠实、勤勉义务为核心内容的义务体系下,增加了两项核心义务:信息披露义务和上市公司特殊经营状态下实际控制人的信义义务。

因为本书前文已经对"二分法"所涵盖的以忠实、勤勉义务为核心内容的义务体系进行了较具体的阐述,因此在对"四分法"理论进行阐述时,不再对忠实、勤勉义务进行赘述,重点对新增的信息披露义务和上市公司特殊经营状态下实际控制人的信义义务两个核心义务进行阐述。①

(一)信息披露义务

作为新提出的第三个核心义务——信息披露义务,是指上市公司实际控制人应当向股东和社会公众披露完整的信息,以便于其进行判断与决策。将信息披露作为第三个核心义务有以下几方面的理由。首先,信息披露可以向中小股东和利益相关者提供他们主张实际控制人违反忠实义务进而提起诉讼时所需要的相关信息。实际控制人在进行决策时,经常会为了维护自身利益,或者出于对特定原因的考虑,违背其忠实义务,此时完善的信息披露就会为中小股东以及利益相关者进行维权诉讼时提供佐证。其次,一般而言,信息披露本身就能够起到一种威慑作用,其本身就可以阻断利益冲突交易的顺利完成。对于中小股东来说,信息披露可以更好地维护其在那些已经达成的相关交易中的利益,促使交易对中小股东更加公平,充分的信息披露会让实际控制人在决策时更加谨慎,不会轻易地作出违规决策。最后,如果存在一项被隐瞒的利益冲突交易,但事后该项交易又被揭露出来,在实际的诉讼中,因为忠实义务的道德性,对于忠实义务没有明确的可量化界定,而信息披露往往有据可循,所以作为原告的中小股东证明实际控制人违反忠实义务的困难程度要远大于证明其违反信息披露义务的困难程度。②

信息披露义务不仅是要求实际控制人及时公开有关交易的信息,更要注重信息公开的时点和信息公开的恰当性。简言之,只有信息披露不当致使产生错

---

① [美]伯纳德·S.布莱克:《外部董事的核心信义义务》,黄辉译,载《商事法论集》2006年第2期。

② 同上。

误决策并出现损害时,实际控制人才应承担法律责任。在实际的法律适用中,大多数被实际控制人控制的公司,其相关决策的结果经常同信息披露的准确性没有丝毫关系。在此种情况下,很难获取实际控制人违反信息披露义务的相关证据,也无法获得有效救济。如果实际控制人在利益冲突的交易中存在个人利害关系时,没有进行适当披露则表明其违反了忠实义务,适用忠实义务的救济方式。信息披露义务可以视为忠实义务的延伸和拓展,在实际操作中存在一定的共性。虽然信息披露义务被越来越多的国家所认可,但是在实际操作中各国的做法有所不同。例如,在美国,公司采用章程条款约定免除实际控制人违反勤勉义务的法律责任的方法已经延伸到了信息披露义务,而其他许多国家则对违反勤勉义务或违反忠实义务的实际控制人施加完全的个人责任。

(二)上市公司特殊经营状态下实际控制人的信义义务

在上市公司处于被收购等特殊经营状态下产生的实际控制人的信义义务,学界没有对其进行明确的定义,暂且称其为上市公司特殊经营状态下实际控制人的信义义务。①

上市公司特殊经营状态下实际控制人的信义义务的本质是当公司处于特殊经营状态时,即公司处于解散清算、被收购或破产阶段时,实际控制人的特别注意义务需要解决的核心问题就是各种利益冲突,并且这些利益冲突问题是实际控制人在特殊经营状态下无法避免的。在实际的司法适用中,继续采用传统的忠实义务对实际控制人进行严格审查,对其而言有些过于苛刻。在特殊经营状态下,实际控制人往往因为自身利益而无法有效地履行职责,进而影响其在特殊经营状态下的公正与独立。为应对这一特殊状态,提出了上市公司特殊经营状态下实际控制人的信义义务。在特殊经营状态下,公司和实际控制人需要解决较多的问题,进行一系列决策,同时也要平衡不同利益群体之间的利益冲突,所以在这一敏感状态下,上市公司特殊经营状态下实际控制人的信义义务显得尤为重要。

三、不同区分结构下上市公司实际控制人信义义务分析与比较

综上所述,按照“二分法”的理论界定,上市公司实际控制人的信义义务涵盖

---

① [美]伯纳德·S.布莱克:《外部董事的核心信义义务》,黄辉译,载《商事法论集》2006年第2期。

忠实、勤勉义务两部分。而"四分法"理论则将其扩展为忠实义务、勤勉义务、信息披露义务、公司特殊经营状态下的特别注意义务。这种义务分类的设计是近十几年来,所有参与市场的投资者不断博弈和意思自治的结果,是公司治理和中小股东权益保障的体现。通过实践不断强化对制度的设计,进而总结为新的义务分类。通过这种设计,使中小股东权利更经济、便捷地实现,使权利保障的方式更多、范围更广。反之,也促进上市公司实际控制人强化忠实、勤勉义务。

(一)上市公司实际控制人信义义务体系"二分法"评析

1.信义义务体系"二分法"的局限

早期的"二分法"仅包括忠实、勤勉义务。这种常规义务主要处理的是董事、监事、高级管理人员、实际控制人与公司之间的管理,最后通过股权和债权影响股东和债权人的利益。在实施方面,单纯通过利益相关人主动监督的方式促使这种义务履行,往往不够及时,也不经济。在特殊情况下的利益冲突,传统"二分法"中忠实、勤勉义务的规范也不能满足其需要。因此,在公司股东规模不断扩大的时候,这种对公司实际控制人、董事、监事、高级管理人员的实质性要求不能完全满足市场的需要,对信义义务变革的需求在公众公司中特别明显。

2.实际控制人信息披露的必要性

传统的"二分法"理论没有考虑到信息披露义务的重要性。

(1)对于小股东、债权人以及其他潜在投资者来说,诉求是通过更加经济和便捷的手段,获取全面的高质量的企业信息。此时,忠实、勤勉义务只能解决公司正常经营的内部管理要求,并不能妥善解决公司内部和外部的信息不对称问题。即使实际控制人履行了忠实、勤勉义务,还是会面临中小股权、债权人的合法权益无法便捷实现的情况。

(2)法律关系结构也存在差异。忠实、勤勉义务实质上是实际控制人和管理层与公司之间的法律关系,通过股权和债权再间接转移到利益相关人。而信息披露义务则是公司、实际控制人、管理层作为一方,利益相关人作为另一方的新结构下的法律关系,其中,利益相关人(债权人和股东)成为直接的权利人。

(3)信息不对称对企业来说也是有害的。潜在投资者、中小股东等对企业信息了解不够,对理性投资者来说,将会倾向较低的交易对价,更多的尽职调查,更缓慢的证券流通,这对企业的经营发展也是不利的。长此以往,越优质的资产

(或公司)往往更难获得交易机会,出现劣质资产(公司)侵蚀优质资产(公司)资本市场的情况。[①] 以上市公司为例,公司股东数量巨大,小股东持股量小,股权交易频繁。为实际控制人设定义务,实质上就是对交易相对方和潜在交易方设定权利。其中,设立信息披露义务的意义就在于,以最经济的方式向投资者(包括股权投资者和债权投资者)以及交易相对方提供基本的信息基础。

(4)信息披露作为公司高级管理人员和实际控制人的义务,还蕴含规范化、标准化的问题。也就是说,信息披露义务应当设置披露条件、披露内容、披露方法和披露的时间要求。目前,上市公司和非上市公众公司等均有各自指定的信息披露平台。信息披露除是民事义务外,还包括了行政法律关系中的义务,如《上市公司信息披露管理办法》第9条[②]等条文中规定的报备义务。

(5)特别需要说明的是,实际控制人的信息披露义务。部分上市公司的实际控制人直接持股,并担任董事长或总经理,也有一部分实际控制人是间接持有上市公司股份。因此,实际控制人名下将会有上市公司的关联方,实际控制人的行为和必要信息变动将直接或间接地影响该上市公司的经营和未来预期。因此,实际控制人也应当有必要的信息披露义务。

3. 特殊经营状态下对实际控制人的特别要求

传统的"二分法"理论一般只涉及公司正常状态下的规制办法,但没有考虑到公司在特殊经营状态下更应进行规制,对实际控制人的特殊要求,这些约束性要求实际已经超过忠实、勤勉义务的范围。

"二分法"所假设的前提是公司持续正常经营,企业的实际控制人不发生变化。但上市公司也难免会遇到一些特殊情况,导致企业持续经营终止,或者实际控制人变化。其中,特殊状态主要是解散清算阶段、破产阶段、被收购阶段。以上3种情况被称为特殊状态是因为,在上述情况下,实际控制人对公司的控制权已经不再处于一种连续性状态。

实际控制人对公司未来已经不实施控制时,实际控制人的利益倾向就会发生变化。实际控制人的诉求与传统的公司利益、股东利益已经不一致,并且这种利益冲突已经是不可避免的,这就已经突破了忠实、勤勉义务的前提和条件。因

① 这种现象称为格雷欣法则,即"劣币驱逐良币"法则。

② 《上市公司信息披露管理办法》(2021年修订)第9条规定:"信息披露义务人应当将信息披露公告文稿和相关备查文件报送上市公司注册地证监局。"

此，在这种状态下需要对实际控制人的行为作出特别的限制。例如，公司被收购时，实际控制人可能面临股权被“稀释”，甚至完全出售股权的情况。无论公司实际控制人倾向于出售股权套现，还是倾向于保留控股，都会对公司的其他股东和其他利益相关方造成影响。一般而言，较高的溢价投资，容易被利益相关方接受，而过低估值的投资，将会对公司的其他股东和其他利益相关方不利。在部分投资中，新加入的机构投资者倾向对不同类型的股东区分对待，进而剥离部分小股东，仅保留管理层所持的股权。因此，在特殊经营状态下，不应当仅仅用忠实、勤勉义务来对实际控制人进行约束，还应当特别对待。

4.“二分法”理论中义务履行方式和保障措施单一

“二分法”理论不仅在权利义务的架构方面存在不足，在义务履行和保障措施方面也存在不足之处。并且，由于“二分法”中的忠实、勤勉义务主要是对企业经营问题的实质性义务，体现在公司运营上就是表决权、经营权、交易选择等。权利的主要保障措施仅体现为诉讼权利，权利的保障时间主要在交易（或决议）发生后。增加实际控制人的各项义务之后，这些具体义务的分类方式不仅是目的的不同，还包括不同的履行方式、义务实施程序、保障方式。因此，新增加的义务不能再简单地归类到“二分法”理论中去。

（二）上市公司实际控制人信义义务体系“四分法”评析

1.信义义务“四分法”体系的现实意义

“四分法”中所增加的信息披露义务和公司特殊经营状态下的特别注意义务，更侧重对股东权利、其他利益相关人权利，特别是小股东权利和债权人权利的保护。信息披露义务和特别注意义务是近十几年来在实践中产生和发展的、日益被完善的制度架构。“四分法”理论也逐步受到实务和理论界的重视。至今，信息披露义务和特别注意义务已经在各项法律法规和其他规范性文件中得以体现，并在实践中体现出其独特价值。

对上市公司来说，股权越来越分散，小股东更需要公司及其控制人通过主动作为的方式让小股东享有权利。通过对实际控制人设定义务，保护其他利益相关人权利的保护措施，越来越受到重视。同时，在上市公司控制权发生改变或停止持续经营时，对实际控制人的义务会有更高的要求。通过设定这种义务，保障公司利益相关方的权利，其本质是公司内外各利益相关方为公平交易而设计的合同安排。在被法律不断规范化和强制化后，通过民事、刑事、行政法律制度来保障其实施。

2."四分法"各项义务的理论价值

"四分法"理论与"二分法"理论的区别不仅是对实际控制人各项义务的目的进行区分,还体现为义务的履行方式、义务实施程序、保障方式的差异。从理论研究上看,"四分法"中不同的义务具有独立的理论逻辑和行为逻辑。因此,"四分法"的各项义务间具有明显的独立性,新增加的具体法律义务,也就不能简单地归类到"二分法"理论之中,而应当重新架构为"四分法"理论。

(1)不同义务间法律关系和行为的差异性

"四分法"理论中,将信息披露义务和特殊经营状态下的注意义务与忠实、勤勉义务相并列,也突出了在日益发展的公司架构中对实际控制人的约束。对上市公司实际控制人来说,忠实勤勉义务是公司与实际控制人之间的权利义务关系,股东和债权人只能间接受益(受损)。而信息披露义务则不同,权利义务发生在实际控制人、公司与利益相关人(股东、债权人等)之间。

一方面,上市公司实际控制人的信息披露义务有其独特之处。对实际控制人来说,新披露存在多元性。披露责任人的规定,主要包括了收购人、发行人、一致行动人、上市公司、股份持有人等主体,而并非局限于上市公司本身。① 另一方面,上市公司实际控制人的信息披露内容也有等级之分,整个披露过程是完整的,体现出来的是依托于股权的层层披露。从具体规定上看,主要源于《公司法》、《证券法》和《上市公司信息披露管理办法》的相关规定。

例如,一种特殊的情形是,在私募基金行业中,产品形式包括契约型基金、公司型基金、合伙型基金。特别是公司型基金,其控股权并不能当然地体现为控制权,公司运营管理往往掌握在持有少数股权的某一基金管理人手中。另外,还广泛存在一致行动人等其他少数股权管理控制公司的安排。因此,对于实际控制人的披露也不应当仅仅局限于对公司股权的审查。

除信息披露外,公司实际控制人在特殊情况下的注意义务也逐渐开始被重视。公司的实际控制人在特殊经营状态下在注意义务与传统的忠实、勤勉义务有所不同。对实际控制人来说,在一般经营状态下,忠实、勤勉义务是类似高级

① 汪世虎、杨淦:《实际控制人信义义务的法律机制构建》,载《深圳大学学报》(人文社会科学版)2015年第5期。

管理人员为公司利益，妥善和积极地按照权限处理公司的各项事务。但在特殊经营状态下，实际控制人的权利将与公司发生冲突，而这种利益冲突往往是不可避免的。例如，在企业被收购时，或许收购将为企业带来更好的发展，但这种剥夺实际控制人控制权的行为往往不容易得到同意。在《上市公司信息披露管理办法》[①]中，关联交易回避制度能够解决部分利益冲突问题。但这种改变公司持续经营状态的事项，涉及了所有的投资者，不能简单用回避制度解决。

因此，在特殊经营状态下，实际控制人应当承担更重的义务，对于公司经营变革的事项，妥善处理利益冲突。这种义务与传统的忠实、勤勉义务有差异，该行为方式具有特殊性。

(2)不同义务的实施程序差异性

从"四分法"理论的实施程序上看，不同义务的体现方式体现出明显的差异性。常规的《公司法》《证券法》主要包括忠实、勤勉义务的行为方式和实施方式，如禁止短线买卖本公司股票等，也涉及信息披露的要求，如《证券法》第 78 条确定了信息披露真实性、准确性、完整性的原则。[②]

信息披露义务则更多体现在《上市公司监督管理条例(草案)》《上市公司信息披露管理办法》等之中。以金融行业为例，不同业务有其特殊的披露要求。这些披露对披露时间、披露方式、披露形式均有要求，甚至还要引入第三方中介机构参与，如要求出具法律意见书、审计报告等。

理论界对信息披露义务进行了研究扩展，提出包括增加信息披露审核标准、限制实际控制人投票权、赋予中小股东及债权人更多救济途径等方式，从程序上保障信息披露的实施。

(3)不同义务的保障方式差异性

对于实际控制人违反信义义务的，《公司法》《证券法》等设立了不同的责任追究方式，如损害赔偿、公司归入权等。责任主体也包含了实际控制人。在对外

---

① 《上市公司信息披露管理办法》第 41 条规定："上市公司董事、监事、高级管理人员、持股百分之五以上的股东及其一致行动人、实际控制人应当及时向上市公司董事会报送上市公司关联人名单及关联关系的说明。上市公司应当履行关联交易的审议程序，并严格执行关联交易回避表决制度。交易各方不得通过隐瞒关联关系或者采取其他手段，规避上市公司的关联交易审议程序和信息披露义务。"

② 《证券法》(2019 年修订)第 78 条第 2 款规定："信息披露义务人披露的信息，应当真实、准确、完整，简明清晰，通俗易懂，不得有虚假记载、误导性陈述或者重大遗漏。"

交易中,根据我国《民法典》合同编有关善意第三人的规定,更倾向保护善意相对方的权利,假如相对方为善意,且不违反法律、行政法规的强制性规定,合同应属有效,给公司造成的损失由责任人另行赔偿。只有在交易相对方存在过错甚至故意时,才有可能通过解除合同,直接从本次交易中挽回损失。

对信息披露义务来说,其披露人责任不仅是损害赔偿,还包括了行政责任。如果信息披露义务人违反信息披露义务或者违规披露,行为符合《刑法》的内幕交易罪[①],操纵证券、期货市场罪[②]等条文规定,还可能承担刑事责任。这是"二分法"理论所不具有的。

第二节 上市公司实际控制人的忠实义务

一、上市公司实际控制人忠实义务的内涵解析

(一)上市公司实际控制人忠实义务的基本含义

忠实义务,在大陆法系中被称为以善意行事的义务,也是英美法系中所称的受托义务。从民商立法实践来看,忠实义务概念主要遵循英美公司法的理念,它依赖作为受信人的实际控制者与作为受益人公司之间的信托关系而产生,[③]注意

① 《刑法》第180条第1款至第3款规定:"证券、期货交易内幕信息的知情人员或者非法获取证券、期货交易内幕信息的人员,在涉及证券的发行,证券、期货交易或者其他对证券、期货交易价格有重大影响的信息尚未公开前,买入或者卖出该证券,或者从事与该内幕信息有关的期货交易,或者泄露该信息,或者明示、暗示他人从事上述交易活动,情节严重的,处五年以下有期徒刑或者拘役,并处或者单处违法所得一倍以上五倍以下罚金;情节特别严重的,处五年以上十年以下有期徒刑,并处违法所得一倍以上五倍以下罚金。单位犯前款罪的,对单位判处罚金,并对其直接负责的主管人员和其他直接责任人员,处五年以下有期徒刑或者拘役。内幕信息、知情人员的范围,依照法律、行政法规的规定确定。"

② 《刑法》第182条规定:"有下列情形之一,操纵证券、期货市场,影响证券、期货交易价格或者证券、期货交易量,情节严重的,处五年以下有期徒刑或者拘役,并处或者单处罚金;情节特别严重的,处五年以上十年以下有期徒刑,并处罚金:(一)单独或者合谋,集中资金优势、持股或者持仓优势或者利用信息优势联合或者连续买卖的;(二)与他人串通,以事先约定的时间、价格和方式相互进行证券、期货交易的;(三)在自己实际控制的帐户之间进行证券交易,或者以自己为交易对象,自买自卖期货合约的;(四)不以成交为目的,频繁或者大量申报买入、卖出证券、期货合约并撤销申报的;(五)利用虚假或者不确定的重大信息,诱导投资者进行证券、期货交易的;(六)对证券、证券发行人、期货交易标的公开作出评价、预测或者投资建议,同时进行反向证券交易或者相关期货交易的;(七)以其他方法操纵证券、期货市场的。单位犯前款罪的,对单位判处罚金,并对其直接负责的主管人员和其他直接责任人员,依照前款的规定处罚。"

③ 张民安:《董事忠实义务研究》,载《吉林大学社会科学学报》1997年第5期。

义务主要关注公司董事在执行公司事务时的工作能力和主观态度，核心在于董事从公司的最大利益出发，积极调用其专业知识和商业经验对公司进行经营管理，并且在工作过程中做到万分审慎；而忠实义务侧重利益不冲突，即董事的自身利益不得与其管理的公司利益相冲突，更不能为董事个人利益而侵犯公司的利益。① 其基本目的在于平衡受信人和受益人之间不对等的法律地位。即处于相对优势地位的受信人可以自己的所为，影响相对劣势一方的受益人，而受益人必须承担这种行为所带来的不利后果。因此，公司实际控制人在履行职责时，必须以服务公司的最大利益作为目标进行严谨对待，不能把自身利益与公司利益置于冲突的状态之中，实际上是将忠实义务的内容提到了更高层面来约束公司实际控制人的行为。正如卡多佐大法官所说："在通常的对等性交易行为中所允许的许多行为方式，在受信义关系约束的场合则是禁止的。受信人的行为标准比之市场道德要严格。受信人的行为仅仅是诚实是不够的，在最敏感的细节上也必须正直，受信人的行为标准一直是维持在高于普通人之上的水平。"②从权利义务具有一致性的角度来看，实际控制人应基于公司信任在法律上承担忠实义务，维护公司利益以及严格遵守法律法规和公司章程的规定。

所以，上市公司实际控制人忠实义务具体是指在控制公司实际运营、执行上市公司相关事务的情况下，实际控制人以上市公司本身的最大利益实现与保护作为其行为合法性与合理性的衡量标准，始终诚实守信地进行商业活动。当实际控制人自己的利益与上市公司的利益发生矛盾时，以上市公司的利益优先，实际控制人不能置公司利益于不顾而优先维护自身利益或者与其有利益关系的第三者的利益。

(二)上市公司实际控制人忠实义务的本质

上市公司实际控制人的忠实义务实际上来自法律体系中实际控制人对其控制的上市公司的股东，尤其是大股东之外的中小股东所必须承担的法律责任。在英美法律体系中，虽无成文法律将忠实义务的具体内涵确定下来，但是在综合统计英美法系大量司法实践中的具体案例的前提下，英美法系对忠实义务的具体含义还是能够达成比较一致的观点的，即忠实义务的本质就在于其要求义务

---

① 王建文、张宇、熊敬：《公司高管重大经营决策失误民事责任研究》，法律出版社2012年版，第24页。

② G. M. D. Bean, *Fiduciary Obligations and Joint Ventures*, Clarendon Press, 1995, p. 28.

人避免与公司发生利益矛盾。[①] 现代公司特别是上市公司,严格实行公司所有权和经营权相分离,上市公司实际控制人无论是公司高级管理人员或者隐名股东,都在事实上行使着公司的经营权,他们在经营管理公司事务时,一般应将公司利益最大化作为其行为抉择的考虑中心,公司股东作为公司的所有人,在公司利益得以实现的情况下,其股东权益亦得以维护,甚至在一般正常情况下,公司实际控制人应当以实现股东利益最大化为目标,至少是不要使股东利益置于危险境地。可见,大部分时候上市公司实际控制人与公司、中小股东的利益是一致的,但不可否认,两者间也存在相互冲突,甚至对立的情形。当双方利益出现矛盾时,忠实义务要求上市公司实际控制人应优先维护公司利益。[②]

如何判断上市公司实际控制人在不同利益之间到底选择公司利益优先还是个人利益优先?通过列举法或者禁止性规定来规范上市公司实际控制人的义务无非是最有效率的途径。这就是上市公司实际控制人忠实义务的本质,以实现两种冲突利益之间的抉择。

(三)上市公司实际控制人忠实义务的法律定位

上市公司实际控制人承担的忠实义务相较注意义务和其他法定义务,是最基础、最核心的义务。一个人的能力可以有高有低,但良好的品德、竭尽全力为公司效力的忠诚则是不分程度的,它的要求远远超过注意义务的品质要求。换言之,实际控制人即使充分履行法律法规、公司章程或者其他协议赋予的注意义务职责,也不能免除没有按照规定尽忠实义务的实际控制人所应承担的责任。按照公司章程可以看出忠实义务是对善管义务的具体化,并非对实际控制人赋予新的义务。实际控制人在公司的角色并不是充当直接既得利益者,也不是公司最密切联系者,而是通过股东会表达公司整体成员的意志,最终将授权于董事会权利对之具体落实。我们可以把实际控制人的这种行为看作择良木而栖,无论现代社会如何演变和发展,实际控制人始终处于社会经济圈下"靠树乘凉"的状态中,从原先单一的保密义务悄然演变为如今多方面的忠实义务且赋予道德性色彩,实际控制人权利在不断扩张的同时,也必然应当承担更严格的诚信责任,按照道德良心的要求为公司其他成员争取最大利益,而忠实义务则正是促进

---

① See Weinberger v. UOP, Inc. ,457A. 2d 701(Del. 1983).

② 谢亚婷:《浅议公司董事的责任》,载《环渤海经济瞭望》2012 年第 6 期。

社会和谐发展和实现交易公平最有效的武器。

(四)上市公司实际控制人忠实义务的理论基础

1. 权利自由裁量论

权利自由裁量论,是指当一个人享有的财产权会影响另一个人的法律地位时,为了使地位产生延续性,那么就应该为维护此种权利而被附加上一定的义务承担。由于实际控制人与公司高层管理人员、股东之间不平等关系的存在,并往往处于优势地位,在实际运用和制订制度过程中以实现正当利益而赋予弱者一定程度上的保护,且其基于公司经营权所带来的利益由股东等第三方享有,则此时彼此之间即存在最基础的信义义务,此即为实际控制人对公司以及股东的忠实义务。

2. 商事效用理论

商事效用理论是以实际控制人的道德素质和职业操守,并将其建立在经济现实的基础上,为主观的善恶提供一个必要合理的判断标准,以此决定是否违反忠实义务而需承担相应责任。若实际控制人利用对公司所有权的控制,为谋取私利而危害公司或者其他公司成员的利益,就构成了对忠实义务的违反且必须承担相应责任。对于忠实义务的承担意味着排除非利益者的冲突是必要可行且公平的,确立此义务是对实际控制人所享有的直接或者间接的特权,及对公司事务的支配力进行控制和制约,“诚实”和“守法”是构成这一义务的最低要求。

3. 契约理论

契约理论,是指相应的权利对应相应的义务,当守信人提出要约必然会有另一方应该作出相应的承诺,进而实现法律关系事实上和法律上的平等。实际控制人的权利源于股东授权,实际控制人在行使控制权时,依照被赋予相应的、特定的权限范围,不得超越权限范围且诚实守信地对公司实施最有利的管理手段。强调实际控制必须以公司的整体利益为重,真诚地、全心地、诚实地将公司的利益置于第一位,不得把个人利益或者其他利益凌驾于公司利益之上。

二、上市公司实际控制人忠实义务的表现形式

(一)积极的忠实义务

1. 自觉维护公司利益最大化

忠实义务,要求行为人行使职权时必须优先考虑公司利益,善意而为。实际

控制人掌握着许多对公司有重大影响的交易信息，为防止实际控制人利用信息优势谋取不正当的利益，公司实际控制人在交易上必须遵循相应的忠实义务。如果按照一个普通人依一般交易观念的忠实程度，那么法律要求当事人应具有“交易必要忠实”的更高要求，否则即为有轻微的抽象过失，是指某种欠缺法律上的忠实。公司要求实际控制人损害赔偿时，必须证明实际控制人存在“抽象轻过失”，否则难以追究实际控制人的赔偿责任。与善管义务侧重规范实际控制人执行职务时应该注意的义务不同，忠实义务则强调实际控制人不得利用自己的地位牺牲公司的利益而满足自己（第三者）利益，两者是不同的义务。基于公司实际控制人忠实义务的要求，根据整体公平理念，其应对外披露包括交易时间、交易价格等相关信息。其中，决策信息应指需要股东统一的相关因素，包括发起、形成、协商、信息披露；交易信息，是指考虑的有关市场交易条件，包括资产、市场价值、收益、未来价值以及导致股价波动的内在因素。实际控制人为保护股东的利益，对上述相关信息进行披露是十分必要的，同时应遵循整体公平理念，行使正当性权利。

2. 遵守法律和公司章程的规定

实际控制人寻求公司最大利益时，往往很多时候会行使不得已手段，如紧急避险行为，而损害部分人员利益。所以忠实义务要求实际控制人严格遵守法律法规和公司章程规定是适当且正当的。只要其在法律和章程规定内行使权利、不谋私利，行为即有效。

（二）消极的忠实义务

1. 自我交易禁止

自我交易是公司利益冲突交易的一种典型行使。具体而言，实际控制人在为公司实施行为时知道对方或者关联人是该交易的另一方当事人，或者与该交易存在经济利益或者与该交易存在密切联系，由于自我交易行为是实际控制人与公司之间利益冲突的典型形式，极易引发损害公司利益的不公正后果，违反了实际控制人的忠实义务，应当禁止。自我交易是有条件的，这种条件可以归结为程序性规则和实质性规则。程序性规则就是一种利害关系人的披露原则，而实质性规则是法院对该交易进行公平性司法审查的原则。自我交易的法律规制并不是对实际控制人个人利益的屈服或退让，而是在承认自我交易并非自动无效的前提下，用适当的法律程序来确认其“公正性”，通过程序公正以达到实质公正的目的,或以程序公正将传统普通法上抽象的信义义务转变为可操作的程序规则,从而最大限度地过滤自我交易行为中潜在的道德风险。然而,即使自我交易中的利害程度关系实际控制人完全履行法定程序,但并不意味着可以就此项交易免除任何责任,制定法只不过是把自我交易"公正性"的举证责任转换到原告身上,从而最终把实质公正问题交由法官判断。

2. 竞业禁止义务

竞业禁止义务,[①]是指公司的实际控制人未经股东会或股东大会同意,利用职务便利为自己或者他人谋取属于公司的商业机会,自营或者为他人经营与所任职公司同类的业务。对于同类业务经营,实际上就是同行业竞争的问题。对此,法律有 3 种不同的态度:一是竞业禁止;二是竞业限制;三是竞业自由。基于人性使然,当实际控制人开展与公司有直接利害关系的业务,其难以摆脱对自身利益的考量,故基于忠实义务,应禁止其开展同类业务,从源头上避免与公司利益相牵连。

三、上市公司实际控制人忠实义务的判断标准

实际控制人权利行使的适当范围是一个标准的法律问题,而实际控制人是否依此范围行使权利则是一个事实问题。实际控制人会因不同的动机行使权利,有时是合理的,而有时是不合理的。当实际控制人是出于不合理的动机行使权利时,其行为就是无效的。在确定一项权利的行使是否具有合理的基础时,法院应当从实际控制人行使权利时的环境出发,把实际控制人是否以维护公司整体利益为目的行事作为判断标准,是否从主观性义务的"合理目的"出发落脚到实际控制人客观上的行为效力。

(一)主观判断标准

基于前文对上市公司实际控制人的定义,上市公司实际控制人忠实义务的主观判断标准应当作出更加广泛的界定,即实际控制人所作出的决策是否充分维护公司最大利益,这即是实际控制人是否履行忠实义务的主观判断标准。而在认定其作出的决策是否维护公司最大利益时,还需要考虑该实际控制人的理论知识与专业水平、学历水平的高低、是否精通专业知识、是否为所属专业领域

---

① 李永明:《竞业禁止的若干问题》,载《法学研究》2002 年第 5 期。

的专家、能否对公司内部治理问题提出及时的解决方案与维护股东的最大利益等内容。简言之,如果实际控制人为一般商人,对公司经营的业务并不了解,其以一般商业知识经验来作出的决定就可以认为其是基于公司和股东利益最大化而作出的决定,但如果其具有丰富的相关经验,则应该以其具有特殊常识为标准。实际控制人职责的独特性在于,其职责施加于公司"看门人"身上,并要求撤回合作来防止自己作恶。

(二)客观判断标准

上市公司实际控制人忠实义务的客观判断标准,主要是指上市公司的实际控制人在作出决策时是否遵循商事活动的客观规律。如前文所言,商事活动包括社会的各个方面,仅仅通过"权利能力"与"行为能力"来认定上市公司实际控制人在主观上是否有履行忠实义务的行为,难免会让司法审查落入"唯心主义"的窠臼。而上市公司实际控制人忠实义务的客观判断标准就是对主观判断结果的一次重新审视。上市公司的商事活动虽然覆盖社会分工的各个角落,无法用语言具体归纳,但也具有其特殊的规律。例如,以上市公司的决策过程而言,大部分的上市公司都是通过董事会表决的方式来作出重大决策,因此,在上市公司实际控制人作出与公司或中小股东利益冲突的决策时,是否通过董事会表决就可以作为上市公司实际控制人是否履行忠实义务的客观判断标准之一。如果我们再将这一理论衍生开来,我们还可以将"实质公平原则"纳入公司实际控制人忠实义务的客观判断标准,包括交易程序、交易价格、交易目的等因素。程序公平要求实质上处于控制地位的公司股东完全且充分地向公众披露公司相关交易的有效信息;而交易价格公平实际上指交易达成的最终价格不能与市场上同类型交易的价格相差过大;目的正当性则要求交易双方的行为绝对不能够损害公司本身的利益以及第三者的合法权益。如果采用实质公平的判断标准,首先由原告承担被告违反信义义务的举证责任,其次由被告方从前述三方面举证该笔交易是否公平,如不能证明,则推定为实质上违反了信义义务。程序合法性要求人们必须遵守法律规定的时间限制和顺序,同时依据法律规定的方式方法作出法律行为,程序合法起到约束人们不规范行使法律权利的重要作用。具体到上市公司实际控制人行为约束方面,"合法程序"要求上市公司实际控制人在行使控制权时必须严格遵循相关的法定程序,违反程序即可视为滥用控制权利。可以认为,上市公司实际控制人忠实义务的客观判断标准实际上就是一种"程序正义”，基于这一标准，上市公司实际控制人是否愿意遵循决策程序，是否充分披露交易信息等内容都可以作为上市公司实际控制人是否履行忠实义务的客观表现。

（三）商业判断规则

上市公司实际控制人忠实义务的商业判断规则实际上是一种注意义务，是基于主观标准和客观标准认定上市公司实际控制人是否履行忠实义务的补充标准。“商业判断规则”一词起源于170年前，根据《布莱克法律词典》的解释是指豁免管理者在公司业务方面责任的一个规则，其前提是该业务属于公司权利和管理者的权限范围之内，并且有合理的根据表明该业务是以善意方式为之。从经济学的角度讲，公司作为一种营利主体，在追求利润最大化的过程中，本身就必须要承受经营失败的风险。

从实际控制人的决策上来看，实际控制人对其所作的决策往往不是寻找什么真相或者绝对正确的选择，在决策过程中，实际控制人根据自身理性思考对决策事项本身的风险、信息不完全的风险，如因欺诈胁迫、不诚实交易或者私利行为所带来的道德风险。当然，通过某些有效的机制来控制投资风险，尽可能避免潜在的危机，在这些收集信息的过程中，必然会受到不完全信息基础上的假设、评估、选择问题，对实际控制人出于善意为保证其经营公司的成功所带来的极小的后果进行惩罚，听上去仿佛显得不合情理，任何理智之人都不会接受这个说法。美国公司法特有的发展历史与商文化使商业风险与商业决策之间产生密不可分的联系，它不仅是实际控制人利益的保护机制同时也是内部关系的平衡调节机制，实际控制人拥有的既是一种权利也是一种义务，公司法上其他制度的建立，若脱离了商业判断规则的运用，则不能发挥其原本的功效，当然此关系也是注意、忠实义务的参照系。所以，我国除需要不断完善商业判断规则外，其他实体制度也应该建立发展起来，这样才能保证商业判断规则发挥出巨大作用。

第三节　上市公司实际控制人的勤勉义务

一、上市公司实际控制人勤勉义务的内涵析意

(一)勤勉义务的定义

关于勤勉义务,我国《公司法》第147条进行了明确规定,[①]根据法条可知,勤勉、忠实义务共同构成公司的传统信义义务原则,对实际控制人的行为进行规范,是基于一种委托代理关系而在实际控制人和"代理人"之间产生的管理责任义务。但除此之外,立法层面也并未再对"勤勉"的意义进行具体阐述。

勤勉义务,从中文的字面含义来理解,勤勉意为努力、勤劳、不懈怠,要求公司实际控制人在履行公司职责时理应对公司所具有的一种认真勤劳、谨慎合理的态度,诚信负责地承担起在公司中的责任,以一个合理的、谨慎的人在类似地位和情况中,所应表现的谨慎、勤勉和技能履行职责。因此,若实际控制人在处理公司事务时,没有尽到合理的谨慎和勤勉义务,其就应当对公司经营的不利后果承担损害赔偿责任。英美法系又将称为"注意义务",大陆法系又将其称为"善管义务"。[②] 在我国理论界,诸多学者也对勤勉义务进行了定义,其表达也大体相似。[③] 本书认为,勤勉义务,是指公司的实际控制人应当以合理的谨慎态度、注意程度和技能水准去履行公司的事务。同时,与忠实义务不同的是,忠实义务从实际控制人的品德方面着手,是对"德"的要求,而勤勉义务则更强调实际控制人的个人能力,凸显其勤勉和努力程度,主要解决实际控制人"懈怠"的问题,是对

---

① 《公司法》第147条规定:"董事、监事、高级管理人员应当遵守法律、行政法规和公司章程,对公司负有忠实义务和勤勉义务。董事、监事、高级管理人员不得利用职权收受贿赂或者其他非法收入,不得侵占公司的财产。"

② 彭插三:《公司董事义务及其立法完善》,载《理论探索》2006年第3期。

③ 徐晓松认为:"董事必须以合理的技能水准、合理的谨慎和注意程度去处理公司的事务。"参见徐晓松:《公司法与国有企业改革研究》,法律出版社2000年版,第103页。范健、王建文认为:"董事以一个合理的谨慎的人在相似的情形下所应表现的谨慎、勤勉和技能履行其职责,如果董事履行其职责时,没有尽到合理的谨慎,他应对公司承担赔偿责任。"参见范健、王建文:《公司法》,法律出版社2006年版,第356页。王保树、崔勤之认为:"董事作为受托人,在执行职务中应尽善良管理人的注意义务。尤其在公司所有与公司经营分离的情况下,董事对公司的正常运转负有责任。"参见王保树、崔勤之:《中国公司法原理》,社会科学文献出版社1998年版,第208页。

"勤"的要求。勤勉义务以忠实义务为前提和基础,是在忠实义务的基础上,对实际控制人提出技能上的期待与要求。

(二)上市公司实际控制人的勤勉义务

1. 上市公司实际控制人勤勉义务的境外经验

在我国,由于上市公司实际控制人范围界定的不易,使法律对它的规制也不太明确,对于这个问题,本书认为,英国公司法对于董事注意义务的规定我们可以借鉴。在英国,董事的注意义务(勤勉义务)规则不仅适用于董事,同时也规制那些虽然未被任命为董事但却实际上行使董事权利的人,尽量将更多的主体纳入适用于董事的法律当中。英国公司法甚至对"董事"采用了一种开放的定义方式,即所谓董事就是所有处于董事职位的人,而无论其称谓如何。① 这其中就当然包括了事实董事和"影子董事"。在英国公司法上,无论是正式任命的董事、事实董事或"影子董事",都必须承担勤勉义务。英国公司法将事实董事和"影子董事"一并纳入广义的董事义务来加以规制的做法,可以从立法和理论上为我们对勤勉义务制度下实际控制人适用董事规则提供借鉴经验。

我国虽然未在《公司法》《证券法》等法律法规之中明确规定实际控制人的勤勉义务,但是根据前文所述和相关理论,不难看出,上市公司实际控制人的勤勉义务,同样可参照董事和高级管理人员的要求进行规定。因此,实际控制人也应当承担董事或者高级管理人员的义务,这样才能使实际控制人受到规制,从而保护公司和相关权利人的利益。

2. 上市公司实际控制人勤勉义务的法律意义

随着市场经济的越发繁荣,上市公司所扮演的角色也越来越重要,起到了提供融资平台、增加企业价值的积极促进作用;但与此同时,上市公司也有诸如被敌意收购、股价不理性及异常波动的风险,因此上市公司实际控制人所应尽到的勤勉义务就显得尤为重要。作为实际控制上市公司的主体,实际控制人应当认真谨慎地履行公司职责,负责地承担起在公司中的责任,合理地运用自己的技能和经验,自觉地杜绝违法行为。这不但能为公司带来经济收益,也能维护市场经济秩序的稳定和安全。

---

① 刘军:《论我国独立董事制度的完善》,载《湘潭师范学院学报》(社会科学版)2009 年第 6 期。

二、上市公司实际控制人勤勉义务的判断标准

(一)实际控制人的勤勉义务判断标准

关于实际控制人的勤勉义务,现行公司法和相关法律法规只有原则性标准,缺少具体规定。从学者的著述来看,可将实际控制人的勤勉义务的要素归纳为如下三个方面:第一,善意的方式;第二,适当的注意;第三,合理的相信。①

1. 善意的方式

实际控制人在履行公司事务时的行为必须是善意的。所谓善意,是实际控制人在执行公司事务的时候所体现的一种心理状态或道德水准。这种判定具有很强的主观性,针对的是实际控制人对一般性公司事项的认知水平,进而分析他们对其所作所为及后果的认识情况。若实际控制人在履行职责时,主观上对所发生的结果尽到了适当合理的注意,那就能认为其符合"善意"的定义。② 从过失原则的角度看,善意也是一种主观状态的表现,若实际控制人在行为时主观上是知道其结果必将对有关利益主体产生不利影响,仍有意放任、疏忽,没有尽足够的注意义务,则有足够的理由推断其主观状态是"恶意"(bad faith)。例如,当行为人明知其行为结果是错误的,但并不进行阻止甚至亲自参与该错误行为,那么实际控制人就对此后果负有责任。

2. 适当的注意

所谓适当的注意,是指实际控制人所应尽到的注意,必须是处于相似位置的普通人在类似情况下所应当尽到的注意程度。③ 如何认定注意程度的高低,似乎只有通过司法实践,根据具体情形和法律事实进行综合判断才是比较科学的。在我国当前司法实践中,专家评判成为绝大多数实践案件的认定标准,各种专家意见、权威认证在实践中屡见不鲜。然而,如何判断一个专家实际上是合格的专家?面对类似的典型情况,专家们作出不同的判断、给出不同的意见,又该如何处理?上述问题仍需法院系统给出具有可操作性的结论。

(1)勤勉尽职

所谓"注意",即是实际控制人对其行为及后果的谨慎程度的判断。这需要

---

① 施天涛:《公司法论》,法律出版社2006年版,第400页。

② 王丽娟:《论董事勤勉义务的判断标准》,载《法制与社会》2013年第34期。

③ 施天涛:《公司法论》,法律出版社2006年版,第401页。

实际控制人在履行职责的时候,应当勤勉履职,达到一定程度的勤勉、注意义务。这种评价方式虽仍然具有主观性,但已经大幅向客观化靠拢。因此,以什么样的标准来衡量实际控制人的注意程度就显得尤为重要。本书认为,这个标准就是:实际控制人应尽到处于相似位置的普通人在类似情况下所应尽到的注意程度,也就是“理性人标准”。① 同时,这个标准与侵权责任法的原则相一致,即基于一个普通的、正常的谨慎人在类似情况下的行为来判断其行为是否有过失。这其实也是过失原则的客观化。

从上述论述可以得出,“理性人标准”适用的前提是:该义务人实际上具备某方面的专业知识和相关经验。若某位实际控制人具有或者应当具有相关的专业知识和能力,却没有合理地、适当地使用其能力,则我们才可以推断其没有尽到合理的注意义务。譬如,如果一名律师是实际控制人,那么其对公司的某笔违法交易自然可以判断出是否违反了公司法的规定,但是却没有提出反对。此时,其律师身份及其应当具备的法律知识就应成为判断的重要依据,其应当对此承担责任,而其他非律师实际控制人在同等情况下就可以免责。

再者,由于实际控制人的勤勉义务也可归为一种管理义务,管理义务又包括管理他人事务的义务和管理自己事务的义务。很明显,行为人对于自己的事务会更加上心,因此在管理自己事务时的注意程度会高于管理他人事务时的注意程度。基于此,法律提高了要求,实际控制人以受托人或者代理人的身份,在接受公司股东委托管理公司事务时,其注意义务应当达到在相似情况下管理其个人事务的程度。

严格来说,这并不是一个过高的要求。采用该注意标准的理由有二:一是如果该标准过于严格,则可能出现没有人愿意担当董事的尴尬局面;二是法官认为他们没有义务对董事和高级管理人员的行为进行事后审查。那么,有哪些因素可以构成一个理性且谨慎的人的行为?这是关于法官自由裁量权的问题。但以下三方面因素可以作为参考依据:

其一,被告在公司中的地位。一般而言,内部实际控制人的注意程度应当高于外部实际控制人。因为外部董事没有充足的时间和精力去知晓公司的经营状

---

① 陈本寒、艾围利:《董事注意义务与董事过失研究——从英美法与大陆法比较的角度进行考察》,载《清华法学》2011 年第 2 期。

况,也并不熟悉公司业务。

其二,公司的营业性质。如果公司涉及的是一般商事范围,其实际控制人的注意程度就会低一些,如果公司涉及的是有关金融、证券等较特殊的商事范围,那么其实际控制人的注意程度自然就会高一些。

其三,公司的规模。不难看出,公众公司的实际控制人所承担的注意义务要远高于私人公司。由于公众公司的股东人数众多且行使股东权利有更多的障碍,所以公众公司的股东更消极;而私人公司的股东由于其人合性更强,行使股东权利更加方便,因此私人公司股东更积极。并且公众公司所面对的利益主体,造成的影响范围也更大。

(2)不认真履行职责

违反勤勉义务还有另一种常见形式,即当某些实际控制人或者其他工作人员损害公司利益时,理应阻止其损害行为的实际控制人却对此行为放任不管。因此,如果实际控制人对损害公司利益的行为漠不关心并放任其发生,也同样违反了勤勉义务。实际控制人的不履行可能是因为其年事已高或身体抱恙,或者只是出于对其他人员的信任以及对于自己职责的定位不准。例如,一名董事深知其被选为董事,是因为其并不能对公司进行实质决定,在这种心态下,其自然对公司的事务不加上心。这种心态显然是荒谬的,无论出于何种理由和动机,当某人成为董事会的一员时,就应当对公司事务负责,而不是虚与委蛇。另外,在处理类似的不作为案件时,依然应当由原告证明因果关系,只有证明其不作为和损害结果之间没有因果关系,原告才能被免除对于损害结果的赔偿责任。

3. 合理的相信

实际控制人在作出商业决策时,对其行为方式和可能后果,理应合理地相信此决策能够使利益最大化。公司财产的管理和人员的任免等行为都具有一定的风险性,因此实际控制人必须判断其决策是否符合公司的最佳利益诉求。其中的关键是,当其行为受到质疑时,实际控制人能否证明其决策对公司是有利的。

为了判断是否达到合理信任的标准,实际控制人在作出决策时应当进行适当的审查,但同时也放宽了条件。例如,在缺乏其他有效信息时,实际控制人可以假定其下属工作人员是善意诚实的,也可以善意地相信其下属提供的信息和报告是真实可信的。这一抗辩理由也同样适用于不作为案件。

(二)商业判断原则

通过前文可知,当实际控制人对公司事务缺乏适当的注意时,法院是以普通的理性谨慎人标准进行判断的。换言之,当实际控制人能证明其行为符合这一标准时,则能免除责任。但是,“普通的理性谨慎人”的标准所具有的主观性使其在实践中很难判定。作为辅助,法院在处理此类案件时往往会运用另一个规则,即商业判断原则。①

1. 什么是商业判断原则

具体而言,以商业判断原则来判定实际控制人的做法,具有下列3种特征:与所涉及的商业决策对象没有利害关系;了解商业决策,并合理相信其是适当的;理性地相信其商业决策能将利益最大化。

(1)没有利害关系

商业判断原则首先要求实际控制人与其所进行的商业决策之间不存在利害关系。因为只有在这种情形下的交易,实际控制人的自身利益才不会与公司利益发生冲突,也就不可能为了自身利益损害公司的利益。以董事为例,若某位董事在作商业决策时与公司利益存在利益冲突,那其就是一名“利害关系董事”,自然就不能得到商业判断原则的保护。同时,并非所有的董事都与商业决策有利害关系,没有利害关系的董事被称为“非利害关系董事”。根据商业判断原则的要求,一项商业决策或者交易如果是由非利害关系董事作出的,那就会受到商业判断原则的保护。在存在独立董事制度的情况下,这样的交易通常由独立董事审查。

如果公司所有董事与此项交易均有利害关系时,那该如何处理?可以临时重新选举出没有利害关系的新董事,让其判断该交易,也可以提交董事专门委员会来判断该项交易,还可以直接提交公司股东会让其判断该项交易。

(2)了解决策内容,合理相信决策适当

商业判断原则要求实际控制人在作出商业决策时,必须对决策是知晓的,并且应当合理地相信该决策在该情形下是适当的。作为一名实际控制人,了解公司的业务运行和财务状况是其最基本的义务。② 因此,实际控制人理应参加一定次数的公司会议,知悉公司业务,了解公司财务。如果连这些最基本的董事义务都没有尽到,那么无疑违反了其义务。

---

① 施天涛:《公司法论》,法律出版社2006年版,第403~404页。

② 金鹏:《美国公司法制度中的商业判断规则》,载《时代经贸(中旬刊)》2008年第S7期。

法律规定允许实际控制人在作出商业决策时可以信赖具体负责的公司经理等下属工作人员所准备或者提供的关于公司运行的信息或意见,以及相关的财务状况和报表。对于外部实际控制人来说,这一点显得尤为重要,因为他们平日疏远公司事务,对公司过问得相对较少,只能依赖这些表格或数据所提供的信息来进行决策。另外,这种信赖必须是合理的,即实际控制人应当相信呈报信息的工作人员是值得信赖并有一定能力,这种信赖在法律上才能成立。例如,对于公司的法律顾问、会计顾问或者其他专业人员,实际控制人必须合理地相信这些人所提供的信息或者咨询意见,是属于他们的专业领域之内的。又如,作为董事的实际控制人如果合理地相信董事会专门委员会的报告是值得信赖的,还可以直接接受董事会专门委员会的报告。总之,当董事作出商业决策时,其所依赖的信息是可信赖的或来源确定的,那么其就应当受到商业判断原则的保护。

(3)理性地相信其商业决策能将利益最大化

商业判断原则还要求实际控制人理性地相信其商业决策能使利益最大化。这一特点从表面来看与上述勤勉义务的一般标准相同,但实际上却存有差别。一般标准中要求“合理地相信”,而这一特点要求的则是“理性地相信”,商业判断原则有意弱化这一标准。相比之下,“合理地相信”更强调实际控制人在作出商业决策时必须运用其所具备的相关知识技能和丰富经验。①

2. 商业判断原则的特点

第一,商业判断原则只能在决策作出之后方可加以适用。前文已述,勤勉义务可针对作为和不作为这两种情形,商业判断原则仅适用于积极作出商业决策的情形,即只能适用于作为的情形。因此,如果实际控制人只是消极地不履行职责,就不能适用商业判断原则,只能根据一般的注意标准来加以判定。例如,作为董事的实际控制人常年不参加公司事务,不履行其职责,其行为只是构成不作为,因为没有作出商业决策,自然无须适用商业判断原则。同时,如果实际控制人的决策涉及违反忠实义务而不是勤勉义务,则也不适用商业判断原则,而应适用公平标准来衡量。

第二,商业判断原则采用的标准是重大过失标准,相比之下要低于普通过失的标准。即行为人未能达到正常情况下一般人的注意要求,能够预见却没有预

---

① 金鹏:《美国公司法制度中的商业判断规则》,载《时代经贸(中旬刊)》2008 年第 S7 期。

见,或已经预见却轻信事故可以避免的一种主观心态。

第三,商业判断原则更加注重实质审查和程序审查的划分。原告可以从程序和实质这两个方面来证明被告违反其义务。在程序方面,商业判断原则规定实际控制人在作出商业决策时对其所决策事项是知晓的,并合理地信任其决定是正确的。在实质方面,商业判断原则规定实际控制人在作出决策时须合理地信任其决策能将利益最大化。

这里,商业判断原则也将“合理地”和“理性地”这两种描述区别开来。相比之下,“理性标准”的标准更高一些,能够给予实际控制人更大的保护。从中可知,商业判断原则对实质方面的审查相当于“重大过失”标准,而对程序方面的审查相当于“普通过失”标准。

3. 商业判断原则的意义

商业判断原则是判断实际控制人是否履行勤勉义务的重要原则。该原则的意义在于,对于没有作出适当合理的商业决策的实际控制人,在判定其承担责任时所进行的一定的限制。因为商事环节复杂多变,某个商业决策是否合理适当,往往很难进行判定。在先前某个特定时间下作出的商业决策可能是适当的,但在之后再来审视这个决策就会发现其依然存有纰漏。考虑到实际控制人需要时常作出这样的决策,因此商业判断原则就显得不可或缺。根据商业判断原则,只要实际控制人在作出商业决策时尽到了合理注意的义务并且对决策保持善意的态度,该商业决策就不应受到控制,哪怕其结果是错误的甚至会为公司带来巨大的经济损失。[①] 从这种意义上来看,商事决策甚至有点带有赌博的性质,因此商业判断原则实际上是充当一种保护实际控制人不受惩罚的“避风港”的角色。

为什么实际控制人能够享受特定责任规则,而不像普通人那样承担一般过失责任?主要原因如下:

第一,商业决策的事后审查难度极大,法官也不愿对这种涉及公司内部商业决策的行为进行判断。另外,法官未必具有商业方面的专门知识和经验,许多商业决策也超出了法官的能力范围。

第二,基于商业决策损害性质的考虑。实际控制人违反勤勉义务一般会带来巨大的直接经济损失,如果因为普通过失就要承担责任,将会造成无人敢担任

① 王凌红、郭小梅:《美国公司法中的商业判断规则研究》,载《长江论坛》2012年第5期。

实际控制人等职位的尴尬局面。

第三,实际控制人违反勤勉义务而提起的诉讼在性质上属于派生诉讼。一般而言,股东在此种诉讼中热情并不高。诉讼只是解决问题的方式之一,完全还可以采用其他方式来解决。例如,作为董事的实际控制人是由股东大会选举产生的,作为高级管理人员的实际控制人是董事会聘任的,因此可以再用选举或聘任的方式换掉不履行勤勉义务的董事和高级管理人员,甚至可以退出公司,采用分散投资的方法避免风险。

第四,赔偿未落实或者威慑效用大打折扣。传统的侵权法有两个主要作用:一是赔偿,二是威慑。在公司体制中,实际控制人违反义务虽然需要承担赔偿责任,但往往因为诉讼和解或者补偿和保险机制最终结果仍然由公司负责,更何况公司还可以免除或者限制董事的责任,显然对董事的赔偿惩罚就流于形式。当赔偿功能无法发挥作用时,威慑作用也就自然随之消失。另外,公司中还有股票期权等一系列的补偿性安排和计划,也使威慑作用无处着力。

三、上市公司实际控制人勤勉义务的表现形式

上市公司实际控制人主要是公司的董事和高级管理人员,因此实际控制人的勤勉义务,与董事和高级管理人员的勤勉义务基本相同,具体包括以下几种表现形式:

(1)自觉遵守法律法规和公司规章,不违反禁止性规定,按照正确程序和相关决议行事。根据前文对实际控制人的定义可知,实际控制人多是上市公司的领导阶层,身处上市公司权力机构或行政中心,负责公司的重要事务,其言行对公司上下有示范和表率作用。因此,实际控制人必须以身作则,带头遵守法律法规和相关公司规章的规定,尤其不能违反公司法的禁止性规定,[①]同时《公司法》

---

① 《公司法》第148条规定:“董事、高级管理人员不得有下列行为:(一)挪用公司资金;(二)将公司资金以其个人名义或者以其他个人名义开立账户存储;(三)违反公司章程的规定,未经股东会、股东大会或者董事会同意,将公司资金借贷给他人或者以公司财产为他人提供担保;(四)违反公司章程的规定或者未经股东会、股东大会同意,与本公司订立合同或者进行交易;(五)未经股东会或者股东大会同意,利用职务便利为自己或者他人谋取属于公司的商业机会,自营或者为他人经营与所任职公司同类的业务;(六)接受他人与公司交易的佣金归为己有;(七)擅自披露公司秘密;(八)违反对公司忠实义务的其他行为。董事、高级管理人员违反前款规定所得的收入应当归公司所有。”

中也规定了违反法律法规和公司章程的损害赔偿后果。① 另外，实际控制人中的董事是由股东大会选举产生，高级管理人员是由董事会聘任，因此他们就应当以正确的程序，按照股东大会和董事会的决议行事，不得擅自违背决议的程序和内容，必须保证公司的决议意志能够得到有效落实。

（2）了解公司经营信息，知悉市场环境。作为上市公司的领导阶层，实际控制人只有对公司的经营状况了如指掌，尤其是上市公司的业务运行状况和股票市场情况，才能在此基础上作出谨慎合理的决议。因此，作为董事的实际控制人应当尽量出席各种董事会议，②作为高级管理人员的实际控制人也应当积极参加上市公司的各种会议，并对会议事项进行相应的调查，以获取准确前沿的信息。此外，除了解上市公司本身的经营信息外，实际控制人还应当知晓上市公司所处的外部市场环境信息，随着市场经济的飞速发展，尤其是证券交易机制的越发成熟，商业环境变得复杂莫测。实际控制人若仅了解自己公司的情况不啻闭门造车，所以作为董事或高级管理人员的实际控制人，理应将视野放得更加开阔，这是履行勤勉义务的关键所在。

（3）谨慎作出商业决策，聘任公司管理人员。若实际控制人能勤恳诚实地履行上述义务，就能对上市公司的运行情况和市场实时信息具有一定程度的了解，这个时候实际控制人作为决策者，就应当结合所知信息，运用自己的技能和经验，通过相应的决策程序，谨慎、合理地作出正确合理的商业决策，为上市公司制订经营方针和投资计划，以期迎合市场需求、规避可能风险，从而带来公司利益最大化。公司的本质是为了营利，因此作出正确的商业决策实现营利，是实际控制人勤勉义务的最终目的。另外，为了加强对公司的有效治理，实际控制人还需要履行自己在上市公司中的行政管理义务，尤其是对公司职员的人事管理。作为董事或高级管理人员的实际控制人，应当对其公司职员进行充分考核，然后行使自己的人事任免权，聘任经理、副经理、财务负责人以及其他要职人员，保持上

① 《公司法》第149条规定："董事、监事、高级管理人员执行公司职务时违反法律、行政法规或者公司章程的规定，给公司造成损失的，应当承担赔偿责任。"

② 《公司法》第112条规定："董事会会议，应由董事本人出席；董事因故不能出席，可以书面委托其他董事代为出席，委托书中应载明授权范围。董事会应当对会议所议事项的决定作成会议记录，出席会议的董事应当在会议记录上签名。董事应当对董事会的决议承担责任。董事会的决议违反法律、行政法规或者公司章程、股东大会决议，致使公司遭受严重损失的，参与决议的董事对公司负赔偿责任。但经证明在表决时曾表明异议并记载于会议记录的，该董事可以免除责任。"

市公司的人员配置高效合理。

(4)监督上市公司经营状况,管理公司职员不当行为。实际控制人除履行以营利为内容的勤勉义务,同时也应当履行监督上市公司经营与运行的义务。上市公司职员数量众多,内设机构庞杂,因此很容易出现不当甚至违法的行为,这要求实际控制人注重对公司内部的监督。同时,监事会也应当对处理公司事务的董事或高级管理人员进行监督,可建议罢免违反法律或公司规章的实际控制人;当董事、高级管理人员的行为有损公司的权益时,也可以勒令实际控制人进行改正,甚至可以对其提起诉讼。①

第四节 上市公司实际控制人的信息披露义务

一、上市公司实际控制人信息披露义务的内涵析意

(一)资本市场的信息及信息披露

由于市场经济条件下资源配置的不平衡,信息对于经济社会来说,发挥着越来越重要的生产性要素作用。在我国,证券法和公司法有一套已经建立起来的运行机制,加之上市公司信息披露原本就是证券法的核心规范对象,因此若能把既有法律规则的适用范围进行适当地延伸和扩展,那就可以低成本地将上市公司环境信息披露法律机制予以导入和实施。② 尤其在资本全球化的今天,信息更是不可或缺,信息的有效性为资本市场的运行提供了最基本的条件,为资本市场实现风险分散、价格定位、资源配置等特有功能提供了必要基础。但不可忽略的是,自信息产生之日起,信息自身本应属于公众共同享有、共同获益,但是信息最初即表现出不完备(imperfect)以及非对称(asymmetric)的特性。所以,在今天资本迸发的市场经济环境下,信息的上述特点决定了在互不相同的市场主体之间,必然存在信息量或多或寡、信息质量有好有坏、信息有效性有高有低等巨大差异。而在这种条件下,信息获取方式的不同则进一步妨害了资源在资本市场中

① 《公司法》第150条规定:"股东会或者股东大会要求董事、监事、高级管理人员列席会议的,董事、监事、高级管理人员应当列席并接受股东的质询。董事、高级管理人员应当如实向监事会或者不设监事会的有限责任公司的监事提供有关情况和资料,不得妨碍监事会或者监事行使职权。"

② 黄韬、乐清月:《我国上市公司环境信息披露规则研究——企业社会责任法律化的视角》,载《法律科学》(西北政法大学学报)2017年第2期。

的所谓“帕累托最优”[①]配置。

美国的布兰迪大法官有过经典的论述——“阳光系最好的防腐剂，灯光即最有用的警察”，这句话同样适用于瞬息万变的资本市场。信息披露规则无疑是解决当下资本市场信息不完备、不对称等问题的有效手段。所谓的“信息披露”，即持续性信息公开，具体而言，是指证券发行人或者上市公司根据法律、行政法规以及其他有关规定，将自身财产状况、财务经营等具体情况向证券管理部门报告同时公告于社会，从而使公众知悉其财务经营状况并基于此作出市场决断的行为。简言之，信息披露就是规定信息要在何时何地、以何种方式、何种程序公布何种内容的信息的一项法律制度。[②]

（二）信息披露的主体

目前，我国的《证券法》《收购办法》《公开发行证券的公司信息披露内容与格式准则》等一系列法律法规明确了实际控制人是信息披露的义务主体。从上述一系列规定可以总结出：信息披露义务人可以区分为收购人、发行人、一致行动人、上市公司、股份持有人五大类进行处理。[③]

（三）信息披露的意义

从功利主义的角度出发，信息披露义务制度是保证资本市场健康、有序、稳定运行的一项重要制度。无论是优化市场资源的配置，还是保护广大投资者的切身利益、维护并改善公司的经营管理等方面，信息披露义务都起到了基础性甚至可以说是至关重要的作用。具体如下：[④]

(1)使上市公司的信息披露程序更加公开、透明，使信息在市场中的作用得到实际的发挥。尽管实际控制人并非上市公司的股东或者高级管理人员，其与上市公司无直接的联系，但不可否认的是，实际控制人事实上影响甚至控制上市公司信息披露行为，影响公司披露什么信息，以何种方式、何种程序在何时何地

---

① 帕累托最优(Pareto optimality)，也称帕累托效率、帕累托改善，是博弈论中的重要概念，并在经济学、工程学和社会科学中有广泛的应用，是指资源分配的一种理想状态，假定固有的一群人和可分配的资源，从一种分配状态到另一种状态的变化中，在没有使任何人的境况变坏的前提下，使至少一个人变得更好。

② 施天涛：《商法学》，法律出版社2010年版，第299页。

③ 汪翠荣、马传刚：《上市公司实际控制人信息披露问题研究》，载《证券市场导报》2006年第8期。

④ 李燕：《证券法学》，武汉大学出版社2009年版，第167页。

披露信息等。赋予上市公司实际控制人信息披露的相应法律义务,将其相关行为置于信息披露制度的规范下是未来制度改革的大势所趋。这可以在信息披露的渠道上削弱实际控制人控制行为隐蔽性、间接性、控制多层性等诸多特点,使上市公司的信息披露更加公开、透明,进而保护广大投资者和债权人的合法权益,使目前资本市场的信息"供应"更加客观、准确、全面,更加符合资本市场公开、公平、公正的原则。

(2)在经济全球化的时代背景下,世界各国对于公司治理的理论和实践都有借鉴他国有益经验从而使公司治理模式逐渐融合的趋势。在这种背景下,各国实践均重视企业对于利益相关者的责任承担,关于公司的治理理念和治理模式逐渐由"股东至上"变为"共同治理",从大股东控制下的治理逐渐扩大为公司利益相关者加入公司治理的局面。① 总之,立法使上市公司实际控制人承担与其控制地位相应的信息披露义务,有利于维护广大投资者、公司职工以及公司外部债权人等主体的相关合法权益,为社会公众知悉上市公司经营情况与日常运行状态提供便利的信息保证。

(3)信息披露制度的产生和发展始终与公司治理的理论与实践相辅相成。从某种程度上看,信息披露与公司治理之间自始就存在密切的联系与互动。由于存在特定的、既有的公司治理机制,该种机制决定了信息披露制度的发生与发展。进一步看,信息披露制度本身在不断地变化以满足该种特有的公司治理机制的要求。随着公司治理机制的不断变化与发展,信息披露制度在不同的时期也有不同特点与侧重。可以预见的是,随着公司治理理论与实践的不断完善,信息披露制度必然越来越科学化、规范化,更具有针对性和可操作性。

二、上市公司实际控制人信息披露义务的表现形式

(一)上市公司实际控制人信息披露的内容

在解决上市公司实际控制人信息披露的内容之前,有必要了解上市公司实际控制人搭建的实际控制体系是如何运转的。在实践中,常见的集团公司的控制结构包括金字塔式或多层控制型结构。

以金字塔式控制结构为例,相邻的上一层公司为下一层公司的控股母公司,

① 高明华等:《中国上市公司信息披露指数报告》,经济科学出版社2010年版,第25页。

相应地,相邻的下一层公司即为上一层公司的控股子公司。有学者提出,以实际控制人在公司的控制链上所处的层次为标准,可以将实际控制人划分为中间实际控制人和终极实际控制人。据此,处于金字塔顶端的公司才是真正的终极实际控制人。由于在实践中上市公司往往处于集团公司控制体系的底层,因此对于掌握上市公司控制权的实际控制人来说,其掌握的公司内部控制信息就尤为重要,因为一般社会公众是难以知悉这种多层的、隐蔽的控制结构的,而这种内部控制信息对于投资者对上市公司作出投资判断是十分重要的。

为避免实际控制人利用这种复杂多层的控制手段阻碍内部控制信息的真实完整披露,因此,有必要将上市公司实际控制人信息披露的内容限定为公司的内部控制信息。而上市公司实际控制人作为拥有公司实际控制权的人,由其对公司内部控制信息(如控制结构、实际控制人身份及其实施的控制行为等)进行披露是具有正当性的。从权利与义务相一致原则的角度而言,没有谁比实际控制人本身更了解公司的内部控制信息,因此实际控制人天然地享有知悉公司内部控制信息的优势,这是公司控制权所带来的额外利益,因此其必须承担披露内部控制信息的义务,避免其利用这种隐蔽的内部控制信息侵害其他主体的合法利益。

内部控制信息披露的含义囊括了企业管理层披露关于企业完整性、合理性控制与评价的信息的意愿,同时又蕴含了为满足相关利益牵涉主体信息公开之需求,从而连接起信息披露到利益共享的桥梁。[①] 从这个意义上来讲,内部控制信息即对公司内部控制的完整性、合理性和有效性进行评价的信息,这是对内部控制信息抽象、概括的描述。具体而言,实际控制人在内部控制信息的披露中应表明如下内容:

第一,强调其对公司内部控制的责任。使公众知晓内部控制是为了确保财务报告的真实可靠并以提升公司经营效益为目的,同时明确承诺所建立的内部控制机制符合相关法律法规的规定。

第二,承认内部控制的有效性会受周围环境或情况变化的影响。

第三,保证公司现有的内部控制机制是科学、合理、有效的,对公司的正常运

---

① 宋绍清:《中国上市公司内部控制信息披露制度性研究》,华中科技大学2008年博士学位论文,第21页。

营和资产安全不存在重大干扰。若存在此种干扰,则必须在披露的内容中声明。

第四,签字承诺。公司高层(董事长、总经理、财务负责人等)以及实际控制人均应当签字确认对外披露的信息,以保证其真实性。

(二)持续信息披露

持续信息披露又称持续信息公开,属于证券上市后的信息公开,其与发行公开(初次公开)是相对应的,后者是指证券发行时的信息公开。持续信息披露既是证监会对证券交易中的信息公开实施监管的要求,又是保护广大投资者利益的有效手段。因为证券市场中的投资者往往处于信息不对称的劣势,理性的投资者对证券进行买卖必须建立在对上市公司和相关证券的信息知悉的基础上,而且还要保证所知悉的上述信息是真实、准确、完整和及时的,这时候就要求上市公司信息披露义务主体对应当披露的信息进行合法有效地披露,防止证券交易中的欺诈和操纵行为。

我国《证券法》规定,上市公司必须定期向社会公众公开其经营和财务状况,并及时、不定期地提供可能影响上市公司证券的买卖活动以及任何对价格有重大影响的信息。因此,我国对上市公司持续信息披露规定了定期报告制度和临时报告制度,为投资者进行投资判断提供依据,维护其交易安全。

三、上市公司实际控制人信息披露义务的判断标准

理论上,关于上市公司实际控制人信息披露义务的判断标准,可分为两个层面:内容判断标准的层面和结果评价标准的层面。内容判断标准层面要解决的问题是:到底要达到何种程度的信息才需要进行披露?而结果评价标准层面,则主要关注信息披露的结果是否符合证券市场的要求。

(一)上市公司实际控制人信息披露内容判断标准

在我国现阶段的证券监管立法中,信息披露的内容判断标准处于"投资决策标准"和"证券价格标准"并存的"二元制"状态。① 根据2019年新修订的《证券

① 《证券法》《股票发行与交易管理暂行条例》《上市公司信息披露管理办法》《上海证券交易所股票上市规则》《深圳证券交易所股票上市规则》均采用了"证券价格标准";而在《公开发行证券的公司信息披露内容与格式准则第1号——招股说明书》(2015年修订)和《公开发行证券的公司信息披露内容与格式准则第2号——年度报告的内容与格式》(2017年修订)中,其要求披露的信息都采用了"投资决策标准"。

法》第80条的表述可知，我国在商事基本法层面将上市公司信息披露的内容判断标准设定为"发生可能对上市公司、股票在国务院批准的其他全国性证券交易场所交易的公司的股票交易价格产生较大影响的重大事件"，即采用的是"证券价格标准"，这是针对上市公司的。而具体到上市公司的实际控制人信息披露中，相关法律法规同样采"证券价格标准"，如在交易所指引层面，《深圳证券交易所上市公司规范运作指引》(2020年修订)第5.2.2条规定，"本节所称重大信息是指根据法律、行政法规、部门规章、规范性文件、《股票上市规则》、本指引和本所其他相关规定应当披露的，对上市公司股票及其衍生品种交易价格可能或者已经产生较大影响的信息"。显然这里对于上市公司实际控制人信息披露的内容判断标准采用的是"证券价格标准"。我们不禁思考，对上市公司的信息披露标准和对上市公司实际控制人的信息披露标准设置为同样的"证券价格标准"是否具有合理性？立法上是否值得商榷？下文即对此进行论述。

本书认为，和"证券价格标准"相比，"投资决策标准"在很大程度上能与上市公司实际控制人信息披露的特点相契合，立法上将上市公司实际控制人信息披露的内容判断标准设置为同上市公司一样的"证券价格标准"的做法确实有待商榷，原因如下：

首先，"证券价格标准"对上市公司实际控制人来说，无疑会使其背负过分的信息披露负担。因为作为上市公司的实际控制人，其主体可能为自然人、法人以及其他非法人组织，在其主体为自然人的情况下，适用"证券价格标准"会让该自然人实际控制人在履行信息披露义务之前，必须对何种类型的信息可能对证券的价格造成影响以及会造成多大程度的影响作出判断，而这种判断无疑应具备相当的专业知识才能有效作出，大多数自然人如不借助相关专业机构的帮助是无法完成的。此外，上市公司实际控制人在大多数情况下并不直接参与证券的市场交易，因此在对证券价格影响因素的判断上，其并不具备相应的便利与优势。而上市公司的不同之处在于，由于其能够作为证券市场的主体，可以深入地参与证券市场的交易，因此其对证券价格的影响因素以及影响程度的判断自然是更专业的，因而"证券价格标准"对上市公司来说并不构成负担。

其次，"证券价格标准"无法涵盖所有的公司内部控制信息，其内容范围稍显单一。上市公司实际控制人信息披露制度的存在是为了将上市公司的公司治理信息更完整地向公众传递，因此，实际控制人信息披露的范畴应该是广泛的，只要公司的治理信息是与控制权的行使有关,那么均应属于该范畴。然而,适用"证券价格标准"可能会遗漏投资者进行理性投资所需要的信息。原因在于,投资者进行理性投资决策所需要的信息不只证券的价格信息,例如,实际控制人深入参与上市公司治理的行为,是很多投资者投资决策时的重要参考因素,而该因素并不太可能对公司证券价格产生较大影响。若仅仅因为不会对证券价格产生较大影响就不对该信息进行披露,势必会影响投资者作出投资决策,不利于维护投资者的利益。

综上,在上市公司实际控制人信息披露的内容判断标准上,适用"证券价格标准"不仅使实际控制人承受过重的信息披露负担,还无法涵盖所有的公司内部控制信息,致使投资者的利益无法得到切实保障,早已不能满足我国日益发展完善的证券市场对实际控制人信息披露制度提出的要求。而"投资决策标准"恰恰能克服"证券价格标准"的上述不足,具备特有的比较优势:第一,在"投资决策标准"下,实际控制人不会有过重的信息披露负担,因为其无须对证券价格的影响因素进行专业性的分析判断,而仅需站在投资者的立场,就信息披露的内容进行抽象地考量;第二,"投资决策标准"能够涵盖所有的公司内部控制信息,使投资者在进行投资决策时能获取较为全面的信息,改变其信息不对称的劣势,从而更有利于保障证券市场投资者的利益;第三,"投资决策标准"对上市公司实际控制人信息披露内容提出了系统化的披露要求,避免上市公司实际控制人信息披露结果的碎片化。至此,本书认为,就上市公司实际控制人而言,信息披露内容的判断标准应确定为"投资决策标准",以区别于对上市公司而言的"证券价格标准"。此外,根据学者对上市公司信息披露的相关调查分析,当下我国上市公司信息披露的内容严重形式化,缺乏具体可操作性和建设性。投资者难以根据披露内容进行投资决策。① 因此,将"投资决策标准"作为判断标准更有利于内部控制信息披露发挥出真正应有的作用。

(二)上市公司实际控制人信息披露结果评价标准

根据前文论述可知,在具有复杂、层级性控制结构的公司集团中,上市公司往往处于控制体系的底层,并且在这种控制结构中会出现一个或多个中间实际

① 张惠:《上市公司内部控制信息披露的问题及对策探索》,载《产业与科技论坛》2017年第3期。

控制人和终极实际控制人并存的情况，因此，在上市公司实际控制人信息披露的结果评价标准层面，除必须遵守传统意义上信息披露的真实性、准确性、完整性、及时性的要求外，还须考虑在公司集团中上市公司实际控制权分布的层级性特点，增加一个"终极性"的要求。在认定和调查过程中，可以适当推行举证责任转移，要求调查对象自行提供没有实际支配公司行为、未参与影响公司经营决策等情况的证据，撇清其实际控制人地位的嫌疑。①

具体而言，信息披露的"终极性"，是指在上市公司控制体系中并存中间实际控制人和终极实际控制人时，披露的内部控制信息必须公开至终极实际控制人所掌握的信息为止。其操作方式一般为：处于控制结构顶端的终极实际控制人首先将其所掌握的内部控制信息传达到一个或多个中间实际控制人，再由中间实际控制人将其自身所掌握的连同从终极实际控制人处接收到的内部控制信息向底层的上市公司传递，最后由上市公司将接收到的所有内部控制信息依照相关法律的规定传达给公众。这种自上而下的"滚雪球"式的信息传导机制，使整个上市公司控制链条中包含的所有内部控制信息都能真实、准确、完整地传达至外界。

第五节　特殊经营状态下上市公司实际控制人的信义义务

信义义务作为规制公司权利行使者的核心内容，是为了维护当事人之间的信任关系而产生。从该义务的本质上看，相较委托人而言，受托人往往作为权利实际享有者或执行者，在公司权利结构中始终处于优势地位。② 为平衡委托人与受托人之间的利益关系，法律特别对受托人设立相应的约束条款以防止其权利滥用，从而实现双方信任关系的法律塑造。信义义务本质上旨在约束公司控制权的权利边界，实现公司利益相关者之间的利益平衡。③ 在通常情况下，在公司正常经营期间，公司经营状况良好，公司盈利不仅能够满足公司债权人的债权清

① 潘翔、杨茜涵：《FATF 视角下我国公司实际控制人信息披露的现状及思考》，载《武汉金融》2017 年第 1 期。

② 李清池：《公司清算义务人民事责任辨析——兼评最高人民法院指导案例 9 号》，载《北大法律评论》2014 年第 1 期。

③ 范世乾：《信义义务的概念》，载《湖北大学学报》（哲学社会科学版）2012 年第 1 期。

偿、实现公司股东的利益分配，而且还能够满足实际控制人的利益诉求。此时，公司实际控制人与公司股东、公司债权人等利益相关者始终处于相同的利益共同体之中，实际控制人只需对公司股东承担相应的信义义务，因为公司股东为公司剩余索取权人，公司经营风险始终由其承担；实际控制人信义义务的内容则为前述义务体系，包括忠实、勤勉义务和信息披露义务的义务体系。

然而，当公司处于特殊经营状态下时，公司实际控制人与不同利益相关者之间将会产生不同的利益诉求，各利益方难以协调在一个利益共同体之下，如何协调利益相关者之间的利益冲突问题，成为此阶段实际控制人信义义务所要解决的核心问题。在公司特殊经营状态中，公司控制权失衡导致各方对自身利益的主张较激进，其中不免会出现实际控制人与其他利益相关者利益诉求的不同、公司股东与公司债权人利益诉求相异等情形。具言之，实际控制人在公司特殊经营状态下信义义务的指向对象、义务内容及审查标准等要素均与公司正常经营阶段存在显著差异。例如，在公司收购情形中，公司实际控制人为维护自身利益，可能选择接受一个股东们不希望公司接受的收购要约；在公司解散清算阶段，公司实际控制人可能会与公司股东结成利益团体，从而损害公司债权人的合法权益。对此，本节选取公司收购、公司解散清算和公司破产3个阶段为研究样本，尝试厘清在公司控制权失衡状况下，公司特殊经营期间实际控制人的信义义务。

一、上市公司解散清算阶段公司实际控制人的信义义务

（一）上市公司解散清算阶段实际控制人信义义务的指向对象

对于实际控制人是否为上市公司解散的清算义务主体，根据我国《公司法》第183条的规定，上市公司实际控制人并不是上市公司的清算解散的法定义务主体。但是这样的清算责任分配并未实质性地改善在司法实践中出现的怠于清算现象产生的实质冲击。最高人民法院指导案例9号明确了承担法定清算义务的股东、董事，以其不是实际控制人或者未实际参加公司经营作为清算义务豁免事由的，法院不予支持。[①] 本书认为，最高人民法院指导案例究其性质虽并非立

---

① “有限责任公司的股东、股份有限公司的董事和控股股东，应当依法在公司被吊销营业执照后履行清算义务，不能以其不是实际控制人或者未实际参加公司经营管理为由，免除清算义务。”参见“上海存亮贸易有限公司诉蒋某某、王某某等买卖合同纠纷案”，最高人民法院2012年度公布的第三批指导性案例第9号，上海市第一中级人民法院(2010)沪一中民四(商)终字第1302号民事判决书。

法但在各级法院的司法审判中具有积极的指导性意义。从这一层面而言,上市公司实际控制人亦是上市公司清算解散义务主体。然而,公司在解散清算阶段上市公司实际控制人作为清算义务主体,其信义义务的对象与公司正常经营期间有所差异,原因在于:公司剩余索取权人由公司股东转变为公司债权人,公司经营风险即也从公司股东向公司债权人转移。具言之,当公司解散清算阶段,公司债权人与公司股东的利益往往难以并存,实际上在此阶段公司剩余财产的实际所有人转变为公司债权人,因此公司实际控制人信义义务的对象也应当转换为公司债权人,从而保持股东与债权人之间的利益平衡。①

(二)上市公司解散清算阶段实际控制人信义义务的表现形式

基于此,对于上市公司在清算解散特殊经营阶段的实际控制人的信义义务的具体内容,主要包括以下几个方面。

1. 善意清算

善意清算要求:第一,上市公司实际控制人不得滥用其控制地位。只能在上市公司经依法清算后,方可进行公司注销申请。第二,上市公司实际控制人不得滥用其控制地位恶意地处置上市公司的财产,损害其他股东以及债权人的利益。②

2. 及时清算

上市公司数据的时效性强于其他的非公众公司,及时清算是上市公司实际控制人信义义务最基本的应有之义。及时清算有两重含义:第一,及时启动清算程序;第二,应当积极配合清算,不能怠于实际履行清算义务。③

3. 适时的信息披露

本书认为,信息披露是上市公司实际控制人最基本的信义义务内容,是对于上市公司、债权人、中小股东实现信息对称以及是否在可实现的途径下作出"用

---

① 李清池:《公司清算义务人民事责任辨析——兼评最高人民法院指导案例9号》,载《北大法律评论》2014年第1期。

② 最高人民法院《关于适用〈中华人民共和国公司法〉若干问题的规定(二)》第19条规定:"有限责任公司的股东、股份有限公司的董事和控股股东,以及公司的实际控制人在公司解散后,恶意处置公司财产给债权人造成损失,或者未经依法清算,以虚假的清算报告骗取公司登记机关办理法人注销登记,债权人主张其对公司债务承担相应赔偿责任的,人民法院应依法予以支持。"

③ 李清池:《公司清算义务人民事责任辨析——兼评最高人民法院指导案例9号》,载《北大法律评论》2014年第1期。

脚投票”决策的有效途径和依据。清算作为上市公司重大决策事项,适时地进行信息披露是对中小股东权益最基本的保障。本书粗浅地认为,适时并不等同于及时,因为及时往往是指清算决策作出后,而对于上市公司的中小股东来说,如果解散成为定局,信息披露已丧失其价值,所以适时的信息披露应作为上市公司实际控制人信义义务内容的首要义务。

二、上市公司被收购阶段公司实际控制人的信义义务

信义义务从本质上要求实际控制人在作出行为时,必须以合理的方式作出,即以最有利于公司的方式作出行为。[①] 在上市公司被收购阶段,上市公司实际控制人信义义务的对象与公司正常经营阶段的义务指向对象也有所差异,即实际控制人应当将公司利益放在第一位。并且,上市公司实际控制人在因其“控制”实现的方式不一致导致其在被收购阶段信义义务的标准以及信义义务的评判标准上也存在差异。

(一)上市公司被收购阶段实际控制人信义义务的判断标准

信义义务是一种积极的,多表现为作为的义务,对所托之事要求受信人必须履行一个善良管理人应尽的忠实、注意义务。简言之,实际控制人应当以诚信善意作为衡量信义义务的基本准则。但因实际控制人实现控制的路径不同,信义义务标准有必要根据其控制方式的差异性区别而述。

1. 通过股东大会实现控制的信义义务评价标准

当实际控制人的控制力是通过其行使表决权的方式来实现的情形下,其信义义务的注意程度之标准应低于作为公司管理者的董事和经理人。实际控制人在作为公司的所有者(股东)时,并不实际地参与公司经营,其对于管理的素质要求并不高,更多的只要达到普通股东的善意即可视为信义义务达标。所以,对实际控制人的信义义务理解为“通常交易上的信义义务”,而无须作出更高的要求。

2. 通过董事会、经理层实现管理控制的义务评价标准

如果实际控制人直接介入公司管理,代替董事会履行职责,那么此时公司实际控制人与公司董事地位实际上相差无几,属于事实上的公司董事,所以应负有与董事相同的信义义务。作为上市公司经营管理层被赋予的信义义务标准明显

---

① 刘凯:《控制股东的信义义务及违信责任》,载《政法论坛》2009 年第 2 期。

严苛于其他股东身份。对于作为管理者的实际控制人是否适当履行其信义义务可以从其主观善意行为方式进行评价。

善意的方式为：善意是对实际控制人在履行职责时的诚信程度的一种心理和道德评价标准，善意标准要求实际控制人应当以一种善良诚实的主观心理态度来行事，知道自己的行为后果并且能够把握善意。善意属于对行为人主观意思的衡量，具有很强的抽象性和不可操作性。董事经理层为公司、股东利益经营管理公司，善意是其行为最基本的要求。

"适当的"注意在一定意义上可以推定其为善意。判断处于公司董事经理层地位的实际控制人行为是否满足"适当的"注意，应当对比一般的管理者根据一般的商业规则所作出的行为，若属于疏忽大意而造成的不利后果则可以排除善意。

合理地相信其行为立足于公司并实现其利益最大化，即实际控制人在作出商业判断时应当以公司的利益为出发点，这一般可从商业决策的结果上进行检验。

（二）上市公司被收购阶段实际控制人信义义务的表现形式

目前，我国的上市公司合法收购的基本类型分为要约收购、协议收购和间接收购。收购方式的差异使实际控制人信义义务的内容存在一定差异，在分析基本原则下共同的信义义务内容外有必要区分而论。同时，针对上市公司实际控制人实现控制的方式的差异，在公司被收购阶段，在上文中论及的信义义务衡量的标准下具体的信义义务内容也有所不同。

1. 上市公司被收购状态下实际控制人基本信义义务内容

基于上市公司股权变动公平、公正、公开的基本原则，作为被收购上市公司的实际控制人，其信义义务基本内容包括信息披露义务和平等对待投资者。一方面，须对被收购公司的情况进行全面、及时、真实的披露；另一方面，不得利用其控制地位在同等收购条件下非法地对投资者实行区别对待。本书认为，平等对待投资者不仅是对收购主体公平对待的要求，同时也是对被收购公司权益的保护。唯有实现收购主体的平等对待，被收购上市公司方可实现其择优选择。

无论上市公司实际控制人系通过股权或是通过实际经营管理实现其控制均不得滥用其控制地位。上市公司作为典型的资合公司，撇开新型的合伙人决策制，实际控制人在收购阶段的决策起不可替代的关键性作用。作为资本多数的利益代表,不得滥用其控制地位损害公司、其他中小股东以及债权人利益,这是上市公司实际控制人信义义务的应有之义。

2. 要约收购下实际控制人信义义务的内容

要约收购①方式下,上市公司实际控制人信义义务内涵应有如下之意:

(1)尊重收购人要约意志

投资人作为要约主体,按照《收购办法》的规定,其可以按照自身意志选择向被收购人的所有股东或者部分股东发出要约。这是投资者自由意志以及经营策略的最基本的体现,被收购上市公司实际控制人不得利用其控制地位带来的资源之便干扰投资者的要约决策。

(2)保障中小股东权益

基于股权转让公平的基本原则,被要约的同类股权在被收购的特殊状态下,应该被平等的对待,拥有股东身份的实际控制人不得利用其资本优势损害其他同质中小股东的权益。

(3)不干扰董事会以及中小股东的决策

对于投资者的要约,上市公司管理者应当提供真实完整全面的报告。上市公司的实际控制人不得干预基于被收购公司的客观经营状况作出的全面报告。同时,中小股东也有权在衡量经济利益后自主地对自身股权作出决策。

3. 协议收购下实际控制人信义义务的内容

(1)不得利用控股股东身份扰乱被收购公司董事会

在过渡期②内,除现有董事会成员对于收购有不公正的确定事项外,上市公司实际控制人不得利用其控制地位干扰董事会决策。确有必要临时改选董事会的,也应当依照法定程序进行改选。

(2)勤勉审查义务以及报告义务

通过股权实现其控制的上市公司实际控制人,通过协议方式转让其股权的应该对收购人的主体资格、诚信情况及收购意图进行调查,并在其调查情况及权益变动报告书中予以披露。同时,对于关联股东的对内负债和担保情况,上市公

① 要约收购,是指收购人向被收购的公司发出收购的公告,待被收购上市公司确认后,方可实行收购行为。

② 过渡期,是指协议方式进行上市公司收购的,自签订收购协议起至相关股份完成过户的期间为上市公司收购过渡期。

司实际控制人亦应及时予以披露,并可要求董事会采取有效措施维护公司利益。此项约定在于实现董事会对上市公司实际控制人权利行使以及义务履行的监督,在于保障上市公司、中小股东、债权人以及收购人的权益。

4.间接收购下实际控制人信义义务的内容

间接收购情形下公司实际控制人的信义义务主要表现为对控股股东的信息披露以及勤勉、忠实义务的监督。

三、破产阶段上市公司实际控制人的信义义务

由于制度的缺陷以及政策性质的宏观调控,我国股票市场中存在大量的应破而难破的企业。经过资料库检索,收录在册的且具有代表意义的上市公司破产案例尚未被成功地检索到。即便如此,体系化的市场准入制度和完善的退出机制对于市场经济良性运转实为重要,即对于符合破产条件的上市公司,其实际控制人基于对上市公司债权人及股东利益的考虑,及时地启动破产程序也是实际控制人信义义务的应有之义。对于破产阶段实际控制人的信义义务对象应当是多元化的,不仅包括公司及股东本身,还应当涵盖公司债权人等利益相关人。此外,对于破产阶段实际控制人信义义务的主要内容,主要包括:

第一,及时启动破产程序。怠于启动破产程序是上市企业以及其他非上市企业的“通病”,信义义务最基本的含义为忠实、注意义务,上市公司实际控制人应当在企业破产条件成就时,在适当注意义务的指导原则下,秉承对上市公司、债权人、股东权益的保护,启动破产程序。

第二,不得擅自处分破产财产。一旦进入破产程序,上市公司实际控制人不得利用其职务便利处分或者私吞公司财产。

第三,全面提供破产所需资料。实际控制人作为债务人最佳信息获取者,应当积极配合法院、破产管理人顺利推进破产程序。当然,作为管理层的实际控制人的该项义务内容严于非管理层的实际控制人。

第四,严格履行信息披露义务。

第四章　上市公司实际控制人信义义务体系的立法现状及不足

目前，我国主要采用商事基本法、部门规章和交易所指引来规制实际控制人的行为，而这些规制方式略显滞后。不足之处有：上市公司实际控制人信义义务体系的内容规范欠缺；上市公司实际控制人信义义务体系的监督机制存在短板；上市公司实际控制人信义义务体系的责任体系欠缺等。

第一节　上市公司实际控制人信义义务的立法现状梳理

结合前文所述，信义义务是一种对公司董事、监事、高级管理人员的一种约束性义务。这也是现代公司法所有权与管理权相分离基本原则所衍生出来的一种用以制衡管理层的义务内容。随着现代公司法的持续扩张，公司实际控制人的概念也被提出，最新修改的我国《公司法》在第216条用语含义部分专门对实际控制人的概念进行了界定，[①]分析该条可以看出，《公司法》对实际控制

---

① 《公司法》第216条规定："本法下列用语的含义……(三)实际控制人，是指虽不是公司的股东，但通过投资关系、协议或者其他安排，能够实际支配公司行为的人……"

人的界定采取的是对公司的行为是否具有实际支配力的判断标准。尽管法律规定实际控制人不能直接操纵董事会或者监事会，但是由于实际控制人在股东会中一般会有代理人，因此通过股东会决议进行人事调整或者通过其他手段来要求董事会实行自身意志的决策并不是什么难事。此外，实际控制人还有很多手段能够控制董事会意志。从权利与义务相平衡角度来看，实际控制人既然有控制董事会的能力，就应当承担相应义务，这也是目前我国相关立法对实际控制人进行规制的基本思路。

然而，目前我国对于实际控制人的行为规制仍然处于一种略显滞后的状态，效力等级较高的商事基本法中关于实际控制人的信义义务的规定均属于概括性规定，而其他的部门规章和交易所指引的规制尽管较详细，但是效力等级不高，本章会对目前我国关于上市公司实际控制人的信义义务的立法现状进行梳理，并结合前文所述的实际控制人信义义务的现代发展趋势指出目前立法存在的不足之处。

对于目前立法现状的梳理，结合前文，采用“四分法”的分类思路，分别通过对实际控制人的忠实、勤勉义务和信息披露义务的法律法规检索，以及结合立法效力的层级对上市公司实际控制人的信义义务进行分类，将我国立法现状作出如下梳理。

一、忠实、勤勉义务的立法现状梳理

（一）商事立法层

忠实、勤勉义务产生之初仅适用于董事、监事、高级管理人员的经营权，后来延伸到了实际控制人层面，而《公司法》在最近的一次修改中，仍然没有在董事、监事、高级管理人员的忠实、勤勉义务中加入实际控制人，[①]而与之相关的，仅仅在总则部分有所提及，我国《公司法》第 21 条关于“禁止关联行为”的原则性规定的适用范围涵盖了实际控制人，这其实可以看作忠实义务的一种体现。实际控制人在掌握了整个公司的运营方向和整体经营策略后，必然需要为公司的实际经营与创造利润而努力，这就是勤勉的本质，而如果利用关联关系作出损害公司利益的行为，自然违反了忠实义务。这也是现行《公司法》关于实际控制人的忠

---

① 《公司法》第 147 条。

实、勤勉义务所作出的唯一一条原则性规定。

类似的规定在《收购办法》中有所体现,《收购办法》第7条要求实际控制人在公司被收购的过程中不得滥用股东权利,并且就实际控制人及其关联方在存在有损公司利益的情形下如何消除损害作出了较详细的规定。该项规定是对公司实际控制人的信义义务的基本要求,只不过适用范围被限定在被收购的上市公司,而不是所有的上市公司,当然,在《收购办法》第6条中则用"任何人"这一字眼,是否与第7条对实际控制人的特别规定有冲突之嫌,是一个有待考究的问题。更加值得关注的问题是,在《收购办法》第8条和第9条分别规定了被收购公司的董事、监事、高级管理人员对公司的忠实、勤勉义务和财团顾问的勤勉职责,然而唯独没有对实际控制人作出特别规定。证监会究竟是出于何种考量不得而知,但是实际控制人是否应当特别规定是值得思考的问题。

在《证券法》中,上市公司实际控制人的主要信义义务则体现在几类禁止交易行为当中,这和董事、监事、高级管理人员的禁止交易行为是一脉相承的,如前文所述,实际控制人享有了董事、监事、高级管理人员相应的权利,自然应该履行其义务,故在《证券法》第51条的内幕交易知情人当中,包含有公司实际控制人。[①] 同样的道理,由于操纵市场行为的主体界定为"任何人",虚假信息的主体限定范围中采用了"有关人员"这种兜底性词语,也就表明上市公司的实际控制人同样处于这两类人员当中,《证券法》上几个禁止的交易行为的规定也都属于实际控制人应当遵守的内容,故这也属于其对公司负担的信义义务。

同时,《证券法》第185条规定了因实际控制人的指使导致上市公司不按规定的用途使用公开发行证券所募集的资金的处罚措施,[②]这是证券法在违法追责层面对公司的实际控制人的忠实义务所作的约束。实际控制人不能利用自己的地位和关系,恣意妄为,应当对上市公司抱有认真负责的态度并将募集的资金用

① 《证券法》第51条规定:"证券交易内幕信息的知情人包括:……(二)持有公司百分之五以上股份的股东及其董事、监事、高级管理人员,公司的实际控制人及其董事、监事、高级管理人员;……"

② 《证券法》第185条第2款规定:"发行人的控股股东、实际控制人从事或者组织、指使从事前款违法行为的,给予警告,并处以五十万元以上五百万元以下的罚款;对直接负责的主管人员和其他直接责任人员,处以十万元以上一百万元以下的罚款。"

于公司的发展和持续。然而,《证券法》和《收购办法》有一点相似之处在于《证券法》在第142条规定了未尽勤勉义务的责任,却没有将实际控制人纳入其中,这是否存在遗漏,还是说立法机关本身不认可对实际控制人的勤勉义务的追责?对于这种立法思维的评价将在后文叙述。

由于忠实、勤勉义务一般都是实践中法官认定的内容,如果在立法中对其予以过分细化就不具有现实可操作性,因此在商事基本法层面上,对实际控制人的忠实、勤勉义务的有关规定并不多,并且也较为简单。

(二)部门规章层面

由于《公司法》和《证券法》等商事基本法中对上市公司实际控制人忠实、勤勉义务的规定覆盖面过于广泛且对忠实、勤勉义务并没有详细的说明,故目前证监会针对上市公司实际控制人忠实、勤勉义务出台的相关规定也很少。现行有效的证监会文件中有在2015年8月27日颁布的《证券公司行政许可审核工作指引第10号——证券公司增资扩股和股权变更》(以下简称《指引》)中对其有所提及。在《指引》第14条中针对入股股东的持股期限作了特别说明,该条第1款对实际控制人及其支配的股东转让其所持有的证券公司的股权在时间上作出了一定限制。① 证监会的这一规定明显是要求实际控制人对其持股的公司有明确的信义义务,而这同样也是维护整个证券市场稳定秩序的合理需求。

在《指引》第15条则是对证券公司实际控制人勤勉义务的规制,考虑相当一部分较大的证券公司本身也是上市公司,因此该条对已上市的证券公司实际控制人当然具有约束力,该条要求证券公司的实际控制人对完善证券公司的治理结构负担义务并在维持证券公司经营管理的独立性、防范风险等方面有明确的自我约束机制和安排,②该条对证券公司的实际控制人勤勉义务的规定较详细,有明确的制度建设要求和达成目的要求。

在证监会于2020年7月10日发布的《首次公开发行股票并上市管理办法》

---

① 《指引》第14条第1款规定:"存在控股股东或者实际控制人的证券公司,证券公司的控股股东,以及受证券公司控股股东或者实际控制人控制的股东,自持股日起60个月内不得转让所持证券公司股权;其他股东,自持股日起36个月内不得转让所持证券公司股权。"

② 《指引》第15条规定:"证券公司控股股东和实际控制人应当对完善证券公司治理结构有切实可行的计划安排,对保持证券公司经营管理的独立性、防范风险传递和不当利益输送,有明确的自我约束机制和安排。"

(以下简称《管理办法》)中,实际控制人的忠实义务则体现在保证发行人的独立性上。《管理办法》第二章要求发行人应当具有完整的业务体系和直接面向市场独立经营的能力,具体要求其资产完整、人员独立、财务独立、机构独立、业务独立等,其中最重要的就是要与实际控制人的其他企业相分离。由于实际控制人对公司股东会和董事会、监事会具有较强的控制力,而且潜在的道德风险本就难以监管,实际控制人可以利用股东会将公司原本的董事请出去,也可以控制其信赖的人管理公司。一旦一个单独团队掌握了多个公司,关联交易的监督成本及风险就会大大增加。因此从管理成本的角度出发,实际控制人应当遵循对上市公司的忠实义务,维护上市公司在人员、财产、机构等方面的独立性。

证监会《关于加强与上市公司重大资产重组相关股票异常交易监管的暂行规定》第 3 条对上市公司实际控制人研究重大资产重组或者并购等重大事项的时间作出了原则性的规定,并对决策流程、时限、效率及知情人范围等方面作出了极具指导意义的详细规定,①同时该条第 2 款规定了实际控制人的信息通报义务及辅助上市公司做好信息披露等相关工作的配合义务。该条规定较详细,可以作为认定公司的实际控制人在研究重大事项时是否尽到勤勉义务的具体判断标准。

在《上市公司监管指引第 4 号——上市公司实际控制人、股东、关联方、收购人以及上市公司承诺及履行》的规定中,对于实际控制人对公司的承诺作出了明确要求:实际控制人在 IPO、再融资、股改、并购重组等活动中作出解决同业竞争、资产注入、股权激励等承诺时必须有时限要求,拒绝“尽快”等类似的模糊词。该指引要求上市公司应当对承诺事项的具体内容,履约的时间、内容、方式等进行充分的信息披露。收购人收购上市公司成为新控制人的,同样要对原控制人没有履行完毕的承诺义务进行承接。以上两点同样是实际控制人的信义义务的体现,即要对公司忠诚,主动承担应当负担的义务。

由前述可见,忠实、勤勉义务并不是无法量化的,在现行的部门规章中,有很

---

① 证监会《关于加强与上市公司重大资产重组相关股票异常交易监管的暂行规定》第 3 条规定:“上市公司及其控股股东、实际控制人等相关方研究、筹划、决策涉及上市公司重大资产重组事项的,原则上应当在相关股票停牌后或者非交易时间进行,并应当简化决策流程、提高决策效率、缩短决策时限,尽可能缩小内幕信息知情人范围。如需要向有关部门进行政策咨询、方案论证的,应当在相关股票停牌后进行。上市公司控股股东、实际控制人等相关方,应当及时主动向上市公司通报有关信息,并配合上市公司做好股票停牌和信息披露工作。”

多条文经过仔细筛选和罗列都有详细的实际判断标准,故是否可以将这些具体要求提升到现行法律层面,从而避免忠实、勤勉义务概念的混淆,后文将会予以探究。

(三)指引规定层面

证券交易所作为上市公司进行股票交易的地点,自然对实际控制人需要接受规制的行为掌握得最清楚,且交易指引将实际控制人的忠实、勤勉义务罗列得十分详细,深交所和上交所针对不同交易类型的实际控制人分别规定了相应的指引。

首先是深交所出台的《深圳证券交易所上市公司规范运作指引》。该指引的第四章名为"股东、控股股东和实际控制人行为规范",该章节系指导股东、控股股东和实际控制人在证券交易所进行交易时的基本指南。其中,第 4.1.1 条①是关于忠实、勤勉义务的概括性规定。在该章后续的很多条文中写明了忠实、勤勉义务的具体内容,例如,"实际控制人不得利用其控制权损害公司及其他股东的合法权益,不得利用对公司的控制地位谋取非法利益"②以及"实际控制人不得利用关联交易、资产重组、垫付费用、对外投资、担保、利润分配和其他方式直接或者间接侵占上市公司资金、资产,损害公司及其他股东的合法权益"③等都属于实际控制人的忠实义务。类似条文还要很多,既有和前文的部门规章重复的内容,也有一些深交所作出的详细规定。

其次是上交所 2010 年 7 月 26 日出台的《上海证券交易所上市公司控股股东、实际控制人行为指引》(部分失效)。在该行为指引中,第二章名为"上市公司治理",在该章中主要提及维持上市公司独立性,禁止关联交易等行为,这些都与前文中提及的忠实、勤勉义务有所重合。其中,第 2.2.1 条要求实际控制人按照法律规定及合同约定及时办理投入或转让给上市公司资产的过户手续,该规定同样也是实际控制人的勤勉义务的体现,与法律法规的整体思路基本保持一致,都是从几个角度入手阐述实际控制人在履行忠实、勤勉义务时应当作的具体

① 《深圳证券交易所上市公司规范运作指引》第 4.1.1 条规定:"上市公司股东和实际控制人应当遵守法律、行政法规、部门规章、规范性文件、《股票上市规则》、本指引、本所其他相关规定和公司章程,依法行使股东权利,不得滥用股东权利损害公司和其他股东的利益。"

② 《深圳证券交易所上市公司规范运作指引》第 4.2.2 条。

③ 《深圳证券交易所上市公司规范运作指引》第 4.2.3 条。

事务和权利边界。

二、信息披露义务的立法现状梳理

(一)商事立法层面

信息披露义务乃上市公司“公开、公平、公正”原则之基本要求,其本质目的是解决知情人与市场投资者之间存在的信息不对称问题。因此,对于实际控制人来说,由于其掌握了上市公司的话语权,所以对其信息披露义务的规定就更加严格,故信息披露义务相比忠实、勤勉义务在商事基本法和证监会的规定中规定得更加全面详细。

《证券法》对实际控制人的信息披露义务要求有两部分:发行中的信息披露和持续信息披露,均要求其积极完成上市公司的信息披露工作。此外,上市公司的信息披露义务有很多,本书在这里不作详细叙述,实际控制人均被要求配合上市公司进行信息披露。例如,上市公司出现股权转让、重大资产或者业务重组等情况时均应当主动告知相关单位。

《证券法》对实际控制人的信息披露责任也被囊括在上市公司之中,从第197条的规定可以看出实际控制人也是因违反信息披露义务而需要承担责任的主体之一。实际控制人对信息有虚假记载或者误导性陈述、重大遗漏的,同样需要承担责任,包括警告、罚款等形式。

(二)部门规章层面

证监会对信息披露义务的要求更详细,也更具体。本书对证监会现行有关规章和通知进行梳理,结合本章主旨“上市公司实际控制人的信义义务”,将其梳理如下。

1.《收购办法》

《收购办法》中除前文所述的对忠实、勤勉义务的规定外,在第16条和第17条中针对投资者及其一致行动人与实际控制人关系的变化也对其信息披露义务作出了规定。根据《收购办法》第16条第2款的规定,如果投资者及其一致行动人成为上市公司的第一大股东或者实际控制人,其拥有权益的股份达到或者超过一个上市公司已发行股份的5%,但未达到20%,还应当披露第17条第1款规定的内容。而根据该办法第17条第1款的规定,应当披露的内容包括实际控制人及其股权控制关系结构图、取得股份价格及其资金来源、资金额等,实际控制人所从事业务的潜在同业竞争是否已经安排妥当，避免影响上市公司的独立性，未来1年内对上市公司资产、业务、人员等调整的规划，在收购前24个月内投资人与上市公司之间的重大交易以及证监会要求提供的相关文件等一系列具体的披露要求。此外，第17条第2款还要求投资者聘请财务顾问。

收购上市公司是实际控制人掌握公司的重要手段，而实际控制人的变化更是对股票价格、市场秩序、行业风险具有重要影响的因素，因此实际控制人的信息披露义务在上市公司的收购过程中必须始终维持。

对于在收购过程中违反了信息披露义务的，《收购办法》在第58条至第60条用3个条文阐述了在间接收购中实际控制人的责任，规则之详细可见其重视程度。

该办法第58条规定了上市公司对实际控制人不配合其进行信息披露时的救济方式，即公司有权对其提起诉讼，包括受到实际控制人支配的股东。如果实际控制人指使上市公司及有关人员不履行义务的，证监会也可以凭职权对其进行查处，这可以避免实际控制人在完全掌握公司后，对公司行为的绝对控制所带来的潜在风险，也是证监会监管职能的体现。第59条则是对第58条的细化，详细规定了上市公司在实际控制人没有履行报告、公告义务之时的处理办法，具体办法包括立即通告、聘请财务顾问进行查询并将查询结果上报有关机构等方式。同时也对证监会的监管方式作出了具体规定，包括责令整改、认定负有责任的董事为不适当人选等方式。第60条同第58条、第59条类似，都是对监管方式的约束，在这里不再展开。

2.《上市公司信息披露管理办法》(2021年修订)

《上市公司信息披露管理办法》是对上市公司信息披露义务最详细的规定，从主体、招股说明书与募集、上市说明书和定期报告、临时报告、信息披露事务管理等多个方面，对整个证券市场上需要承担信息披露义务的所有主体和监督主体的义务履行方式、责任归责、处罚措施等内容作了详细的规定，这也是证监会监督信息披露最重要的规章。

《上市公司信息披露管理办法》第28条较详细规定了上市公司实际控制人在重大事项发生时负有的告知义务并有义务协助公司做好信息披露工作。① 该

---

① 《上市公司信息披露管理办法》第28条第3款规定："上市公司控股股东、实际控制人及其一致行动人应当及时、准确地告知上市公司是否存在拟发生的股权转让、资产重组或者其他重大事件，并配合上市公司做好信息披露工作。"

条规定承继了《证券法》对实际控制人的信息披露要求的基本思路，要求其承担配合义务。同时在《上市公司信息披露管理办法》第 39 条至第 42 条详细规定了具体需要披露的内容。

该办法第 39 条规定实际控制人在 3 种情况下应当及时告知董事会进行披露：第一种情况是如果一个股东或者实际控制人持有公司 5% 以上的股份，其持有股份或控制公司的情况发生重要变化的时候应当及时披露。因为当其股权出现较大变化意味着极有可能出现《证券法》第 63 条中的情形，所以需要进行披露。第二种情况是公司任一股东所持有的 5% 以上股份被法院裁判质押、冻结、司法拍卖、托管、设定信托或者被依法限制表决权的。因为此时公司的股权结构发生改变，公司意志和经营方式会产生波动，因此实际控制人必须及时披露信息以保证市场及时准确地作出反应，避免投资者陷入被动。第三种情况是拟对上市公司进行重大资产或者业务重组的，也应当立刻向董事会告知并进行披露。

该办法第 40 条要求实际控制人在向特定对象发行股票时也要及时向上市公司及有关单位提供相关信息，做到公平、公正、公开。

该办法第 41 条要求实际控制人针对其本人与一致行动人的关联关系应当作出说明，及时向董事会报送上市公司关联人名单及关联关系的说明，同时严格禁止通过隐瞒关联关系或者采取其他手段，规避上市公司的关联交易审议程序和信息披露义务。

该办法第 42 条针对的是实际控制人的一种特殊控制手段——通过接受委托或者信托的方式持股的，应该及时告知并履行披露义务。为避免不必要的麻烦和潜在的法律漏洞，证监会将信托手段单独强调，足见对信息披露规定的严谨。

综上，《上市公司信息披露管理办法》作为与信息披露义务相关的最重要的部门规章，其对实际控制人信息披露义务的规制已经足够详细。证监会于 2007 年 8 月 15 日还发布有一则证监会《关于规范上市公司信息披露及相关各方行为的通知》（证监公司字〔2007〕128 号），在该通知第二点仍然反复强调实际控制人在筹划并购重组等重大事件过程中应当及时主动地向上市公司通报有关信息，并配合上市公司及时、准确、完整地进行信息披露，上市公司应及时申请停牌并披露影响股价的重大信息。

3.《〈首次公开发行股票并上市管理办法〉第十二条“实际控制人没有发生变更”的理解和适用——证券期货法律适用意见第1号》(证监法律字〔2007〕15号)

该适用意见第6条,针对首次公开发行股票并上市的公司,证监会对发行人的控制权披露作出了详细要求,包括控制权的归属、公司的股权结构、公司控制权或者股权和控制结构可能存在的不稳定性及其对公司的生产、经营及盈利能力的潜在影响和风险。当然,实际控制人必须配合发行人履行前述内容,否则单靠发行人自己是没有办法完成这些的。

4.《公开发行证券的公司信息披露内容与格式准则第1号——招股说明书》(2015年修订)

该准则对公开发行证券的公司在实际控制人上应当披露的内容作了详细规定,披露的内容包括实际控制人自身的情况说明、实际控制人的关联企业与发行人之间在资产、财务、机构设置、人员名单等方面的分离状况、公司的业务体系与经营能力、股本的形成、转让变化情况。发行人也应当全面披露实际控制人及其控制的其他企业。该规定最重要的一条内容是在第35条第2款,即明确了实际控制人的披露程度。① 义务不是无限制地承担责任,而是要与权利对等。因此对实际控制人的披露程度应有明确底线。

(三)指引规定层面

在前文所述的深交所《深圳证券交易所上市公司规范运作指引》中亦有对信息披露义务的要求,该指引第4.1.2条②要求实际控制人的信息披露义务应当严格按照相关规定履行,并且披露的信息必须真实、准确、完整,严厉禁止虚假记载、误导性陈述或者重大遗漏。第4.1.3条③要求实际控制人应当积极配合公司

① 《公开发行证券的公司信息披露内容与格式准则第1号——招股说明书》(2015年修订)第35条第2款规定:“实际控制人应披露到最终的国有控股主体或自然人为止。”

② 《深圳证券交易所上市公司规范运作指引》第4.1.2条规定:“上市公司股东和实际控制人应当严格按照《证券法》《收购办法》《股票上市规则》等相关规定履行信息披露义务,及时报告和公告其收购及股份权益变动等信息,并保证披露的信息真实、准确、完整,不得有虚假记载、误导性陈述或者重大遗漏。”

③ 《深圳证券交易所上市公司规范运作指引》第4.1.3条规定:“上市公司股东和实际控制人应当积极配合公司履行信息披露义务。本所、公司向股东、实际控制人调查、询问有关情况和信息时,相关股东、实际控制人应当积极配合并及时、如实答复,提供相关资料,确认、说明或者澄清有关事实,并保证相关信息和资料的真实、准确和完整。”

履行信息披露义务，在调查询问环节及时、如实答复。

此外，《深圳证券交易所上市公司规范运作指引》在第四章的第二节用5个条文对信息披露作出了详细的规定，除去前文的法律规定中已经提及的内容，还规定了保密措施等。《深圳证券交易所上市公司规范运作指引》对实际控制人的规定反映了尊重市场的基本思路，在保证整体市场秩序的同时避免对实际控制人施加不必要负担，避免影响市场的投资热情，既保持市场活力，又维护市场稳定。

而《上海证券交易所上市公司控股股东、实际控制人行为指引》（部分失效）第三章是对信息披露的专章规定，其将信息披露所要求达到的标准设定为及时、公平、真实、准确、完整。针对信息披露的内容，基本与法律法规一致，在该行为指引第3.4.1条中规定以下情况出现时，应当在发生当日通知上市公司：第一，控制权变动；第二，对上市公司进行重大资产重组或者债务重组；第三，经营状况恶化进入破产或者解散程序；第四，其他可能对上市公司证券及其衍生品种交易价格产生较大影响的事件。但是，该章中对应当保密的消息也作了界定，明确何者应当及时披露，何者应当作为内幕信息保密。①

证券交易所的行为指引都是基于《证券法》《公司法》以及交易所各自的交易规则而制定，所以其基本的思路都是沿袭上位法的逻辑而制定，但是在细节上更加完善，也更具有实际参考的价值。

综上所述，从对忠实、勤勉义务的立法梳理可以发现，目前我国立法无论是商事基本法还是部门规章、交易所指引层面，都没有明确规定上市公司实际控制人应当负担忠实、勤勉义务，更没有集中规定忠实、勤勉义务的具体内容。上市公司实际控制人的忠实、勤勉义务是以分散在相关立法个别条文中的形式存在，其具体内容主要是由证监会出台的各类规章和证券交易所制定的各类行为指引所规定的禁止性行为和指引性行为。

我国对上市公司实际控制人信息披露义务作了详细规定，作为实际控制人负担的一项重要义务，信息披露义务首先出现在作为基本法的《证券法》中，在此基础上证监会不仅出台了专门的《上市公司信息披露管理办法》对信息披露的披露内容、披露方式等作出了详细规定，还在《收购办法》《首次公开发行股票并上市管理办法》等规章中对特殊情况下实际控制人如何履行信息披露义务作出了

① 《上海证券交易所上市公司控股股东、实际控制人行为指引》（部分失效）第3.10条。

更细致的规定，上交所与深交所则以行为指引的方式对实际控制人在各个环节应当如何进行信息披露作出了具体指示，可见，我国对上市公司实际控制人信息披露义务的规定已经形成多层次、全方位的规制体系。

我国现在对上市公司实际控制人信义义务的规定总体上较全面详细，从基本法到部门规章再到交易所指引都对此有所涉及，无论是收购，还是维持阶段、减持股份阶段，实际控制人必须从始至终谨慎而又小心地履行对上市公司的信义义务，否则就要承担相应的责任。然而，立法上的技术总是滞后于现实中的发展，现在我国针对上市公司实际控制人信义义务的规制仍然有些许不足，而且在现代资本市场不断发展的新潮流、新趋势的背景下，我们的立法应当紧跟发展的节奏作出改变才能适应不断发展的交易市场。

第二节　上市公司实际控制人信义义务的不足

一、上市公司实际控制人信义义务体系之内容规范桎梏

（一）实际控制人判断基准尚无定论

我国现行《公司法》第 216 条第 3 项[①]对实际控制人从以下三个方面下了定义：一是实际控制人虽然不是公司股东，但仍可控制公司；二是实际控制人控制公司的方式是通过投资关系、协议或者其他安排等；三是其能实际支配公司行为。这实际上与上交所相关指引中的定义如出一辙。[②]

本书认为，法律条文中的“虽不是公司的股东”描述存在不合理之处：从法律条文的表述中难以认定实际控制人“不能是公司股东”。因为，从《公司法》第 216 条第 3 项的前半句用语不难看出，该条文运用了描述手法，即描述“虽不是公司的股东”这一现象，而不是界定这一概念。“虽不是公司的股东”与“不是公司股东”的意思和效果迥然不同，所以实际控制人能否同时为公司股东，并不能从这半句的描述中得出结论。

---

① 《公司法》第 216 条第 3 项规定：“实际控制人，是指虽不是公司的股东，但通过投资关系、协议或者其他安排，能够实际支配公司行为的人。”

② 上交所于 2010 年 7 月 26 日发布的《上海证券交易所上市公司控股股东、实际控制人行为指引》（部分失效）第 6.3 条规定：“本指引所称实际控制人是指虽不是公司股东，但通过投资关系、协议或者其他安排，能够实际控制、影响公司行为的人。”

目前，我国学理对此有两种观点：一种观点认为，从公司法体系完整性角度上看，实际控制人的概念应该与"控股股东"相互补充，即非控股股东通过投资关系、协议或者其他安排等成为实际控制人；另一种观点认为，存在虽然未达到控股股东的持股比例但能够通过上述方式控制公司的股东，此类股东应被认定为实际控制人而法律并未涵盖。① 以上两种观点虽然对实际控制人定义表述手法不一样，但是它们都肯定了实际控制人应当包括非控股股东的控制股东。②

以上两种观点的基本思路是值得肯定的，实际控制人确实应当包括非控股股东的控制股东，但是两种观点均存在对法条用语把握有失的缺陷：我们理解的"虽不是公司的股东"应该是"实际控制人即使不是公司控股股东，也能控制公司"，而不是第一种观点所理解的"虽不是公司控股股东"。这样的表述与现行《公司法》存在同样的问题——没有界定概念。而第二种观点则缺乏了对《公司法》的体系理解，忽略了《公司法》第 216 条第 2 项中对"控股股东"的定义，③从而误认为实际控制人可以包括公司控股股东。

本书认为，《公司法》对实际控制人的表述忽略了现实中存在股东既不是控股股东但又成为公司实际控制人的情况。如 A 公司拥有 B 公司 0.1% 的股权，同时拥有 C 公司 99% 的股权，C 公司拥有 B 公司 50.1% 的股权。那么，我们不难看出，C 公司是 B 公司的控股股东，A 公司是 B 公司的中小股东。但是因为 A 公司是 C 公司的控股股东，所以在没有其他情形（通过协议或其他安排等）的情况下，A 公司有成为 B 公司实际控制人的可能。所以立法中将公司股东排除在实际控制人之外是错误的。从我国《公司法》股东中心主义的角度上看，控股股东通过对公司的股东大会决议起重大影响作用而对公司拥有控制权。除去以上情况，能够通过其他方式对公司起实际控制作用的人都应该为公司实际控制人。所以我国《公司法》及相关规定对实际控制人的定义用语不够严谨。

在实际控制人的具体判断上，公司法将实际控制权表述为"实际支配公司行为"，但进一步的解释却未见于相关立法上。在司法实践中，常常参照证监会

---

① 叶敏、周俊鹏：《公司实际控制人概念辨析》，载《国家检察官学院学报》2007 年第 6 期。

② 控制股东，是指以一切手段包括表决权、协议、其他安排等取得实际控制地位的股东。

③ 《公司法》第 216 条第 2 项规定："控股股东，是指其出资额占有限责任公司资本总额百分之五十以上或者其持有的股份占股份有限公司股本总额百分之五十以上的股东；出资额或者持有股份的比例虽然不足百分之五十，但依其出资额或者持有的股份所享有的表决权已足以对股东会、股东大会的决议产生重大影响的股东。"

2020年修订的《收购办法》第84条。[①] 不难看出,现行相关制度采用股东大会表决权为基本的判断标准,同时根据实质重于形式的监管原则,以有无“支配性的影响力”作为兜底的判断原则。

实际控制人通常将自己信任的候选人“送入”董事会,使自己制订的管理决策成为执行决议。但随着经济社会发展,实际控制人对于公司的控制不仅限于表决权这一种工具,仅以表决权为基本依据判断实际控制人并不能满足复杂多变的控制机制需求;而将考察重点放在实际控制人是否对公司机关的组成、议事程序和决策步骤具有决定影响力的判断上,以“支配性的影响力”作为实际控制人判断标准具有较大不确定性。所以,实际控制人的判断基准仍需优化。

(二)传统信义义务未按实际控制人类型进行规范

实际控制人是一个兜底性概念,它在立法中的出现是为了使在控股股东之外实际支配公司行为的人肩负起应尽的义务并承担相应的责任,因此公司实际控制人的外延可谓是十分广泛、无法穷尽列举。而我们要对公司实际控制人进行规制,对其施以相应的信义义务,就必须对实际控制人进行分类,这样做的好处在于:一方面,通过类型化研究可以让我们对公司实际控制人有更直观的认识;另一方面,通过对不同类型的实际控制人施加与之相适应的、差异化的、侧重化的信义义务,避免“一棒子打死”式的、僵化的、静态的,对所有信义义务予以全面适用,不仅更加符合公平、正义原则和前文第二章所述的区分设计原则、动态回应原则,还能提高公司运营效率、节约公司成本,可谓一举多得的明智之举。

然而,要对公司实际控制人进行分类也不是一件容易的事,因为分类标准有很多,根据不同的分类标准得出的具体类型自然就不一样。根据《公司法》第216条第3项[②]的规定可以看出,立法是按实际控制权的来源(或谓之实际控制权的产生基础)对公司实际控制人进行界定的,由于在实践中产生实际控制权的基础法律关系具有多样性和复杂性,不能列举穷尽,故以此为标准进行分类得

---

① 《收购办法》第84条规定:“有下列情形之一的,为拥有上市公司控制权:(一)投资者为上市公司持股50%以上的控股股东;(二)投资者可以实际支配上市公司股份表决权超过30%;(三)投资者通过实际支配上市公司股份表决权能够决定公司董事会半数以上成员选任;(四)投资者依其可实际支配的上市公司股份表决权足以对公司股东大会的决议产生重大影响;(五)中国证监会认定的其他情形。”

② 《公司法》第216条第3项规定:“实际控制人,是指虽不是公司的股东,但通过投资关系、协议或者其他安排,能够实际支配公司行为的人。”

到的实际控制人类型自然也就不全面,而只能用“其他类型”来进行兜底性的描述——立法上即采用了“其他安排”的表述。本书认为,此种分类标准既不具备囊括性,又使实际控制人的类型颇为繁杂,不利于我们“因地制宜”地对其设置信义义务,宜另寻其他分类标准。

公司的实际控制权与多数公司的股份表决权、公司的经营管理权密切联系:多数的股份表决权可以对股东大会的决议产生重大影响,进而决定公司的宏观决策,而经营管理权的行使则须以公司的宏观决策为指引,实为对公司的宏观决策的具体执行。正如李建伟教授所认为的,公司法上的控制,是指对统驭一个公司经营管理与政策决策的状态的描述,控制权即为对公司经营管理和政策决策的权力。① 由此,我们似乎可以探知到另一种简明的分类方法:“多数的股份表决权”不外乎由控股股东所享有,“公司的经营管理权”不外乎由董事、高级管理人员所享有,由于实际控制人一般不属于公司的股东、董事或者普通职员,仅强调对公司产生实际的支配力,而不要求有名义上的法律地位。因此,我们可以将实际控制人分为处于控股股东地位的实际控制人、处于董事地位的实际控制人和处于高级管理人员地位的实际控制人,这是根据实际控制人控制行为方式的不同而划分的。

处于控股股东地位的实际控制人,对股东大会的表决权具有实际支配力或“支配性的影响力”,能够使股东大会的表决结果依照其意志予以呈现。此时,实际控制人就应当按照公司法对控股股东的信义义务要求来承担信义义务;处于董事地位的实际控制人,对董事会作出经营管理的重要决策具有实际支配力或“支配性的影响力”,使董事会决议依照其意志形成,或者可以支配董事的行为、决定性地影响董事独立行使职权,此时,实际控制人就应当按照公司法对董事的信义义务要求来承担信义义务;处于高级管理人员地位的实际控制人,可以实际支配或支配性地影响公司的生产经营管理工作和公司年度经营计划、投资方案的实施,此时,实际控制人就应当按照公司法对高级管理人员的信义义务要求来承担信义义务。

根据是否实施过度控制行为的不同,还可以将公司实际控制人分为处于积极地位的实际控制人和处于消极地位的实际控制人。前者是指处于控股股东、

① 李建伟:《关联交易的法律规制》,法律出版社2007年版,第25页。

董事、高级管理人员地位、能通过支配上述人员实际支配公司行为的实际控制人，且实施了支配行为，如实施非公允性的关联交易和竞业行为。后者是指虽处于实际控制人的地位、具有实际支配公司行为的能力，但其主观上并不想通过支配公司行为为自己谋取利益，客观上也没有实施具体的过度控制行为的实际控制人。因其与公司、中小股东以及债权人的利益冲突远不如处于积极地位的实际控制人。故而，这两类实际控制人的信义义务也应当分别设计，处于积极地位的要比处于消极地位的实际控制人受到更重的信义义务的规制。

另外，根据前文第二章所述的区分设计原则，由于公司不可避免地会出现特殊经营状态，如公司解散清算阶段、破产阶段、被收购阶段，而在这几个阶段公司实际控制人所面临的利益冲突也是不同的，因此也须区分处于公司不同特殊经营阶段的实际控制人，对此分别施加相应的信义义务。

综上，无论是处于控股股东地位、处于董事地位或是处于高级管理人员地位的实际控制人，抑或是处于积极地位、消极地位的实际控制人，以及处于公司不同特殊经营阶段的实际控制人，都应该按其所处的法律地位或阶段承担相应的信义义务。然而，我国法律目前还尚未对信义义务按照实际控制人类型进行规范。

（三）勤勉义务判断规则缺失客观标准

从前文对勤勉义务的立法梳理可以发现，目前我国无论是商事基本法还是部门规章，包括交易所指引层面都没有明确要求上市公司实际控制人应当负担勤勉义务，更没有集中规定勤勉义务的具体内容。上市公司实际控制人勤勉义务以分散于相关立法个别条文的形式存在，其具体内容则主要是由证监会出台的各类规章和证券交易所制定的各类行为指引所规定的指引性行为，但这些指引性行为有其特殊适用领域。例如，证监会于 2015 年 8 月 27 日颁布的《指引》第 15 条对实际控制人勤勉义务的规定较详细，但其只针对证券公司的实际控制人；又如，《关于加强与上市公司重大资产重组相关股票异常交易监管的暂行规定》第 3 条同样规定得较详细，但其只作为实际控制人在重大资产重组时是否尽到勤勉义务的具体判断标准。由于目前我国证监会出台的各类规章和证券交易所制定的各类行为指引对勤勉义务具体内容的规定始终未成体系且无法据以作出量化判断，适用上也不具有普遍约束力。因此，我们应该考虑对实际控制人是否履行勤勉义务设定衡量标准。

从上文论述可知,我国目前对实际控制人勤勉义务的规定仅限于积极的行为标准,而在具体的司法实践中,法官仅仅通过这些行为标准来判断实际控制人是否充分谨慎地履行了勤勉义务是不够的。在实践中,法官常常面临这样的困境:实际控制人在为公司作出商业决策时,已经做到了尽职尽责,但该决策在瞬息万变的商业环境中还是给公司造成了损失,此时是否可以认为该实际控制人没有认真履行勤勉义务?如果答案是肯定的,那对实际控制人来说将太不公平,并会致使其在以后的经营决策中都会选择采取保守的方式来避免损失的风险,这样必定会使公司的发展受限。如果答案是否定的,那么理由是什么,实际控制人的决策行为要达到什么样的程度才可以在公司的损失发生后进行免责?

造成以上现象的原因可归结为以下几个方面:(1)从我国法律的规定来看,关于实际控制人勤勉义务的规定实在过于原则,缺乏具体案件的裁判标准以及勤勉义务的构成要件;(2)我国公司诉讼案件中缺少相应商业判断规则和配套使用机制,导致法官在实践中针对违反勤勉义务的实际控制人是否追究责任难以判断;(3)由于没有统一明确的判断标准,缺乏丰富商业经验的法官在查明、判断实际控制人有无履行勤勉义务时,易受到偏见和专业知识短板的制约而陷入困境。

因而我们可以参考英美法系国家针对董事是否履行勤勉义务的司法审查制度,其核心在于引入商业判断规则。这样做的好处在于,我国立法既为实际控制人提供了经营决策前的行为标准,又为经营决策后判断实际控制人在决策时是否存在重大过失提供了认定标准。

商业判断规则的作用尤为突出。由于美国发达的市场经济驱动,其拥有成熟的公司法理论和海量的公司法案例。而商业判断规则在谨慎处理股东提起诉讼与判例法发展的双重作用下,经过100多年的发展日趋完善,并在美国公司法和判例法中发挥极其重要的作用。在商业诉讼走在世界前列的美国,商业判断规则被不断运用于股东对董事经营决策的诉讼中。根据《布莱克法律词典》的定义①可以看出,商业判断规则有十分丰富的内涵:一是只要公司董事的正常经营

---

① 商业判断规则,是指豁免管理者在公司业务方面的责任的一个规则,其前提是该业务属于公司权力和管理者的权限范围之内,并且有合理的根据表明该业务是以善意方式为之的。

决策符合商业判断规则的构成要件,就可以判定该公司董事的商业行为是善意的,理应受到该规则的保护,以免其受到不必要的诉讼困扰。从这一点来看,商业判断规则是对经营决策行为中勤勉义务的补充。二是商业判断规则对股东以董事为被告向法院提起诉讼起到有效阻挡作用,使董事在经营决策时更有底气和信心。三是商业判断规则克服了成文法中勤勉义务规定过于原则性的问题,为法官审查经营决策行为是否触犯勤勉义务禁止性规定提供了可操作性的司法审查标准,同时也对不完善的勤勉义务标准作出补充。四是商业判断规则根据该类型商业诉讼的特点,合理地分配原告和被告的举证责任。五是适用商业判断规则,使对公权力的规制更加有效,充分尊重私权。法院对公司经营决策事务应当进行适度干预,从而为经营决策者营造宽松自由的环境,使其更好地履行相应职责。

商业判断规则的引入并适用于处于积极地位、通过控制董事而实际控制公司的实际控制人,进而作为实际控制人勤勉义务的判断标准,具有十分重要的意义。如前所述,商业判断规则诞生于判例法之中,是英美法系经过漫长的司法实践产生的判例法理。从上述内涵可知,法院应该充分尊重经营决策者在履行职责时所作出的商业判断。实际控制人作为公司幕后经营决策的重要一员,其经营决策行为也应受到相应保护。再者,虽然我国并非判例法国家,但是我国存在最高人民法院发布的很多指导性案例、上下级法院间的实际指导等,发挥实质"判例"作用的实践,使商业判断规则在我国存在适用的可行性。商业判断规则由于其灵活的特点,必将为属于成文法的中国注入新活力。我国法律对实际控制人勤勉义务的规定过于原则性,缺乏实际操作空间,商业判断规则的引入将更加明晰实际控制人的勤勉义务、权责范围,也让上市公司的治理体系更加健全。

(四)实际控制人信义义务阶段区分的必要性

在公司解散清算阶段中,实际控制人,特别是处于董事和高级管理人员地位的实际控制人作为公司决策者以及业务管理者,对于履行制约控制权的信义义务应当始于公司成立,终于公司消亡。实际控制人作为公司日常决策人员,其决策必定基于自身对公司财务及经营情况的了解,也能及时获取公司解散清算程序的信息和缘由。所以,实际控制人对公司解散清算负有不可推卸的信义义务。同时,由于公司根据法定程序了结事务、清理债权债务、分配剩余财产,公司具有法人人格但其权利能力和行为能力均发生了重大变化,作为公司实际控制人的控制权也受到了相应限制,所以,实际控制人的信义义务在该阶段应衍生出区别于正常经营阶段的新内容。

与解散清算阶段不同,当公司被收购时,实际上公司处于一个公开的市场交易中,此时公司需要针对收购方提出的收购要约采取措施。与其他商业行为不同,由于收购不仅涉及目标公司与收购方、债务人等对外关系,还涉及公司股东、董事、高级管理人员及普通员工的多层复杂的对内关系,我国现有法律法规及传统信义义务理论难以适用以判断实际控制人的决策是否符合公司利益:忠实、勤勉义务仅从禁止关联交易等特别方面规制,不能保证在保护公司最大利益的前提下完成收购交易。而且,在当今开放的市场经济中,保证被披露信息的及时性、真实性尤为重要。如果实际控制人在公司被收购过程中出于获取私益的考虑,通过自身控制权将不完全或不真实的信息散布到市场中,结果将不堪设想。所以,在公司收购阶段,对于实际控制人信息披露义务的规制应尤为谨慎,过宽或过严都将不同程度地损害投资人、中小股东以及债权人的利益。

从本章第一节的立法现状梳理部分可以看出,实际控制人信息披露义务在解散清算阶段和破产阶段都有比较完善的规制体系,但我国现行法律法规未对破产阶段实际控制人忠实、勤勉义务加以规制。而且,根据破产阶段的特殊性,实际控制人的忠实、勤勉义务应当与公司的其他阶段有所不同:当公司破产,即资不抵债时,实际控制人不仅对股东和公司负有信义义务,对债权人也应负有此种义务。因为债权人无法如实际控制人一般拥有对公司的控制权,如果破产公司的实际控制人仍然以公司利益最大化原则行事,将可能损害债权人的利益。所以,当公司处于破产阶段,实际控制人对债权人也应负有一定的信义义务,以保障其合法利益的实现。

综上,我国现行法律法规对上述 3 种公司特殊阶段的实际控制人信义义务,未对其特殊性进行深入讨论和研究,应当引起重视。

(五)实际控制人违信义务负面清单构建的必要性

从本章第一节的立法现状梳理可以看出,法律法规对实际控制人信义义务的规定应当属于强行性规定。值得肯定的是,从我国实际出发,将实际控制人信义义务确定为强行性规范是合理的。但是,该规范模式存在一些技术层面的问题:首先是前文已经提到的忠实、勤勉义务的内涵与外延在法条规定上尚不够清晰;其次是该规范模式的原则性规定过多,使法律规范的可操作性不强。

由于处于不同法律地位的实际控制人对公司的控制权不同,所获得的利益性质也不同。前文对实际控制人信义义务法律地位进行了分类或区分,处于不同法律地位的实际控制人所享有的权利不同,所以其承担信义义务的内容也应随着法律地位的变化而变化。

由于实际控制人天然拥有对公司控制权的特殊性,其信义义务的内容应当与控股股东、董事、高级管理人员的信义义务内容加以区分,对有别于上述3种身份人员的禁止性行为规范应当予以突出规定。即对于实际控制人信义义务的禁止性规范,除类比参照上述3种身份人员的禁止性行为规范外,还应在涉及实际控制人的关联交易、同业竞争、分配利润等具有重大影响的方面进行特别规范,以求全面而谨慎地约束实际控制人,防止其滥用控制权。

实际控制人违信义务负面清单的建立,是对实际控制人信义义务的明确界定,有助于厘清实际控制人信义义务与其他义务的关系。由于我国立法对于实际控制人信义义务的规范存在不足,而信义义务的内涵会随着市场经济的变化而不断革新。因此,在现存的法律体系下,规定实际控制人违信义务负面清单不仅可以提供实际控制人事前的行为规范,而且为实际控制人的监督主体如公司、股东等,对实际控制人进行监督也提供了一定的衡量标准。

二、上市公司实际控制人信义义务体系的监督机制短板

上市公司对实际控制人信义义务体系的监督机制,是一种对公司王国中的三大公权,即决策权、执行权、监督权,以及三者之间相互作用进行的一种客观、准确、及时地实施控制的方式。这一行为方式以诸如审核、监察与督导等为主要内容,具体又包括公司相关利害关系主体对公司内部机构设置及相关组成人员的一系列决策、执行及监督活动或行为所进行的,旨在审核、监察、督促相关人员在符合法律规范的要求下行为的一系列制度的总和。在我国上市公司内部,实际控制人实际掌握上市公司的控制权,凭借该控制权及其所处的优势性地位,拥有更多的途径和渠道,获得比中小股东更多的信息,该信息涉及或直接影响上市公司相关事务的判断、决策、执行等。同时,通过对上市公司相关决策执行等权利的控制和掌握,实际控制人获得了实现自己个人利益最大化这一核心目标的广阔、便捷的平台和机会。但与此同时,存在的另外一个问题就是,如法国法学理论奠基人孟德斯鸠在其《论法的精神》(上卷)中所言:“一切有权力的人都容

易滥用权力，这是万古不变的一条经验。有权力的人们使用权力一直到遇有界限的地方才休止。”[①]实际控制人在享有对上市公司经营管理产生重大影响的权利的同时，相关的义务责任机制并不完善，我们所一直主张的权利义务相一致原则受到了实质性挑战，公司法及相关立法旨在保护上市公司及其中小股东合法权益的一系列制度设计无法产生预期效果，导致其功能实质上落空了。在此基础上，相关的行为规制及义务体系的构建便成为对实际控制人这一享有重大影响权的主体起到约束性作用的、具有重要意义的、不可或缺的一项内容。

通过对我国上市公司实际控制人信义义务体系的监督实践，本部分作出了概括性总结，将从上市公司的监事及监事会、独立董事、中小股东及特殊阶段下的公司债权人这几个主体，就实际控制人的监督存在的缺陷或者不足进行论述，具体表现内容如下所示。

（一）上市公司监事及监事会对实际控制人的监督窘境

《公司法》经过一系列修改，监事会制度在实践中，经过反复检验和磨合不断得以完善，但与此同时，不得不正视的问题是，仍存在法律规定与现实问题不匹配、不能及时反映实践需要且须对相关的政策及规定进行适时调整等问题。

1. 财务监督：公司地位引起的权利行使难

根据我国现行《公司法》第 118 条[②]之规定，股份有限公司的监事会适用《公司法》第 53 条、第 54 条[③]关于有限责任公司的监事会职权之规定，监事会或者不设监事会的监事依法享有对公司财务的监督权。但是，公司实际控制人处于可以对公司决策、执行等行为进行支配、操控的地位，这一优势地位为其通过董事会或其他途径参与财务决策行为和其他业务行为提供了便利。例如，实际控制人完全可以凭借其控制人身份使该上市公司与其控制或支配下的其他企业进行关联交易，在这种情况下，为防止实际控制人为追求自身利益最大化而对控制权进行滥用，监事会作为公司法赋予的享有法定财务监督权的主体，就应对实际控

① ［法］孟德斯鸠：《论法的精神》（上册），张雁深译，商务印书馆 1963 年版，第 193 页。

② 《公司法》第 118 条规定：“本法第五十三条、第五十四条关于有限责任公司监事会职权的规定，适用于股份有限公司监事会。监事会行使职权所必需的费用，由公司承担。”

③ 《公司法》第 53 条规定，“监事会、不设监事会的公司的监事行使下列职权：（一）检查公司财务……”；第 54 条规定：“监事可以列席董事会会议，并对董事会决议事项提出质询或者建议。监事会、不设监事会的公司的监事发现公司经营情况异常，可以进行调查；必要时，可以聘请会计师事务所等协助其工作，费用由公司承担。”

制人履行信义义务的情况进行适时监督,以发挥其应有作用。

但现在存在的问题是,我国上市公司的监事普遍不如董事和经理的地位高,甚至很多上市公司忽视监事会,只把它当成一种摆设。根据对深交所中小板上市的私营企业进行调查,大多数公司没有监事会办公室,一半公司认为监事会不是常设的机构而是临时机构。① 监事会财务监督权的实现方式,如查阅会计资料和会计账簿等,相关规定都相对简单化,在实务中的可操作性、可执行性不强;而且由于相应的辅助配套设施缺乏,不能与之进行回应与衔接,导致其实际上无法有效发挥作用。如《上市公司监事会工作指引》,经我国证券监督委员会批准由中国上市公司协会发布。认真品读该指引,我们能发现其对监事会行使财务监督权在程序上进行了规定,甚至还注明了提倡推荐事项、提醒关注事项等内容,相较之下其表达更周延和详细,也具有相当程度上的可执行性;但因其发布主体是中国上市公司协会,更多地表现为建议性事项,效力层级较低,缺乏一定的强制性,适用范围有限,这使其对监事及监事会财务监督权实现的促进作用受到限制。同时,实际控制人作为信息优势的享有者,其是否能积极配合监事会进行财务监督,为监事会职权的实现提供相应的配合和协助,也在很大程度上直接影响了监事及监事会对实际控制人监督效果的实现。信息本身即代表一定程度上的利益,信息优势能为实际控制人带来的影响决策和经营管理的利益是巨大的,在相关利益的驱使下,从主观上来说,实际控制人不会偏向选择主动积极地向监事及监事会提供相关信息,因其毕竟有可能危及或者减损其自身利益最大化的实现。依据我国公司法的相关规定,监事及监事会成员为履行职责需要,可以要求实际控制人、高级管理人员、董事等提供相关资料和报告,但因缺乏相应的责任追究机制,被要求提供协助的主体消极对待监事及监事会的要求,不提供相关资料和报告。以上行为的不利后果并没有进行预先设定,相关的惩罚性机制欠缺或不健全,因此极容易导致该监督权的实现途径受阻,制度设计背后的价值功能也得不到实质性保障。

所以,在公司法等法律法规赋予监事及监事会监督职权之际,相应的配套规则、后续的保障机制、相关规则的效力层级、适用范围等如何进行合理考量和设

---

① 郭雳:《中国式监事会:安于何处,去向何方?——国际比较视野下的再审思》,载《比较法研究》2016年第2期。

置，都需要我们进行体系化、有序化的安排，并通过不断地司法实践，进行问题的总结和反思，从而实现立法的进一步修正和完善，以反映和满足不断变化的现实生活需要。

2. 职务监督：特殊身份引起的监督效率低

依据公司法的相关规定，上市公司的监事及监事会依法对董事、高级管理人员进行监督。实际控制人作为上市公司内部的实际决策权和指挥权的享有者，其很多控制途径的实现自然少不了通过对上市公司董事、高级管理人员控制的方式进行。假如监事及监事会能在对董事、高级管理人员的职务行为进行监督的这一过程中发现，实际控制人正在实施或者准备实施为个人利益而损害上市公司及中小股东权益的行为，监事会可以适时行使其调查权、质询权及提案权等法定正当权利，对实际控制人的不法行为及时揭露，在行为造成实质性损害前及时进行阻止，以保护公司及中小股东的利益。

在这过程中存在的问题是：尽管《公司法》第 54 条规定了监事会及监事在发现公司经营情况异常之时享有调查等权利，但该调查权如何得到现实的保障，监事会及监事如何才能在程序上达到对异常情况的有效把握；监事及监事会针对董事、高级管理人员的质询如何才能起到实际效果，是否应对被质询者提出一些硬性的、限制性的要求，如要求相关人员在对待监事及监事会的质询时及时进行回应，若存在不回应或者回应的内容明显没有相关性等情况，监事及监事会可采取哪些方式、如何进行救济等；针对实际控制人相关问题向股东会提出的提案，如何避免该提案最终被实际控制人置于其控制权之下，使监事及监事会的努力不付之东流等。这些问题如果得不到有效解决，监事会及监事是无法真正履行其调查职责的，也无法在实际控制人对董事及高级管理人员进行间接控制时，进行事前的预防；倘若只能借助造成损害结果之后的事后救济，那么救济的力度会因事后救济本身实现的难度而大打折扣。

监事及监事会作为上市公司的内部监督机构，其对实际控制人信义义务监督的有效实现需要在不受实际控制人控制和影响之下进行。为避免实际控制人对监事及监事会履行职务行为过程中的直接或间接影响，需要对监督职权的内容进行进一步的梳理和完善，确认监事及监事会的监督职权能得到有效的保障和回应。通过对立法、执法、司法的制度设计实现监督机制内部各组成部分之间的衔接和配合，进而促进整个监督机制的体系化、完整化。

3. 自身独立性：利益刺激引起的消极监督

裁判员的职责是居中裁判，在强调裁判员坚持公平、公正、公开原则的同时，裁判员本身不受相关人员的控制，保持自身独立性是顺利实现公正裁判目标的前提。在上市公司中，监督人必须独立于被监督人，监督人员和机关无法在被监督人的控制下进行有效监督，故监事及监事会的独立性是保证其对实际控制人监督有效性的又一决定性因素。

由于监事及监事会缺乏自身独立性，实践中产生的问题主要表现为：(1)监事会组成及监事任免的控制权存在被实际控制人掌控的可能性，存在实质上沦为实际控制人利益代表者的可能。实际控制人享有对上市公司的控制权，通过对控股股东或者其他人员的控制，实际控制人可将监事及监事会成员的任免权间接掌控在自己手中，这样选出来的监事及监事会出于自身利益的考量，大多代表的是实际控制人的利益，实质上是在为实际控制人的利益服务，根本谈不上代表公司及其他中小股东利益，故而丧失了监事及监事会行权的基础，也与法律所设计的监事会制度的目的相背离。(2)拥有独立性的监事及监事会，凭借《公司法》第53条、第54条、第118条赋予的财务账目查阅权和董事会会议列席权，发现董事、高级管理人员损害公司的行为，因法律法规未规定董事不予协助配合监事实现上述两项权利的法律后果及其他救济措施，导致实际上监事及监事会享有的权利因不具约束力、缺乏实质的制约效果而落空。(3)在监事及监事会发现上述行为，并根据《公司法》第53条、第100条、第118条、第151条以及《上市公司治理准则》第50条的规定，要求董事、高级管理人员进行纠正或者向董事会、股东大会以及证监会反映时，如果董事会拒绝纠正，监事只能提请召开临时股东大会并提议股东大会否决董事会的行为；如果该提议因实际控制人的原因被驳回，则监事会只能转而采取事后的向董事、高级管理人员提起赔偿诉讼等救济方式，但该事后救济方式取得的效果往往不佳，实质上损害了上市公司的信誉、资产以及中小股东之合法权益。同时，通过向实际控制人主张损害赔偿责任以实现损害填补的方式，是否真正能对上市公司及中小股东所遭受的损失予以弥补是存在很大疑问的。(4)相关法律对监事会成员怠于行使职能的法律责任仅以违反忠实、勤勉义务进行规制，造成了失职惩罚机制的缺位，使实际控制人对信义义务体系的遵守出现更消极的态度。同时，相应激励机制的缺失也使监事及监事会履行职责的主动性、积极性受到了打击。

在利益激励导向机制缺失和履职风险较难规避的情况下，作为一个“理性人”，出于趋利避害的本性，监事及监事会在相关利益驱使下，选择消极怠职，甚至甘愿成为被控制人，化身成为实际控制人利益服务的主体。这种情况将直接导致监事及监事会对实际控制人信义义务监督的缺失，也带给监督机制中其他享有监督职能的主体一系列的问题，更是对监督机制从整体格局上进行的实质性破坏，其产生的影响力不容忽视。

（二）上市公司独立董事对实际控制人的监督偏差

综观我国的立法实践，关于独立董事制度的法律规范主要包括：《上市公司章程指引》①、《关于进一步促进境外上市公司规范运作和深化改革的意见》②、《关于在上市公司建立独立董事制度的指导意见》③、《股份制商业银行独立董事和外部监事制度指引》④、2005 年《公司法》、2013 年《公司法》、2018 年《公司法》等。《公司法》第 122 条⑤之规定，一方面肯定了独立董事的合法地位，但在另一方面对独立董事职能的具体定位、独立董事与监事会之间关系如何协调和安排等并没有给出一个明确的答案，仅授权国务院对这些问题进行解决。我国独立董事的专业能力未通过预先的门槛规则进行筛选，独立董事存在不能完全胜任的可能性，空享其名，实则难履独立董事之职。在该种情形下，通过一个有效的制度设计以避免独立董事中“不实董事”“花瓶董事”的存在，使独立董事制度设计的最初目的在正常轨道上运行，仍是我们目前正在面临且亟待解决的问题；同时，独立董事的法律赔偿责任及对独立董事权利与义务的具体规定和裁判规则的缺乏，也需要国务院根据实际情况及时作出配套规定。现代各国公司法均要求董事和董事会具有独立性，特别强调董事在经营判断上的独立性。⑥ 具体而言，上市公司独立董事作为公司内部治理及规范公司运作的重要主体，对实际控制人信义义务的监督亦能产生重大影响，但现实存在的问题又主要表现在以下

---

① 证监会于 1997 年 12 月 16 日发布《上市公司章程指引》，2006 年 3 月 16 日第一次修订，现为 2019 年 4 月 17 日公布最新修订。

② 1999 年 3 月 29 日经贸委、中国证监会发布（国经贸企改〔1999〕230 号）。

③ 由中国证监会于 2001 年 8 月 16 日发布。

④ 由中国人民银行于 2002 年 5 月 23 日发布（中国人民银行公告〔2002〕第 15 号）。

⑤ 《公司法》第 122 条规定：“上市公司设独立董事，具体办法由国务院规定。”

⑥ 参见孙光焰：《董事会独立性之惑与董事分类选举制度的构建》，载《北京社会科学》2017 年第 11 期。

几个方面。

1. 平衡：激励机制与问责机制

在赋予独立董事对上市公司其他董事、监事、高级管理人员及实际控制人等相关人员享有监督权的同时，也应从主体自身促进独立董事积极行使该职权，即从相关制度设计上使独立董事主观上有积极履职的意愿和想法，倘若独立董事在积极履行职权与消极不履行职责上没有实质性差别，那么独立董事为何还要积极作出尝试，冒着自身既有合法利益被实际控制人剥夺的风险，进行有效的监督？这本就违背了经济学上之“理性人”设定及“成本—收益”之理论。而且，独立董事对相关人员的监督不仅作为一项权利而存在，同时也是独立董事作为上市公司内部机构重要组成部分应积极完成的一项法定义务，即独立董事负有对上市公司及中小股东诚实和勤勉等义务，该义务就是通过其行使监督权实现的。在此种情况下，如何对独立董事怠于行使其法定职权进行有效问责，就显得尤为重要。

《公司法》《证券法》及证监会发布的《关于在上市公司建立独立董事制度的指导意见》中对独立董事都规定了忠实、勤勉义务，但简单地规定独立董事对上市公司和中小股东负有忠实、勤勉义务是不够的，如何具体对两种义务进行界定和区分，两种义务对独立董事提出的具体要求到底表现在哪些方面，在何种情况下判定独立董事是积极履职或是消极履职，在哪种程度上才能对独立董事不遵守忠实、勤勉义务进行有效判定，这些都是需要在司法实践中进行具体考量和解决的问题。义务规定若不进行细化，相应的程序性认定必然欠缺，在该种情况下，由人民法院进行自由裁量，就有很大可能导致同类型案件得不到同种结果，极易造成司法混乱之局面。同时，是否需要对独立董事的忠实、勤勉义务进行类型化处理。如果需要，那又将从哪些方面进行、如何进行等，这一系列的问题都需要在实践中进行选择和完善。

2. 调适：独立董事独立性

与前文所描述的监事及监事会的独立性问题有类似性，独立董事的独立性问题也需要我们作出进一步探讨。2014 年的资料显示，近 3 年的数万次投票中，7000 余名上市公司独立董事仅提出 47 次反对意见，94 次弃权。[①] 可见，我国目

---

① 江帆：《独立董事应真正“独立”起来》，载《经济日报》2014 年 9 月 24 日，第 11 版。

前的独立董事存在非独立性倾向。

在中国，人情网络本身具有不确定性和隐蔽性，在纷繁复杂的社会关系中，究竟有哪些关系将会影响独立董事进行独立判断，相关的法律法规及其他规定是否周延，在司法实践中出现的新问题能否被相关规定的弹性所覆盖，是否需要进行条件性规定，通过何种途径对这些关系进行认定，如何通过对独立董事的提名、任免、薪酬等方面进行规定，有效避免实际控制人凭借其控制优势影响甚至决定其监督的职务行为，即如何将独立董事被实际控制人控制的可能性降到最低？这些问题是上市公司独立董事发挥对实际控制人履行信义义务的监督职能的核心考量要素。我国引入独立董事制度的目的就在于形成监事及监事会之外的独立监督主体，将董事会会议进行讨论与决策的过程也置于一定的监督之下，使独立董事以董事会会议参与者身份对监事及监事会的监督“盲点”进行补充。在独立董事对实际控制人信义义务的监督过程中，独立董事自身的独立性直接影响其监督职能的发挥。我国独立董事的人选、薪酬等都源于上市公司，而上市公司又受制于实际控制人，故独立董事本身的独立性存在很大问题，其受到实际控制人影响的因素在许多方面都存在。有学者认为，在独立董事与中小股东素不相识，却得到大股东首肯、由董事会遴选，并可能由大股东随时罢免的情况下，指望独立董事成为中小股东的代言人未免有些一厢情愿。①

3. 契合：双核心监督机制

监事会制度和独立董事制度的设计目的均是对公司管理层实施监督，我国公司法在监事会制度和独立董事制度上均存在许多方面有待完善的情况下，将两者同时纳入我国公司内部监督机制，势必会出现两者在职能上的重叠和冲突。有观点认为，独立董事在“事前和事中”发挥作用，而监事会在“事后”发挥作用，因而两种机制可以相互协调。然而，这种理论上的分工配合在实践中往往难以落实，反而容易在两者之间产生扯皮推诿、“搭便车”的问题。② 而且两者之间也存在互相监督的问题，这样就容易在两者之间形成互相不作为或互相妥协，甚至滥用监督之职损害对方权利的情况；应承担的法律责任在实际落实上受到削弱，相应的惩罚机制也同样无法落实。

---

① 参见姜朋：《独立董事相对论》，载《中外法学》2015年第6期。

② 参见郭雳：《中国式监事会：安于何处，去向何方？——国际比较视野下的再审思》，载《比较法研究》2016年第2期。

寻求监事会制度和独立董事制度之间的平衡，对两者职能的范围和作用进行合理划分，以解决在实践中两个监督主体职能重合和作用力不一致的问题，实现两种制度间的相互配合与协调，真正实现“双保险”监督。这不仅需要我们不断加强创新应用，还需要对独立董事和监事会两种制度进行更深层次的研究和探讨，对其产生的作用机制进行本土化考量。一方面，避免“橘生淮南则为橘，橘生淮北则为枳”的“水土不服”现象；另一方面，从整体的监督机制布局出发，寻找完善我国上市公司内部监督的现实举措。

（三）中小股东对上市公司实际控制人的监督冷遇

现代上市公司在所有权与经营权“两权分离”机制下，股东作为公司所有权的实际享有者，其权利发展呈逐步弱化的趋势，董事会作为股东的代理人，实际上享有的经营权呈不断强化的态势。该种权利的强化对中小股东来说，是利是弊？针对其中存在的问题，中小股东如何保证自身利益的实现？中小股东因其所持股份有限，本就难以参与到公司的管理当中，一旦实际控制人对控股股东或公司的董事、高级管理人员进行支配和掌控，就可以轻易实现为个人利益而损害公司和其他中小股东利益的目的。那么，作为股权享有者的中小股东如果实现对实际控制人的监督，存在哪些问题？

1. 知情权：信息披露偏差

针对中小股东知情权的实现问题，《公司法》《证券法》等在信息披露义务中进行了规范，但信息披露实质上会使与实际控制人相关的不利信息向中小股东予以公开，实际控制人出于趋利避害的本性，会作出虚假披露、不完整披露、拖延披露等行为，披露信息的完整性、真实性、有效性得不到保障，以致中小股东的知情权难以实现。针对信息披露的具体问题，前文已有提及，在此不作赘述。

2. 表决权：权利限制失范

依据我国《公司法》第 105 条①之规定，中小股东可以在选举董事、监事时，实行累积投票制，同时也对相关人员关联交易的表决权进行了限制，但存在的问题是，将累积投票制作为一项任意性规范是否能达到预期目的？累积投票制的适用范围是否仅限于选举董事、监事的情形，在其他情形如选举高级管理人、经理

① 《公司法》第 105 条规定：“股东大会选举董事、监事，可以依照公司章程的规定或者股东大会的决议，实行累积投票制。本法所称累积投票制，是指股东大会选举董事或者监事时，每一股份拥有与应选董事或者监事人数相同的表决权，股东拥有的表决权可以集中使用。”

等是否可以考虑予以适用？表决权限制或者表决权回避制度如何才能真正在中小股东行使表决权时发挥作用？针对具体哪些情况可以进行？关联交易中关联方的表决权限制规则是否能对实际控制人发生作用？实际控制人的信义义务规制能否保证中小股东在表决权行使过程中不受实际控制人的干扰和控制，相关的表决权的行使也建立在信息充分的基础上，实现中小股东的“举手表决”，而非所谓的“用脚投票”？

3. 救济权：权利行使迷局

我国《公司法》第151条①对股东的派生诉讼进行了规定，股东派生诉讼制度在股东维护自身合法权益上具有重要意义，也产生了一系列积极的作用。但通过对法条的阅读和理解，该派生诉讼将被告限定在“董事”“高级管理人员”“监事”及该条第3款的“他人”范围，在适用主体上就存在不明确的问题，条款中的“他人”能否解释为包括实际控制人在内的其他主体？若将其解释为包括实际控制人在内，其法理基础何在，是否对“有限责任”原则提出了挑战，在司法实践中如何进行裁判说理？若解释为不包括实际控制人，那么中小股东针对实际控制人侵犯公司合法权益，造成公司损失的情况又将通过哪种途径进行救济，该种救济途径能否实现对中小股东合法权益的有效维护？

中小股东作为上市公司股权的享有主体，不同于控股股东与实际控制人，因其具有分散、零散等特征，所以对其合法权益的保障，需要结合具体的情况进行。既然立法和实践选择了通过赋予中小股东以知情权、表决权及相应救济权的方式，保障其合法权益，那么该3种权利如何通过制度设计来实现？在司法审判中，相关有权主体如何进行有效指引和规范，都需要我们进行深刻思考。

（四）上市公司债权人对上市公司实际控制人的监督衍生

债权人利益与上市公司利益紧密相连，实际控制人违反信义义务的规定实际上也将对公司债权人的利益造成间接侵害。上市公司实际控制人在滥用控制权、违反信义义务的同时，不仅公司及中小股东的利益受损，债权人的利益同样会因为公司财产遭受损失而受到侵害。所以，上市公司债权人作为相关利益主体，其对实际控制人可以有哪些监督手段，这些监督手段存在的问题又是何种表现？公司资本制度的改革，大大降低了设立公司的门槛，便利了投资，但同时可

① 《公司法》第151条，即关于股东派生诉讼的问题。

能会导致大量“皮包公司”“空壳公司”的出现，增大了债权人的交易风险。为了更好地保护债权人的利益，加强对公司的会计监督就显得尤为重要。[①]

1. 法人人格否认制度：适用范围的可扩大性考量

我国《公司法》第 20 条[②]规定了对股东滥用公司人格的否认问题，要求股东被认定为滥用公司人格时，对造成的损失承担连带责任，这一规定的目的在于规制股东滥用公司人格的行为。在上市公司中，实际控制人凭借其控制权，滥用公司人格，损害公司、其他股东及公司债权人的可能性更大，甚至其可以借助对股东的控制进行相同性质的行为。因此，该法第 20 条仅将法人人格否认制度适用于滥用权利、滥用公司法人人格和有限责任的股东，没有将对上市公司享有掌控权的实际控制人纳入其适用范围，导致不能真正实现在实际控制人滥用上市公司人格的情况下，对其行为进行有效约束，间接地让实际控制人逃脱了法律规制。能否通过其他途径实现法人人格否认制度适用在实际控制人身上，在适用时以何种方式进行，这其中需要注意的程序性问题有哪些等问题，都值得我们考量。

2. 债权人利益保护：缺位主体的可补足性思辨

我国《民法典》第 535 条、第 538 条至第 540 条对债权人的代位权和撤销权作了规定，这对合同债权人的权益保护起到了很大作用。《公司法》《证券法》并未在公司中对上市公司债权人进行该制度的沿用。在实际控制人实现对上市公司控制时，并不能避免其利用关联交易、自我交易等方式控制上市公司，怠于追讨、减少或免除在实际控制人控制下其他企业的债务等问题，如果上市公司债权人不能通过行使代位权和撤销权实现债权，同时对实际控制人进行责任追究，这将损害上市公司债权人的相关利益。在对实际控制人进行监督的几种主体中，上市公司债权人出于自身利益的考量，在特定情形下监督的动力较其他监督主体更强烈，若将其排除在对实际控制人信义义务监督主体外，则上市公司债权人为追逐利益最大化而主动进行相关的信息获取和调查的优势便无法利用起来，监督机制也就出现了主体缺位问题。上市公司债权人作为合同债权人的组成部分，在公司法未进行相关规定时，是否能考虑将《民法典》合同编中债权人的代位

---

① 参见曹燕红、李裕琢：《基于债权人保护视域的公司会计监督的完善》，载《对外经贸》2017 年第 3 期。

② 《公司法》第 20 条，即股东的义务与法人人格否认问题。

权、撤销权制度沿用于此，在实际控制人滥用控制权、违反信义义务时，赋予上市公司债权人在符合《民法典》合同编中代位权和撤销权条件时，以实际控制人为被告，以自己的名义向人民法院提起诉讼，以实现对上市公司债权人合法权益的保护？

对上市公司实际控制人信义义务的监督尚存在诸如上文所提及的不足之处，针对这些问题，如何进行相关的制度设计，以及该设计的法理基础何在，都是需要我们进一步思考和总结的。

三、上市公司实际控制人信义义务体系的责任体系欠缺

基于经济体制不健全、产权制度不完善、社会构造较简单等多方面因素的影响，我国董事、监事、高级管理人员及实际控制人的概念并未得到充分发展与应用，以上主体的违信责任规定不甚完善，给公司治理带来了众多难题，然而信义义务及其责任的认定，与追究事关商品交换关系中的债权保护及股东权利的维护，对于公司治理来说意义重大。我国《公司法》中关于实际控制人信义义务的规定起步较晚，上市公司的股权往往相对集中，甚至经常出现“一股独大”的现象，加上投资人缺位等因素的存在，上市公司中常有违信行为发生，对公司、其他股东及债权人等利益相关者的合法权益造成了严重影响。然而，与严重违信行为频繁发生形成鲜明对比的是，鲜见对上市公司实际控制人违信行为的追责，究其根本原因是当前我国关于实际控制人违信责任的立法存在不足，上市公司实际控制人信义义务责任体系存在缺陷，主要表现在以下三个方面。

（一）认定标准：实际控制人信义义务责任体系之概念泥沼

如果一个人获得收益是建立在其他人遭受损失的基础之上，则为法律及道德所不允许。责任是确保义务得以恰当履行的基本保障，是义务人违反义务、不履行或者是不恰当履行义务所应承担的不利法律后果，一旦缺乏对违反义务行为的责任追究，义务则只能沦为一句空话。公司法明确了实际控制人对公司的忠实义务，但实际控制人构成违信责任必须以其行为违反义务规范作为前提条件，即行为必须具有违法性。对于行为不违法，结果却有损于公司利益的情形该如何认定，立法阙如。

1. 主客观行为要件

实际控制人通过积极主动的行为方式违信，侵犯了公司及其他股东的利益，

承担违信责任自不待言；但倘若实际控制人通过消极不作为的方式侵犯他人合法权益，认定其违信的标准缺少明确规定，这是我国目前立法的缺陷。按照现行法律，董事严格按照股东大会的决议执行任务，而如果该股东大会决议将致使实际控制人获得非法利益，此时实际控制人采取消极不阻止的方式获得该项利益，能否将其定性为违反信义义务进而要求其承担违信责任，立法规定欠缺。

实际控制人故意违信给他人利益造成损失，判决让其承担相应的违信责任自不待言，其他股东可选择通过《民法典》或《公司法》等法律的相关规定追究其责任；倘若实际控制人过失侵权，可否对实际控制人追究违信责任，各地法院在判决中持有的观点不同。部分法院考虑商业交易的风险，允许实际控制人存在适当的过失，且会区分过失的程度，对于因重大过失而造成的损失，实际控制人被要求承担相应的赔偿责任；而对于因一般过失造成的损失部分，则有可能会被判决让公司承担，不同法院的不同判决结果造成了目前司法实践的不规范。

2. 损失要件

任何人都不能使自己基于非法行为而获得收益。我国《公司法》第 20 条规定，若股东滥用自己的权利给公司或他人造成损失，应当就此承担赔偿责任。如果实际控制人基于违信行为使自己获得非法利益，公司可以行使归入权，将该利益收归公司所有；不仅如此，公司因此受到的损失也可从实际控制人处获得赔偿。非法获得的收益容易计算，相较之下，各地法院对于应当赔偿的损失采取的计算方法却不尽相同，部分法院仅包括实际损失，部分法院不仅包括实际损失，还涵盖了可得利益。例如，在某一经营活动中可以获取 100 万元的利润，却由于实际控制人的违信行为，公司最终只获得 50 万元的利润，其中的损失标准如何认定，基于前述两种不同的计算方法所得到的结果相差巨大。《公司法》第 149 条规定，董事、监事、高级管理人员执行职务时违反法律、法规以及章程的规定，给公司造成损失的，应当承担赔偿责任。该条虽然不能直接适用于实际控制人，但作为对实际控制人进行违信追责的参照适用规范，显然是没有问题的。但仔细考察该法条能够发现，其仍然属于原则性规定，具体在适用中如何认定损失并没有予以明确。

3. 因果关系要件

并非实际控制人一旦实施了违信行为即构成违信责任，实际控制人违信行为与公司遭受的损失之间就应当具有逻辑上的因果关系。目前，众多法院采用

"若无,则不"来评判实际控制人是否应当承担相应责任,即若实际控制人没有违反信义义务,则公司、其他股东,甚至包括债权人在内就不会遭受损失。因此,当实际控制人违反了信义义务时,即可判定实际控制人的违信行为与公司遭受的损失之间存在因果关系,进而要求其承担法律上的责任,并且以因果关系的相当性标准来判定实际控制人应当在多大范围内承担违信责任。这种非此即彼的判断方法显然忽视了实际情况的复杂性,判定实际控制人是否应当承担违信责任,不能简单地从实际控制人有无违信行为与公司有无损失的单一角度去审查,实际控制人为了尽可能地避免遭受违信追责,多采取指使公司或者董事等方式间接违信。且对于实际控制人减损公司在财产、人员、场所等方面独立性的违信行为,不宜从违信行为与公司、其他股东、债权人等主体遭受损失是否具有因果关系的角度去判定实际控制人应否承担违信责任。

4. 责任形式

我国《公司法》第 20 条规定了股东滥用股东权给公司或者其他股东造成损失应当承担的损害赔偿责任;第 21 条规定了控股股东、实际控制人、董事、监事、高级管理人员利用关联交易给公司造成损失的损害赔偿责任;第 149 条规定了董事、监事、高级管理人员执行公司职务时违反法律、行政法规或者公司章程的规定给公司造成损失应当承担的损害赔偿责任。

我国现行《公司法》对于董事的义务有明确规定,其中既包括一般的义务,也包括具体的义务,这显然是一种先进的规定,但不足的是,面对实际控制人的违信责任,法律规定不够具体、不够明晰,可否让实际控制人承担董事的忠实、勤勉义务,并将董事违反忠实、勤勉义务承担责任的方式适用于实际控制人,以及是否完全适用或是参照适用,忠实、勤勉义务适用的具体标准如何,以及是否可因实际控制人的不同身份、实际控制领域的特殊性作出有差别的具体规定。诸如此类的问题均亟待立法及司法机关予以解决。

(二)间接违信:实际控制人违信义务之责任延伸

在目前的上市公司经营过程中,实际控制人基于自己的理性常识以及对经济效益的分析,很少会采取通过直接非法侵占公司的资金或财产的方式来获取非法收益,因为这样过于明显,很容易使自己陷入不利地位。在实践中,大量的实际控制人侵占公司的资金或财产,侵占普通股东无法获取的利益,往往通过利用原本属于公司的商业机会,利用其对部分甚至大多数的董事具有支配力的方式来谋取不当利益,依托董事身份,披着合法化外衣实施违信行为能够最大限度地掩人耳目。这些实际上被实际控制人支配的董事在学界常被称为关联董事、“影子董事”,实际控制人此种隐蔽性违信行为被称为“间接违信”。

1. 法律视角正视间接违信

股份是一种财产,一种由股东为自身利益而享有所有权和支配权的财产,实际控制人无论是直接以股东身份行使其影响力,还是间接通过支配公司董事、高级管理人员影响公司决策,均应当受到诚信原则的约束,以诚实守信为行为准则。当前,我国立法中关于董事、监事、高级管理人员的行为的要求主要集中在我国《公司法》第六章第146条至第152条之中,其中第147条规定了董事、监事和高级管理人员的忠实、勤勉义务。对上市公司来说,股东大会是意思机关;同时,董事会被定位为执行机关,其应当执行股东大会的决议并决定上市公司的各项活动。因董事并非公司所有者,其仅需按照《公司法》、公司章程及相关协议的规定,规范其行为即可享受其应享受的权利,免受问责与处罚。

市场交易是一个充满不确定性的经济活动过程,市场经济能够顺畅运行的基础在于各市场主体对信息持有的不对称。董事作为自然人,他们的决策活动本身不能排除正常的商业判断风险,不能苛刻地要求董事确保其所有行为都能使公司受益而非受损,若规定一旦因董事行为致使公司遭受损失即对其加以追责,未免太过苛刻。或许是基于这些考虑,目前《公司法》规定,在董事没有因其故意、重大过失的情形下致使公司遭受损失时,其无须对该部分损失承担责任。但采取这种董事责任过错主义未免会导致部分实际控制人通过董事的行为来作出违信行为,若不对此种“间接违信”进行追责则难免导致不公平。《公司法》中规定的不当行为是针对违反法律、法规的禁止性规定而言的,或是违反了公司章程的规定和股东大会的决议。实际控制人只需要证明其行为在形式上不违法,证明自己没有故意或重大过失即可免予承担《公司法》规定的违信责任。然而,当被实际控制人支配并代表其利益的董事采取某种方式作出形式上不违法,却侵犯了公司或其他股东利益而使实际控制人获益的行为时,董事只需证明自己的行为在形式上不具违法性即可免责,实际控制人也可完美地置身事外,非法利益“得来全不费功夫”。

2. 责任体系补足间接违信

我国目前的立法,对于名义董事类似的规定甚少。实际控制人应当举证证明“受到争议的相关交易对于被控制的公司来说，应当是公正的，不会损害到其他股东的合法权益”，或者证明该交易得到了公司其他股东的事前授权或事后追认，并承诺保证能够对被控制的公司因不公正交易或者未得到适当承认的交易而产生的损失承担责任。

由于我国实际控制人在公司中的地位相对特殊，其对公司行使控制权时往往呈现隐蔽性、间接控制性、控制多层性的特征，面对如此严峻的“间接违信”的现状，不免引发本书深思，能否参考域外相关立法中其他股东的“事前授权”或者“事后追认”来予以补正，要求实际控制人支配的董事作出有争议的交易，要么事先征得其他股东的同意，要么事后取得其他股东的追认。类似民法中规定的代理行为制度，无权代理行为的效力在部分情形下可因被代理人的推定同意与事后追认得以补正。而公司的治理本身就是一个不断协商、最终达成合意的过程，其中，实际控制人违信行为的效力可否由其他股东的“事前授权”或者“事后追认”得以补正而免予承担违信责任，我国目前立法尚未有明确规定。

（三）关联交易：实际控制人违反信义义务之特殊情境

1.关联交易行为的不利影响

上市公司的实际控制人基于其所占据的特殊地位，拥有了某种潜在的控制、操纵公司的能力，该控制权是否能够得到正当行使，对公司、其他股东及债权人等主体来说往往具有举足轻重的意义。因为实际控制人可能会利用其控制地位盘削公司的资产，进而达到谋取自身非法利益的目的。债权人利益与公司利益紧密相连，一旦公司的资产受到侵犯，债权人所享有的债权将无法得到充足的清偿保障，这无疑会破坏市场交易秩序，阻碍我国市场经济的蓬勃发展。商业经济活动千姿百态，关联交易的形式也无法穷尽列举，梅林教授对此进行了总结并将其归纳为企业经营型和所有权益型交易。将董事会日常经营性、操作性行为定性为企业经营型交易，比如，董事会对外达成合作协议、签订原材料购买合同、签订销售协议等，该类交易一旦对公司产生不利，将直接对公司利润造成影响。公司利润下降直接导致公司股份价值降低，进而降低了股东的投资价值，因而企业经营型交易的成败，关系的是股东作为公司投资者的权益。而那些直接与股份所有者——并不是指作为公司最终意义上的所有者，而是指自身股份的所有者——相联系的公司行为定性为所有权益型交易，此类交易包括公司合并、公司股份的发行及回购和绝大部分涉及公司根本性变更的交易行为，对股东权益的影响更直接,且更具有决定性。

实际控制人可能实施的关联交易包括公司合并、公司资产出售及关联公司之间的原材料供应或成品销售等行为。关联交易行为不同,对公司的影响将会不同,而我国目前的法律对此规定不甚详细,仅仅在我国《公司法》第20条中作出规定,禁止公司股东滥用其权利给公司或者其他股东造成损失,倘若因此造成了损失,则应当由滥用权利者承担赔偿责任。该条规定仅仅适用于具有股东身份的人,而对实际控制人实施的关联交易并没有作出约束。而且该条文仅是原则性规定,对于关联交易包括的具体内容,以及不同类型的关联交易给公司造成的损失,具体承担什么责任等,没有作出具有可操作性的细分规定。在我国目前的司法实践中,法院在审查关联交易时往往也仅作形式性审查,通过简单评定实际控制人的行为是否符合公司法、公司章程及相关协议的规定,即不再具体对行为的来龙去脉作进一步的实质性分析,从公司运作的实际情况推敲实际控制人的行为性质以及是否存在获取不正当利益的可能,导致较多的"漏网之鱼"出现,给公司、其他股东及相关债权人造成了相当的损失。

2. "门槛规则"构建的现实需求

"门槛规则",是指实际控制人在关联交易中进行了自我交易,即通过排斥并损害公司利益的方式谋取不正当利益。参考域外相关法律规定,美国公司法规定,在面对关联交易行为时,采取的是:在行为外观能够被理性第三人视为合理的情形下,首先推定实际控制人所进行的关联交易行为是公平的,原告如果提起诉讼则负有举证责任,应当举证证明该行为的不公平性;法院只对涉案关联交易作形式审查,只要该交易符合公司任何合理的商业目的,法院就会支持该关联交易的效力。但我国证券市场上经常发生的现象是:实际控制人通过关联交易从从属公司掠取利益,进而损害公司及其他股东的利益。而法院在认定关联交易时因缺乏完善统一的审判标准,仅依法律原则及自由裁量权作出判决,结果往往不尽如人意。

实际控制人实施违信行为获得的不法利益其实可视为从公司处掠取的,本应归属公司的利益却被实际控制人通过不法手段获取。就此,不少法院判决认为,实际控制人因获得不正当利益即构成关联交易,并就此对实际控制人进行追责(公司对其所得利益行使归入权,如果其行为同时还违反了《刑法》的有关规定,还应当承担相应的刑事责任)。然而,关联交易作为实际控制人获取非法利益的手段,其实施的结果必然会致使行为实施者获得不正当利益,若仅以不法利益的获取作为对其归责的依据,将有损"罪责刑相一致原则"。因此,不少法院在判决是否能对实际控制人定性为关联交易时,不仅关注其不法利益的获取,还以"该利益的取得是建立在对公司造成损害这一事实的基础之上"作为必要要件,以示公平。综观我国司法实践,因缺乏明确的指引,不同的法院在认定控制关系及控制行为时存在不同的判断标准,造成了不同法院的判决结果相互矛盾的情况。

我国《公司法》第149条明确规定了董事、监事和高级管理人员应当对其在履行职务过程中因违反法律、行政法规或者公司章程的规定给公司造成的损失承担赔偿责任。由该条可见,《公司法》目前只是以是否取得股东大会或董事会的同意作为审查实际控制人是否应当承担违信责任的标准。此种审查实为形式审查,这种审查方式唯一的好处就是可以省略法院的事后判断程序,减轻法院的负担。但在实践过程中的违信行为大都披着合法的外衣,通过合法形式达到非法目的。比如,股东设置各种关系,在公司中安排受命于自己的董事,通过董事实施形式上合法、实质上却使自身受益的行为,来达到获取非法利益的目的,在这些情况下,法院无法追究实际控制人的责任。对此,可参考域外法中对此类现象的规定,在审查关联交易时,先对利益冲突交易进行形式审查,判断其是否违反法律法规及公司章程的规定,然后在此基础上对该交易进行实质性审查,判断公司及其他股东的利益是否因实际控制人所谓的"合法行为"而遭受损害。不仅如此,公平审查标准在制订之后还需予以明晰,包括实质性审查达到什么程度,适用公平审查的人员范围具体多大等内容。

(四)权利救济:实际控制人违反信义义务之自我围困

《民法典》作为普适大众的一般法,在其侵权责任编中规定,侵权行为实施者给他人造成损害时,或者基于过错责任,或者基于无过错责任,都必须对其行为承担责任。具体到公司中的实际控制人,一旦其构成违信责任,受损的股东均应当得到权利救济,权利救济是违信责任体系的重要组成部分。

1.股东代表诉讼

实际控制人的违信行为会损害公司和其他股东的合法权益,给公司和其他股东造成损失。依据我国《公司法》第151条第2款的规定,若股东已经按照法律要求履行相应的前置程序之后,为了公司的利益还可以自己的名义向法院提起诉讼。并且处于董事或者高级管理人员地位的实际控制人一旦损害了公司的利益,其他股东可以直接将实际控制人视为董事或高级管理人员,这被称为代表诉讼。合法权益遭受非法损害的公司在面对此种情况时,理应由公司成为适格原告。然而,当公司的董事、高级管理人员等公司的实际控制人成为加害人时,尴尬场景出现,受实际控制人支配的董事、高级管理人员不可能将实际控制人诉至法院,此时通过赋予部分股东以自己的名义提起诉讼的权利,使其拥有维护自身合法权益的手段,则是利益权衡之后的恰当之举。

《公司法》第149条是关于董事违反信义义务给公司造成损失的法律后果的规定,董事因违信致使公司遭受损失应当承担赔偿责任。但数量有限的条文规定得过于简单、原则化,在认定构成违反信义义务后,判决其所承担责任时又缺乏可操作性。加之,司法机关尚未对适用股东代表诉讼的相关问题出台相关司法解释,各地法院对于诉讼主体的确认、董事承担责任的具体方式、董事承担的举证责任和归责原则的理解也不尽相同,导致不同法院的审判结果差别很大。建议司法机关尽快以司法解释或者指导性审判实务文书的方式,对法院审理股东代表诉讼案件中就诉讼主体资格、责任承担方式等相关问题产生的争议给予明确的指导性意见。唯有如此,实际控制人应当享受的权利与应当承担的义务才能够被予以具体化,才更具有可操作性,才能更好地实现设立实际控制人违信制度的目的。

2. 请求确认相关决议无效

在我国目前的司法实践中,时常出现的是,部分实际控制人为了某些自称为合法的目的而必须对公司采取重要举措,最终往往因这些举措严重损害其他股东利益而受罚。参照域外的相关法律规定,美国判例法中规定了股东之间的受信义务原则,我国《公司法》允许部分股东拥有依法请求法院确认相关决议无效的权利,同时赋予其寻求其他方式进行救济的权利。然而,与有限责任公司不同的是,上市公司股东人数较多,互相之间较陌生,上市公司股东往往不会选择亲自参加公司的经营活动,通过使用“用脚投票”的规则,在资本市场上也能顺畅地将所持股份进行出售,还可以对公司的实际控制人进行监督,但这同时也受到了部分学者的质疑。不可否认的是,以上描述的市场状况过于理想化。在我国现实的公司治理过程中,虽然股东能够自由地将自己的股票出售、处置,但却存在以下问题:(1)股票交易市场上的信息机制健全制度有待商榷,并且难以避免相关人员肆意违法、中介机构造假，加之股市中绝大多数炒股者都抱着盲目乐观的投机心理，难以保证股市中的价格形成与确立机制是公平、公正的；(2)具体到上市公司，对于保护股东权益的其他机制，如代表诉讼、针对股东大会决议效力瑕疵的诉讼机制等尚不够完善，并且无法在短期内得以落实；(3)社会信用机制匮乏等。在这种社会背景之下，引入受信义务机制，赋予合法权益受侵害的其他股东以部分权利，使其能够请求确认相关决议无效。

3. 股权回购请求权

我国《公司法》第 74 条第 1 款规定了持异议股东享有股权回购请求权的情形，该条第 2 款规定了股份收购价格确定的两种方式及期限，即先协商定价，协商定价不成的再进入司法定价。但该法第 142 条未对股权回购请求权行使的程序作出规定，其是否准用该法第 74 条第 2 款的相关规定，也没有明确的法律依据，从而导致了在实践中异议股东通过行使股权回购请求权进行权利救济在具体操作上面临重重困难。

不能否认的是，若异议股东的股份被公司成功收回，这相当于批准了股东的资本撤回请求，会导致公司的责任财产减少，进而严重影响公司正常运作的资本基础。股东所持有的股份价值会随公司资本的减少而降低，债权人也缺少了公司对其债务的财产保障。如何平衡异议股东与利益相关者的利益将是对股权回购请求权进行完善需要考虑的重要因素。

股权回购请求权作为一种事后补偿救济途径，其适用需要受到一定条件的限制，即只有在其他股东的权益已然受到侵害的情形下方可行使。虽然能够在一定程度上挽回损失，但毕竟“破镜难重圆”，并且通过事后救济的方式费时费力，对于能否足额挽回损失，都还是一个未知数。在进行股权回购的过程中，公司作为其中一方当事人，必然会争取各种有利条件以确定一个尽可能低的价格，而这个价格又是公司根据掌握的市场信息和自身的实际情况来确定的。就公司而言，异议股东处于较不利的地位，异议股东无法像公司一样全面、客观地掌握市场信息，处于信息上的弱势地位。当公司主导作出的回购价格不甚公平时，若异议股东接受此回购价格，将会导致其无法达到实现异议股权回购的目的；若不接受此回购价格，又必须通过提起诉讼等成本更高的手段来维护自身权益，即便最终胜诉也要以付出高昂的成本为代价。因此，《公司法》此处通过设置股权回购请求权维护股东权益的目的无法达成。

4. 公司法人人格否认制度

赋予公司中部分股东仅对自己出资的部分承担责任的权利，同时让特定条件下的部分股东对公司全部债务承担无限责任，这种有区分性的责任承担方式无疑是市场经济中的一大有利促进因素，让那些风险规避型的准股东在对公司未来发展并不十分确定时先行投入资金或其他财产，并且只以出资部分承担责任，这将能在很大程度上减少其对投资风险的担忧。另外，从公司发展角度来看，这已成为公司融资的主要方式之一，以此种方式融资成功的可能性更大，使公司有足够的资本进行公司治理及运作，保障了公司蓬勃发展的资金基础。

有了权利，却没有对权利进行限制规范的制度是不合理的。股东仅以出资额为限对公司债务承担有限责任，法律若不对此项权利的行使作出限制，将会严重损害公司债权人的合法权益。我国现行《公司法》为了弥补股东有限责任的弊端，在第 20 条中引进了公司法人人格否认制度，对其进行界定并对其适用作出了规范。但美中不足的是，公司法在此处的规定甚是模糊，仅仅用“股东”2 字作为主体，且未进一步解释，难免会引发理论界与实务界的深思，因为在公司中会滥用自己的权利给公司造成损失并巧妙规避自己风险的并不仅仅只有股东。一些实际控制人虽不具有股东身份，不能直接享有股权，却能够在公司经营计划等方面进行操纵与支配，再借助各种手段操纵公司，以达到为自己谋取不法利益的目的，自身利益受到侵犯的债权人却缺乏有效手段来进行权利救济，这显然是制度的疏漏。实际控制人虽然不能完全等同于普通股东，但其能否被列入此条文中的主体范畴，在我国现行法律条文中至今仍不得而知，通过法人人格否认制度适用范围的扩张来实现对实际控制人违信行为的追责以及相关债权人的权利救济，可以作为完善实际控制人违信责任体系的立法方向。

四、总结

结合第一节的法条梳理，目前我国对于上市公司实际控制人信义义务的立法已经有了部分规定，但是不成体系，包括《公司法》《证券法》等商事基本法律层面和证监会众多相关文件及上交所、深交所的行为指引，多个层级的法律文件较零散地规定了信义义务的内容，包括收购、维持、股份减持等多个阶段的责任，实际控制人必须严格遵守交易市场的“游戏规则”，按照证监会对上市公司的要求，小心而又谨慎地履行其信义义务。然而，立法始终难以追赶上资本市场的发展速度,从前文第二节的分析来看,目前我国的上市公司实际控制人信义义务体系在体系内容、监督机制、责任体系三方面均存在不足。

针对目前的信义义务体系,从信义义务的基础理论上看就已稍显落后。首先,公司法对于实际控制权的判断,明显过分倚仗对表决权的依赖和控制,然而现代公司治理模式的发展使其控制公司的手段不再仅仅局限于控制表决权,因此,这样的判断标准亟待改善。其次,目前的信义义务体系中针对勤勉义务的判定又缺乏客观标准。“勤勉”作为一个主观性较强的措辞,当用在客观判断标准时,就应当将其中的义务行为客观化。而现阶段的立法对勤勉义务的规定过于原则化,缺乏具体标准,其根源在于没有与公司现实运营中的商业机制相结合,缺少对公司实际运营机制的解读,且法官缺少商业经验,导致对实际控制人勤勉义务的判断主观性过强。再次,针对特殊阶段的信义义务没有特别规范。现行法律法规体系尽管在上市公司日常运营层面有丰富的条文规定,但是当公司进入非正常状态,诸如解散阶段、破产阶段等时期,公司的使命发生了变化,实际控制人的信义义务也应随之发生变化。最后,构建违信义务清单,是社会主义市场经济中效率原则与政府监管相协调的重要途径,负面清单的确立本就是协调效率与监管冲突的产物,在市场经济几百年的历史中形成的一套基本的政府监管思路。将其运用于对实际控制人的监管,有助于完善监管体系。

就目前监督机制而言,各个监督主体对于实际控制人的监督都存有一定程度的欠缺。监事受制于其身份的特殊性以及在公司中所处地位等诸多现实而复杂的原因,特别是激励机制的缺失,使监事会的监督难以展开拳脚。独立董事亦如此,与监事之间职责重叠及激励机制缺失,使我国目前的独立董事制度始终没有办法发挥其应有作用,甚至可能出现滥用职权、互相拘束、降低公司效率的情况。寻求二者之间真正的平衡,完善公司内部监督机制,不仅能够对实际控制人信义义务的监管起到作用,对公司整体的运行也具有现实意义。中小股东的监督权更是一个老生常谈的话题,中小股东本就难以参与公司的管理,一旦实际控制人对经理层有了支配和掌控的权利,中小股东的监督就更加困难了,无论是知情权、表决权,还是救济权都存在行使上的障碍。如果能够将中小股东对上市公司实际控制人的监督权具体化、法条化,也将成为中小股东参与公司日常管理的途径之一,不仅平衡了公司的权利分配,也是稳定市场秩序、建立诚信市场的重要手段。而上市公司债权人的监督则更具有主观能动性,因其与上市公司之间存在密切的利益关联。适当扩大法人人格否认制度的适用范围，将《民法典》合同编中的债权人代位权以及撤销权等概念延伸至债权人的监督权利中，不失为一种思路。当然，这种思路带来的债权人权利过大、权利越界的风险同样值得重视，是否需要扩大债权人的监督能力，需要谨慎考量并充分吸收市场经验。

提及目前的责任体系，由于多方面的因素，我国的董事、监事、高级管理人员及实际控制人概念仍有极大的发展空间，我国实际控制人概念探讨起步较晚，构建违信责任体系仍有许多需要完善之处。首先，在认定标准上，责任是义务人履行义务的基本保障，缺乏对违信行为的责任追究，也就使信义义务丧失了存在的意义，若要明确违信行为的认定标准，就应从违信行为的构成要件予以分析。在主客观行为要件上，目前我国缺少对实际控制人消极不阻止自身获得非法利益的违信责任追究。从损失要件来看，减少公司获利数额的行为认定缺少明确标准，容易造成“同案不同判”，法院计算损失赔偿的标准也尚未统一。从因果关系要件上来看，应当尽快建立基本的“若无，则不”的逻辑链条，并在此基础上以因果关系的相当性标准判断实际控制人的违信责任。从责任形式上来看，应当从其追偿的标准、责任的定性、实际控制领域的特殊性等多角度尽快完善认定标准。其次，针对利用“影子董事”、关联董事等合法化外衣实施违信行为的“间接违信”，要从法律层面对其予以重视，并在责任体系中补足间接违信的责任。再次，对于实际控制人的关联交易应该有明确的审查，现阶段法院对关联交易的形式审查评定内容标准过于粗糙，难以保障受害人的正当利益。最后，在权利救济层面，无论是股东代表诉讼制度中法律条文过于原则化，还是在确认相关决议无效情形时受信义务机制的缺失、股权回购请求权中公司主导地位的不公，以及在公司法人人格否认制度中对股东有限责任背后实际受益人的追偿不足等，都是我国目前对于公司实际控制人信义义务责任体系构建的不足之处。而构建一套能够弥补上述缺陷的法律体系，就是未来我国构建上市公司实际控制人信义义务法律规制体系的重点和方向。

第五章　上市公司实际控制人信义义务体系构建的完善建议

上文分析了上市公司实际控制人信义义务体系的现状与不足，接下来需要针对不足之处提出相应的完善建议。为保护公司及其全体股东的利益，防止实际控制人滥用控制权，以确保双方的信任关系，由法律赋予实际控制人一系列的义务。信义义务法律体系的构建，尤其需要从程序保障机制、监督保障机制以及责任追究机制三个方面给予机制保障。① 本章拟从规范上市公司实际控制人信义义务体系的基本内容、完善上市公司实际控制人信义义务体系的监督机制、健全上市公司实际控制人信义义务责任体系三个方面出发，弥补现有立法的不足，探究上市公司实际控制人信义义务体系构建的实现路径。

第一节　规范上市公司实际控制人信义义务体系的基本内容

一、明确实际控制人的判断标准

实际控制人现行的判断标准以股东大会表决权的大

---

① 李静一：《实际控制人信义义务的机制保障》，载《光明日报》2015年10月7日，第7版。

小为基本的判断标准,同时根据实质重于形式的监管原则,以“支配性的影响力”的有无作为兜底性的判断原则。本书认为,实际控制人是事实上能对公司实施控制行为的人,其能够实施控制行为的原因在于其具有实际控制权,实际控制权的表现形式多种多样,既包括掌握股东大会表决权这类典型形式,也包括直接参与公司运营这样的崭新形式。但这些表现形式可以总结为对公司具有实际支配力或“支配性的影响力”,包括现在作为一般判断标准的“股东会表决权大小”,其实质上也是一旦非股东相关人员掌握的表决权达到了控制股东会的标准,即对股东会具有实际支配力或“支配性的影响力”,就会被判断为实际控制人。因此,现行的实际控制人基本判断标准是多此一举,或者说是流于表面的,判断标准应当统一为被判断的对象对公司是否具有实际支配力或“支配性的影响力”。

在现行的法律体系下,按照基础法律关系的不同可以将实际控制人分为投资关系实际控制人、协议关系实际控制人和其他关系实际控制人。[①] 基础法律关系复杂会导致不够细化和缺乏配套的实际支配力或“支配性的影响力”标准在实践中难以运用,因此必须对该判断标准进行完善。

根据实际控制人控制行为方式的不同,实际控制人有可能处于控股股东、董事或经理层3种不同的地位。如果被判断对象对股东会的表决权具有实际支配力或“支配性的影响力”,能够使股东会表决结果依照其意志产生,则我们就可以认定被判断对象为实质上处于控股股东地位的实际控制人;如果被判断对象对董事会有关经营管理的重要决策具有实际支配力或“支配性的影响力”,董事会决议依照被判断对象的意志形成,或者被判断对象可以支配董事的行为或决定性地影响了董事独立行使职权,则可以认定被判断对象是实质上处于董事地位的实际控制人;如果被判断对象可以实际支配或支配性地影响公司的生产经营管理工作和公司年度经营计划、投资方案的实施,则可以认定被判断对象实质上是处于经理层地位的实际控制人。所以,判断是否达到了实际支配或“支配性的影响力”的标准,首先要对被判断对象的控制行为方式进行判断,再结合实际情况对股东会表决权、董事会决议、公司实际运营和方案实施等是否被实际支配或被支配性影响进行判断,这才是实际控制人判断标准的运用步骤。

另外,在我国的实践中,包括《收购办法》在内的一系列规章和行业性指引均

---

① 徐来:《实际控制人的类型化初探》,载《上海金融》2012 年第 6 期。

将对公司具有重大影响的人判断为实际控制人，但本书并不认同这种判断标准。本书将"支配性的影响力"而非"重大影响力"作为判断标准，是因为"重大影响力"的程度并不足以将相关人员的意志直接转化为公司的意志，而仅仅表明公司意志的形成与变化将以其作为重要的参考。而"支配性的影响力"则表明影响力的程度已经足够高，达到了对公司具有"实际支配力"的程度，因而更契合实际控制人的应有之义。

二、厘清实际控制人忠实、勤勉义务的基本内容

实际控制人的忠实义务强调了其需要慎用自己对公司的控制权，避免自身利益与公司利益相冲突，防止利用控制权获取私人利益超出合理的范围和程度；实际控制人的勤勉义务则要求相关人员应当提升自身的能力，并在自身的能力范围内尽到一定标准的努力程度和注意义务，力求能够以较高质量完成实际控制权所涉及的事项。但是，实际控制人的特殊性在于，根据其控制行为方式的不同，实际控制人有可能是事实上处于控股股东、董事或经理层 3 种不同的地位，要厘清实际控制人忠实、勤勉义务的基本内容，就必须根据居于不同地位的实际控制人及其控制权大小的不同来对忠实、勤勉义务进行区分。

对处于董事或高级管理人员地位的实际控制人，其应当承担的忠实义务基本内容应当与包括《公司法》第 147 条、第 148 条在内的现行董事和高级管理人员信义义务体系内的忠实义务内容保持一致，并且应该根据实际控制人控制权的大小决定其忠实义务的大小，控制权越大，实际控制人利用控制权获取私人利益的限制越大；控制权越小，实际控制人利用控制权获取私人利益的限制越小。对于处于控股股东地位的实际控制人，其忠实义务的基本内容应当集中在其不得利用控制权作出影响公司利益和其他中小股东利益的决议。另外，在处于控股股东地位的实际控制人滥用了控制权对公司实施过度控制的情形下，还要将其忠实义务的对象扩大至债权人。具体而言，此时实际控制人的忠实义务的基本内容除上述的内容外，还应当增加不得滥用股东有限责任和法人人格制度逃避债务、损害债权人利益的内容。①

对处于董事或高级管理人员地位的实际控制人，其应当承担的勤勉义务基

① 徐来：《实际控制人法律制度研究》，西南政法大学 2011 年博士学位论文，第 84 页。

本内容应当与包括我国《公司法》第147条、第148条在内的现行董事和高级管理人员信义义务体系内的勤勉义务内容保持一致,并且应该根据实际控制人控制权的大小决定其勤勉义务程度的高低,控制权越大,其勤勉义务程度越高;控制权越小,其勤勉义务程度越低。对处于控股股东地位的实际控制人,其勤勉义务的基本内容应当是在其能力范围内,尽到合理的注意义务,出于善意为实现公司最大利益,对决议事项或公司董事人选作出最佳的投票选择。

同时,参考外国的成功经验,本书认为,需要把实际控制人商业决策免责制度引入实际控制人忠实、勤勉义务的基本内容中。为避免实际控制人不能充分地发挥其商业冒险精神,避免过于谨慎而错失商业机会,只要实际控制人以实现公司利益为出发点,在其能力范围内尽到合理的注意义务,即使其作出的决策最终被证明为不明智或未能为公司带来利益,我们都不认为实际控制人违背了其忠实义务或勤勉义务,这也是实际控制人忠实、勤勉义务基本内容的重要方面。有关免责制度更详尽的内容,本书将在本章第三节中予以呈现,此处不再赘述。

三、区分特殊经营阶段上市公司实际控制人不同的信义义务

当公司处于不同的特殊经营阶段,上市公司实际控制人应当根据不同情况而承担不同的信义义务。

(一)公司处于解散清算阶段实际控制人的信义义务

当公司处于解散清算阶段,实际上已经到了由人民法院指定或其他程序确定管理人控制公司的地步,由管理人负责公司的内部管理和清算事宜。这时候实际控制人已经不具备利用控制权支配公司或对公司产生影响的能力。但在解散清算的实践中,清算工作的交接、开展和进行等都需要公司董事、高级管理人等的配合,以求提高工作质量。实际控制人此时不仅对公司、股东等常规对象负有信义义务,而且对公司债权人等对象也负有程度较高的信义义务。强调这个阶段实际控制人的信义义务,是为了表明实际控制人需要为管理人提供协助,并且不得妨碍清算的进行,以此来实现对债权人等的应负义务。

在这个阶段,实际控制人的信义义务应突出其忠实及勤勉的一面。由于公司解散清算阶段有较完善的公示措施。因此,实际控制人应尽的信义义务是禁止利用自己以往的控制权为其带来便利,禁止通过接触核心数据、改变财产价值

等方式侵犯公司投资人或债权人的利益;相反,实际控制人特别是处于董事和高级管理人员地位的实际控制人,应当积极配合相关工作,在自己的能力范围内推动工作的顺利进行,实现债权人利益的最大化。

(二)公司处于被收购阶段实际控制人的信义义务

不同于处于解散清算阶段,当公司处于被收购阶段,信息披露义务和忠实义务的履行情况对收购的进展和实现与否具有重大影响。因此,在这种特殊经营阶段实际控制人信义义务的重点应当是忠实义务和信息披露义务。

1.处于控股股东地位的实际控制人信义义务

处于控股股东地位的实际控制人,在公司收购过程中,应当肩负比平时更高的信息披露义务,提升披露信息的质量,禁止虚假和劣质信息的披露;禁止实际控制人实施操纵目标公司股价等行为,否则会因为实际控制人的支配性地位,导致其他利益主体在收购过程中的决策和行为选择遭受严重影响,①这也是公司在被收购阶段下实际控制人忠实义务的要求。

另外,当公司处于被收购阶段,处于控股股东地位的实际控制人在进行关联交易时,必须保证关联交易不会有损公司利益,或者得到无利益关系的股东的事先授权或者在向无利益关系股东披露了该交易的利益冲突情形后得到了他们的批准,②否则也应当被视为违反了忠实义务。

2.处于董事或高级管理人地位的实际控制人信义义务

当公司处于被收购阶段,则证明公司中的董事或高级管理人员可能会失去其职位,处于该地位的实际控制人的利益自然也会受到影响。因此,对于这类型的实际控制人,其未必希望公司收购能够顺利进行。

因此,此时实际控制人的信义义务应当表现为一种较消极或不作为的忠实义务,即实际控制人即使实施了阻碍收购的行为,但只要该行为不能被确切证明违反了公司利益,则都可被认为没有违反信义义务。具体来说有两种情况:一种情况是恶意收购,如果在恶意收购中,收购方实施收购行为并非为了帮助实际控制人所属公司实现发展或渡过危机,反而是为了阻碍公司业务开拓和工作开展,在这种情况下,即使处于董事或高级管理人员地位的实际控制人不配合相关工

① 刘凯:《控制股东的信义义务及违信责任》,载《政法论坛》2009年第2期。

② 邓小明:《控制股东义务法律制度研究》,清华大学2005年博士学位论文,第77~79页。

作,也应当认为其没有违反信义义务。另一种情况是当收购行为被判定违反了反垄断法等相关法律,也就是当相关收购行为处于法律的否定性判断之中时,那么,即使收购行为有利于公司资本和业务上的利益,但由于其法律风险的存在,也应当认为这一收购行为并不当然有利于公司,在这种情况下,实际控制人没有积极配合收购工作而是消极不作为,都不应当被认定为违反了信义义务。

(三)公司处于破产阶段实际控制人的信义义务

与解散清算阶段相比,当公司处于破产阶段时,实际控制人扮演的角色更重要,虽然此时实际控制人所负有的信义义务比公司正常运营阶段时更轻,但是其具有与特殊阶段相适应的特殊性。广义的破产制度包括重整与和解制度,与解散清算相比,实际控制人的操作空间较大,利用自身对公司的实际支配力和"支配性的影响力"参与实际工作的机会更多。

与解散清算阶段一样,公司破产阶段也会有一套比较完善的信息披露制度,所以这个阶段实际控制人的信义义务主要表现为忠实、勤勉义务。破产阶段的实际控制人应当配合破产工作的进行,特别是对于重整与和解来说,在明确公司利益的前提下,应努力促成最符合公司利益的破产路径。在破产过程中,实际控制人不得利用自身的支配性地位作出侵吞公司破产财产等有违公司利益的行为,而应为公司利益作出最优决策或履行最优行为。换言之,实际控制人应当选择最利于实现公司价值,能为公司、股东、债权人带来最多收益的路径,并保持对各方主体的诚信,即为此阶段实际控制人信义义务的实现路径。

四、构建上市公司实际控制人违信义务的"负面清单"

要规范上市公司实际控制人信义义务的基本内容,除从正面论述怎么规范外,还需要从反面找出相对应的禁止性行为,列出"负面清单"。"负面清单"一词首先出现于上海自由贸易试验区的营运过程中,是指政府指定的不开放经济领域,是一个属于政治经济学领域的概念。尔后,"负面清单"被广泛运用于政府权力运用、党员行为规范、人大代表行为指引、企业员工管理实践等多个领域,渐渐成为对所规制对象设置禁区的做法的代名词。本书所设计的"负面清单",是指实际控制人信义义务体系内的行为禁区,该禁区内的规定一旦被触犯,即视为对其信义义务的违反。

"负面清单"的具体设计是采用列举的模式,将实际控制人不得为的行为罗列出来。这种模式便于实际控制人、公司、司法机关等主体明确实际控制人信义义务的具体内容,对规范实际控制人的行为更具约束力和指导意义。同时,一个完整的体系,往往需要从正面和反面两个方向同时进行构建,所以本节除在上文论述实际控制人应为的行为以外,还将在该部分明确实际控制人有关信义义务行为的禁区,这也是"负面清单"设计的意义所在。

事实上,我国包括《上海证券交易所上市公司控股股东、实际控制人行为指引》(部分失效)在内的规范性文件上都包含实际控制人禁止性行为的规定,但这些文件规制对象单一,没有包含我国所有类型的上市公司实际控制人,而且文件位阶太低,对实际控制人是否具有强制力存在争议。考虑到我国立法、修法等技术问题,本书认为,实际控制人"负面清单"应当设计在与《上市公司信息披露管理办法》同一效力层级的规范性文件当中,具体实现路径会在下文中阐述,这里不再赘述。

综上,我们参照包括《公司法》中董事及高级管理人员负面清单制度在内的一系列法律法规和其他规范,进行了以下的制度设计,并以条文的形式确定下来。

第一条　不得利用实际控制人地位挪用公司资金。

处于控股股东地位的实际控制人,可以通过作出将公司资金用到其他地方这类对公司资金不利的股东会决议,实现公司资金的挪用目的;处于董事或高级管理人员地位的实际控制人,可以通过职务上的便利或管理上的漏洞,实现对公司资金的挪用目的。因此,防止实际控制人利用其控制权挪用公司资金具有十分重大的现实意义。同时,禁止挪用公司资金是忠实义务的典型表现形式,将其适用实际控制人违信义务的"负面清单",在立法技术和法规整体效果上也能得到支持。为了区分与非实际控制人挪用公司资金的行为,设计中应该明确指出该种挪用资金的行为是行为人利用了实际控制人的地位。另外,下列许多条文都对"负面清单"的设计加上了"违背公司利益"的限制,但本条中没有类似表述,是因为本书认为,在实际控制人"负面清单"的具体法条设计中,应当区分为"限制性条款"和"禁止性条款"。诸如本条中的"挪用公司资金"行为和下条的"将公司资金以其个人名义或以其他个人名义开立账户存储"的行为,因为行为只要作出就会侵害公司的利益,因此,对这类行为的评价直接进行无条件的禁止性评价即可。而对于"关联交易""对外担保"等中间行为,将其列入负面清单中,才需要进行"违背公司利益"的条件限制。

第二条 不得利用实际控制人地位将公司资金以其个人名义或者以其他个人名义开立账户存储。

处于控股股东地位的实际控制人,可以通过作出将公司资金以其个人名义或者以其他个人名义开立账户存储的决议;处于董事或高级管理人员地位的实际控制人,也可以通过在公司实际运营中利用控制权的方式将公司资金转入到自己个人名义或其他个人名义的账户。这种行为实际上是对公司资金的侵占行为,并且很可能会导致资金混同,不仅侵犯了公司利益,而且侵犯了公司其他投资人的利益,同时不利于交易安全。这一条文的设计也参考了我国《公司法》中有关董事和高级管理人员的负面清单设计,为了与其相互区分,强调实际控制人必须利用其支配地位进行上述行为,才能被视为违反了实际控制人信义义务中的忠实义务。

第三条 不得利用实际控制人地位,作出将公司资金借贷给他人或者以公司财产为他人提供担保并违背公司利益的行为。

这一条文的设计参考了我国《公司法》中有关董事和高级管理人员的禁止性行为的规定。由于实际控制人有可能处于控股股东或者公司董事、高级管理人员的地位,因此,参考条文中“未经股东会、股东大会或者董事会同意”的法律设计对实际控制人的监督效力不足,因为实际控制人有可能通过实际控制权控制了公司的权力机构和执行机构。另外,公司章程规定本身可能存在不足以及章程应当仅对公司人员具有效力的原则,也表明了公司章程对实际控制人规制效力的不足。加上“将公司资金借贷给他人或者以公司财产为他人提供担保”这一行为本身属于正常的商事行为,与前面两条中的挪用资金行为本身具有负面性评价的情况并不一样。因此,本条在设计时,把前提条件设定为实际控制人利用其自身的支配性地位,把行为结果设定为借贷或担保的行为违背了公司利益。这样的条文设计既呼应了实际控制人违反忠实义务的本质,也能较好地规范实际控制人将公司资金借贷给他人或者以公司财产为他人提供担保的行为,并在不同情况下作出合适的评价。

第四条 不得进行违背公司利益的关联交易。

关联交易是一个中性词语,符合市场规律、履行了相关程序的关联交易,往往可以起到一个减少交易成本、降低交易风险和推动公司业务发展的作用,在这种情况下关联交易是允许出现的。但是,由于关联交易可能会因为缺乏公正性,而出现关联交易人在交易中直接以公司的损失为代价而获利，或关联公司之间通过交易转移价值的情形，①进而违背公司利益。实际控制人由于拥有对公司的控制权，关联交易更加容易实现。因此，对实际控制人进行关联交易的限制，要求关联交易必须“不违背公司利益”。在这里，需要着重提及自我交易的情形，自我交易是关联交易的一种，由于其实现相对容易，在实践中多发。因此，各国都对自我交易作了一些特别规定，如设计高标准的信息披露要求、设立独立董事批准机制等。但是，本书认为，对于实际控制人来说，无论是自我交易还是其他类型的关联交易，需要对其进行限制的实质原因都是其利用控制权侵害了公司利益，因而没有必要再对自我交易进行额外的负面清单制度设计。

第五条　不得利用实际控制人地位，作出违背公司利益的管理报酬决定。

管理报酬事实上是上面一条“关联交易”中“自我交易”一个无法避免的方面。管理报酬有可能会出现报酬过少而难以激励董事或高级管理人员较好地尽到其信义义务，或者报酬过多，远远超出激励机制的合理水平而导致不公平，因为他们所获得的高额收入事实上侵犯了公司股东本应获得的利益。由于实际控制人可能处于不同的地位，则其会代表不同的利益。当实际控制人事实上处于控股股东地位时，实际控制人可能会利用其控制权作出导致管理报酬过少的决定；相反，如果实际控制人处于管理层地位，则其很可能会利用控制权作出导致管理报酬过多的决定。而管理报酬过多或过少的判断标准，应当归结为公司利益是否被侵害，这也是实际控制人作出管理报酬决定是否触犯了其信义义务负面清单的标准。

第六条　不得利用实际控制人地位，作出侵占公司交易机会的行为。

之前有观点认为，侵占公司交易机会的行为与关联交易一样应当被有条件地限制，但本书认为，二者本质上并不一样。关联交易是公司已经进入了交易的程序中，只是可能在交易过程中由于运作的原因而导致公司利益遭受了损害。也就是说，关联交易与违背公司利益之间不存在必然性。但是，侵占公司交易机会的行为，必然导致公司丧失一次商业运作的可能性，无论这次商业运作的结果是为公司带来利益还是非利益，均应当被认为是违背了公司利益，因为其抹杀了

① [美]伯纳德·S.布莱克：《外部董事的核心信义义务》，黄辉译，载《商事法论集》2006年第2期。

为公司带来利益的可能性。可能性的接受与否应当由相应的规则如商业判断规则等来决定,但可能性不能被抹杀。实际控制人利用自身的控制权,在违背商业判断规则的情形下,将公司的交易机会变为自己的交易机会,或抹杀公司获取交易机会的可能性,进而转变为自己获取交易机会的可能性,这应当认为实际控制人违反了忠实义务,无条件地归入实际控制人信义义务体系的负面清单中。

第七条 不得利用实际控制人地位,作出违背公司利益的同业竞争行为。

由于公司实际控制人往往控制着其他的企业,或者其自身所从事的业务会出现与上市公司相同或相似的业务,这样便会产生同业竞争的现象。实际控制人的同业竞争行为因为可能会对公司的交易机会造成影响,但并非需要绝对禁止实际控制人的同业竞争行为。作为实际控制人同业竞争行为的载体,实际控制人控制的其他企业或实际控制人本身,并不一定具备与公司进行竞争的实力,或者不具备进入公司专业领域的能力。在一个行业中,可能会存在许多不同层次的细分领域,同行业里不同主体所专长或能进入的领域均不一样,这种现象在一些高低极限相差较大的行业中表现得更甚。法律对同业竞争所持态度并非一并禁止,是因为这种行业现象的存在需要区分情况分析。如果实际控制人控制的其他企业或实际控制人自己也在从事公司所从事的业务,则只有在公司有可能因为实际控制人的原因导致交易机会丧失,或因为实际控制人的同业竞争行为导致业务遭受影响,才可以认为实际控制人违背了信义义务。而上述有关实际控制人违背信义义务的情况,由于形式的多样和实际情况的繁杂,因此可以用“违背公司利益”来概括。如果实际控制人控制的其他企业或实际控制人本身不可能与公司业务、商业机会发生冲突,则只能认为该同业竞争行为属于正常的商业竞争。

第八条 不得利用实际控制人地位,作出违背公司利益的利润分配决定。

“利润分配”问题与“管理报酬”问题具有一定的相似性。利益分配决定问题本身只是公司实际运营中的一个必要流程,在公司章程没有规定、因公司实际情况而导致需要重新作出利润分配的相关决定或制订有关利润分配的相关决议时,作为事实上处于控股股东地位的实际控制人一旦利用自身的实际控制权作出利润分配的决定,很可能会使利润分配偏向自己。但作为实际控制人信义义务违反的条件,其必须损害了公司利益,如违背了利润分配的程序性规定,没有缴纳相应的法定公积金,或以侵犯其他股东利益的方式进行利润分配等。

第九条　不得利用实际控制人地位,作出影响公司资产完整的行为。

实际控制人影响公司资产完整的行为主要表现为实际控制人对公司资产进行不当地占有、使用、收益和处分的行为,这些行为的表现形式十分多样。实际控制人可能利用自己控股股东、董事会或高级管理人员的地位作出行为,行为包括但不限于以下表现形式:违反法律规定或合同约定不办理或不及时办理应当归到公司名下的过户登记、实际控制人控制的其他企业或实际控制人自身与公司共用属于公司的资产、以明显不公平的条件对公司资产进行处分、对公司的财产进行收益行为后未将所得收益归还公司、将公司资产与实际控制人控制的其他企业或实际控制人自己的资产混同。我们将本条的资产看作不能由实际控制人作出的影响公司对自身财产占有、使用、收益、处分的情况,并与直接侵占公司财产的行为相区分。

第十条　不得利用实际控制人地位,作出影响公司独立性的行为。

公司的独立性主要包括公司人员、财务、机构、业务的独立性,实际控制人利用控制权,作出影响公司独立人格行为的情形,包括但不限于以下几种情况:在公司人员独立方面,不得任命公司高级管理人员及财务负责人等公司的重要人员担任实际控制人控制的其他企业或作为法人的实际控制人的除董事、监事外的职务;除公司章程明确限制或作为股东会决议外,不得限制公司董事、监事、高级管理人员、财务负责人等担任其他公司的职务;实际控制人不得向作为公司任职人员的董事、监事、高级管理人员等支付报酬。在公司财务独立性方面,实际控制人不得利用自身支配地位强迫公司接受其所控制的财务公司的服务;在公司接受实际控制人所控制的财务公司的服务时,不得侵犯公司利益。在公司机构独立方面,实际控制人不得使自己及其控制的企业与公司共用机构;实际控制人不得通过利用其支配地位对公司机构的设立、变更和撤销产生不利影响。在公司业务独立方面,实际控制人不得影响公司业务的内部决策及按章程行使决策权的过程;不得利用自身支配地位,使公司业务对实际控制人及其控制的其他企业产生依赖。

第十一条　不得在信息披露时出现虚假记载、误导性陈述、重大遗漏或者劣质信息披露的情况。

实际控制人应当保证信息披露的真实、准确、及时、完整,应当建立一套合法有效的实际控制人信息披露体制,指派专人参与公司的日常信息披露工作。在实际控制人发生控制权变动、资产业务重整等重大事项时，应当及时通知公司并进行披露。对于获取的公司未披露的重大信息，实际控制人应当尽好保密义务，并且不得利用这些未公开信息进行谋利。本条中所记载的违背信息披露要求的情况，基本涵盖了信息披露的所有禁止性情形，也是实际控制人信义义务中信息披露义务的所有负面清单制度的基本内容。

第十二条　不得违背公平披露原则。

信息披露中的公平披露，是指实际控制人要求上市公司提供有关对外投资、财务预算数据、财务决算数据等未披露信息时，应当同时督促上市公司按照公平披露原则，在提供信息的同时进行披露。公平披露原则主要是防止实际控制人利用其控制权获得公司未披露重大信息后不履行相关义务，以防止由此产生的不当利益。在法律允许的范围内，公司有决定其披露信息时间的权利。实际控制人有可能在公司未披露相关信息前通过控制权获取相关信息，这种行为可能在信息价值突出的时代为实际控制人带来一个时间差上的利益。这时，实际控制人在获取了相关信息以后，需要告知公司对相关信息必须尽快进行信息披露程序，以使这种信息获取的不平衡得以改变。

第十三条　不得利用他人账户或以向他人提供资金的方式买卖公司股份。

这涉及上市公司股份交易和控制权转移的问题。实际控制人利用他人账户或以向他人提供资金的方式买卖公司股份，实际上是实际控制人增加控制权的行为，由于实际控制人采取了利用他人账户及向他人提供资金的方式，因此对于这种股份买卖行为，公司将不会进行过于严厉的实质性审查，控制人可以轻易达到增加自身控制权的目的。增加控制权的行为，需要严格按照相应的信息披露、书面报告、增持时间限制、公司股票停止交易等规定，实际控制人采取利用他人账户或以向他人提供资金的方式买卖公司股份，事实上是规避上述限制的行为，理应纳入实际控制人信义义务体系的“负面清单”。

第十四条　其他不得作出的违背实际控制人忠实义务、勤勉义务、信息披露义务和公司特殊经营状态下实际控制人信义义务的行为。

本条作为实际控制人信义义务负面清单的兜底性规定，用作对上述法条不尽之处的补充及救济设计。

第二节 完善上市公司实际控制人信义义务体系的监督机制

前文中对上市公司实际控制人信义义务体系的内容构建进行了探讨,在现实中,实际控制人往往会利用自己的控制地位规避义务、逃避责任,进而谋取个人利益或损害公司利益,因此,仅仅完善信义义务的内容只能期望实际控制人进行自我约束,并不能真正保证信义义务得以有效的遵循和履行。相比事后的救济和追责,事前的防范更能有效避免实际控制人滥用控制权。因此,完善对实际控制人履行信义义务的监督机制显得尤为必要,具体而言,就是加强监事会、独立董事、中小股东和债权人对实际控制人的监督。

一、加强监事会对实际控制人的监督

我国公司法规定的公司内部监督模式主要有监事会和独立董事两种。前文中提到监事会是我国公司内的专门监督机关,但其目前对监督实际控制人信义义务的履行并没有起到应有作用,存在的问题主要表现为监事会监督权较弱,导致无法抗衡实际控制人的控制地位、监事的独立性不够等,要想让我国公司法监事制度发挥其在监督保障机制中的核心作用,防止实际控制人滥用控制地位操控公司,应当从以下几方面对其进行完善。

(一)强化监事会对公司财务的监督权

由于公司的实际控制人往往处于对公司行为进行支配的地位,可以通过董事会来参与财务决策和进行业务行为,操纵公司牺牲自身利益与实际控制人支配的其他企业进行关联交易。因此,这时就需要监事会来对公司的财务决策和业务行为进行监督。

我国公司法规定了监事有检查公司财务的职权,[①]从我国公司内部治理现状来看,监事会虽然处在与董事会平行的地位,但监事普遍不如董事和经理的地位高,直接监督难以操作,因此要加强对实际控制人的间接监督。首先应当从对其

---

① 《公司法》第53条规定:“监事会、不设监事会的公司的监事行使下列职权:(一)检查公司财务……”

控制的公司财务和业务的监督入手，赋予监事会审查财务报告和要求实际控制人报告公司业务的权利。如德国《股份公司法》规定，监事会可以随时要求董事会对公司的各种业务行为进行报告；日本《商法》和《商特法》赋予了监察人对董事、经理及其他公司职工的报告请求权。[①]

对于我国来说，应当赋予监事查阅会计资料和会计账簿的权利，必要时可以直接要求实际控制人提供财务会计报告，并有权要求实际控制人对相关的业务行为及进展情况进行报告；同时，由于公司的财务及业务事项多属于专业领域，监事会组成成员中可能专业人员不足，目前公司法仅规定监事会在必要时可以聘请会计师事务所等协助其工作，[②]为了更好地完成监督职责，此类中介机构的范围应当适当扩大，监事会在行使财务监督权时，可以聘请有专业知识的其他中介机构帮助其开展调查，如规定公司内部审计问题应当由监事会负责，且监事会可以独立行使选任、解聘与公司或实际控制人无利害关系的审计师对公、私财物进行审计的职权，由此产生的费用由公司承担；此外，应当对实际控制人的配合义务加以规范，要求实际控制人积极配合监事会履行上述职责，不得拒绝提供相关资料和报告，并规定实际控制人阻挠、妨碍监事会行使财务监督职责时的处罚措施。

(二)强化监事会的职务监督

实际控制人在公司内部是公司的实际决策者与指挥者，目前我国公司中的监事会职能大多是事后监督，我国现有的公司法很难对其利用自己地位谋取私利的行为进行有效的事前预防和约束，这就应当赋予监事会对其行为进行一定的调查和处理的权限。

首先，应当赋予监事会事前调查的权利。若监事会有较充分的理由认为实际控制人的职务行为有关联交易、虚假披露等违反信义义务的嫌疑时，出于维护公司利益的考量，监事会应当有权开展事前调查，要求实际控制人对该行为作出报告，若实际控制人无法对该行为未违反信义义务给出有力证据或者提供合理解释，监事会应当有权设立特别调查委员会，开展正式的违信调查。同时，在此应当赋予监事会对实际控制人的行为是否违反信义义务、是否损害公司利益以

---

① 阮世能：《公司监督机制法律问题研究》，西南政法大学2004年博士学位论文，第176页。

② 《公司法》第54条第2款规定："监事会、不设监事会的公司的监事发现公司经营情况异常，可以进行调查；必要时，可以聘请会计师事务所等协助其工作，费用由公司承担。"

一定的判断权,否则监事会的事前监督工作无法进行。

其次,应当对监事会处理实际控制人违信行为的权限进行明确规定。我国公司法规定,监事会发现董事、高级管理人员的职务行为损害公司利益时,有提出质询的权利,但并未规定被质询人不及时作出解答或回应时的救济程序,在此,应当对监事会质询权的行使给予一定的保障,给被质询者规定强制性规范,如要求被质询者必须及时回应监事会的质询。同时,日本公司法规定,董事、经理人员违反法律法规或公司章程时,监事会有要求法院指令的请求权。① 我国可以赋予监事会要求法院对实际控制人的关联交易等其他违信行为作出指令的请求权,这无疑能够有效停止违信行为,避免其不利影响持续扩大,进而损害公司利益。

最后,应当在一些特殊情况下赋予监事个人独立行使监督权的权利。目前,我国公司的监事会一般以机构的名义召开监事会,以这种形式集体行使监督权。在一定情况下赋予监事以个人名义进行监督的权利,能够对实际控制人的行为进行有效监督,同时切实提高监督效率。即当监事发现实际控制人正在进行违信行为时,如果不立即开展调查将对公司利益造成损害,但监事会由于某种客观原因难以立即开展调查,或监事会被实际控制人操控,怠于行使监督权或不进行监督时,监事个人才可以开展调查。同时,为避免监事滥用监督权,监事个人独立行使监督权时,必须随时向监事会报告调查的进展情况,监事会应当对其处分权限进行控制,保证监事在职权范围内行使监督权。

(三)保障监事任职的独立性

大陆法系资本市场流通性较英美弱一些,公司股权相对集中,因此有必要单设监事会专司监督权以弥补股东对经营者监督和控制的不足,我国的监事会制度部分借鉴了大陆法系国家监事会的模式,监事会确立公司内部的专职监督机构,是公司内部治理机制的重要一环。② 监督人必须独立于被监督人,因为监督机关无法在被监督人的控制下进行有效监督,监事的独立性是保证其对实际控制人监督有效性的决定性因素。我国的监事会成员由股东会选任,实际控制人可以通过对控股股东的控制实现对监事会成员选任的控制。此外,我国公司法

① 阮世能:《公司监督机制法律问题研究》,西南政法大学2004年博士学位论文,第188页。
② 孙宜周:《我国监事职能与制度完善初探》,载《中国商论》2016年第17期。

还规定了职工监事的最少比例(1/3),[①]由于职工基本上是经理的下属,所以"被监查的人"反而成为事实上的"监查者",因为职员的升降由经理决定,所以前者不可能充分发挥其功能,[②]而实际控制人完全可以取代经理的地位而在事实上行使经理的权利。此外,实际控制人还可以利用其支配地位,直接对工会组织、职工代表大会等机构进行操控,从而决定职工监事的人选,使受其支配的职工监事进入监事会内部,消极行使监督权。因此,为了实现监事会的有效监督,必须保证监事会的独立性,应当对能够担任普通监事和职工监事的条件加以严格限制。监事应当是独立于实际控制人和公司的经营管理人员,不得是与其有商业上联系或者能够影响其独立行使监督权的有其他联系的其他人员。

具体来说,监事的选任资格应当规定为:不得是实际控制人控制的其他公司的董事、高级管理人员或者职工;不得是与公司有密切商业往来的其他公司的董事、高级管理人员或者职工;不得是公司实际控制人,或实际控制人控制的股东或董事、经理等其他高级管理人员的直系血亲或有其他密切往来的人。规定监事会成员的任免资格,能够在一定程度上排除受实际控制人控制的监事成员,保障监事会的独立地位,让其在公司内部治理中发挥其应有的监督功效。

实际控制人违反信义义务的行为,主要是通过公司的股东或董事、高级管理人员等对公司经营活动有支配权利的人进行控制,进而掌握公司的董事会和股东会等决策机构来实现的。监事会作为公司内部的专门机构,必须发挥好内部监督的作用,这是对实际控制人进行监督的一道最重要的防线。对监事会的权利和制度进行完善,可能会导致扩大监事会的权利,但从我国公司现状来看,监事会虽然与董事会处于平行地位,董事会是主要管理公司经营活动的机构,但监事会不参与公司经营,不是决策机关,仅仅起到一个监督作用,监事在公司也远不及董事地位高。提高监事会的地位,强化其职能,能够让监事会获得与公司经营管理人员相抗衡的权利,对实际控制人进行直接或间接的监督,进而有力维护公司的利益。

---

① 《公司法》第51条第2款规定:"监事会应当包括股东代表和适当比例的公司职工代表,其中职工代表的比例不得低于三分之一,具体比例由公司章程规定……"

② 郭雳:《中国式监事会:安于何处,去向何方?——国际比较视野下的再审思》,载《比较法研究》2016年第2期。

二、加强独立董事对实际控制人的监督

独立董事制度在我国通过立法得到强力推行，目的主要在于加强董事会的独立性，完善董事会的内部监督机制。从独立董事的特别职权以及独立董事可以发表独立意见的事项来看，相关法律法规主要期待独立董事能够发挥监督功能，从而维护股东权益。鉴于此，已有研究多聚焦检验中国上市公司的独立董事是否发挥了监督功能。[①]

（一）完善独立董事的激励机制和严格问责制

我国《公司法》规定了有限责任公司的董事会成员为 3～13 人，股份有限公司董事会的人数为 5～19 人，独立董事不得少于两人。可见，我国独立董事在董事会中所占比例很小，即使其独立于董事会，仅为公司利益活动，大多独立董事也因为不愿得罪公司高级管理层而怠于行使监督权；同时，我国对独立董事激励机制的不足使其难以积极行使监督权。

激励机制主要是物质层面的薪酬激励。为了保证独立董事的独立性，应当规定一种最直接的薪酬激励机制，即独立董事实行固定薪酬制，这样能够保证其监督行为不与金钱挂钩，独立董事也不用担心其监督公司高层管理人员的行为对其薪酬造成影响，可没有顾虑地履行监督职能。那么，薪酬越高是否代表独立董事越能积极地行使监督权？答案是否定的。在实践中，担任上市公司的独立董事往往是相关人员的一份兼职，如果兼职担任独立董事的收入大致相当于甚或远高于本职时，其难免对这份兼职以及兼职服务的公司，甚至提供这个机会的大股东（或处于该地位的实际控制人）产生依赖的情感和希望继续保留这份兼职的愿望。严格来讲，这种依赖本身就是对“独立”的背离。[②] 因此，根据独立董事在不同上市公司的任职情况，探索建立合理数额的固定薪酬激励机制才是最佳选择。

但仅仅对其给予物质上的激励并不能绝对保证其积极行使监督权，固定薪酬带来的负面效果可能导致独立董事消极懈怠，此时应当对其怠于行使监督职责的法律责任进行明确规定。我国公司法仅对独立董事的权利义务进行了规

---

① 王凯、武立东、薛坤坤：《上市公司独立董事功能的识别与检验——基于 447 家上市公司问卷调查的证据》，载《武汉大学学报（哲学社会科学版）》2017 年第 2 期。

② 姜朋：《独立董事相对论》，载《中外法学》2015 年第 6 期。

定,但没有对其与普通董事作出区分,导致独立董事的权责不独立。因此,我国公司法除规定独立董事的权利义务内容外,还应当将其职能与其他普通董事进行严格区分,对消极履行监督义务的独立董事建立严格问责制度。具体来说,我国公司法应当对独立董事的行为标准进行明确规定,以此约束和评价独立董事的行为,确认独立董事的行为是否属于怠于行使监督权。同时,对其怠于履行监督权而产生的法律责任,如果其明知董事会的决策涉及实际控制人的重大关联交易,或实际控制人进行虚假信息披露,依旧不提出任何意见,通过决议,给公司造成了利益损失的,其应当承担一定程度的民事责任。当然,对于少数独立董事与公司实际控制人勾结,或通过关联交易获取不正当利益,给公司造成利益损害的,应当予以行政处罚,甚至对其实施的违法犯罪行为追究刑事责任。

(二)加强独立董事任免独立性以防实际控制人控制

独立董事的选任是其独立性的源头,我国《关于在上市公司建立独立董事制度的指导意见》规定了 7 种不得担任独立董事的人员,其对于社会关系的定义主要是直系亲属,即兄弟姐妹、岳父母、儿媳女婿、兄弟姐妹的配偶,配偶的兄弟姐妹等。我国法律应当将足以影响独立董事进行独立判断的社会关系,如同学、师生等比较亲密的关系,纳入禁止担任独立董事的人员范围,这样可以达到对实际控制人严格监督的目的。

我国公司法规定,股东大会选举董事、监事可以实行累积投票制,即在独立董事选任的表决中以该规则进行。但是该条文属于一个非强制性规范,公司内部可以选择不适用累积投票制而依然适用资本多数决的表决方式,那么实际控制人依然可以对股东大会的表决进行操控。因此,我国应当规定对独立董事选任表决的强制累积投票制,避免实际控制人直接支配独立董事的选任表决,这样才能保证独立董事真正的独立于被监督人,其对实际控制人的监督职能才能更好地发挥。

(三)完善独立董事和监事会的职能分配

我国实行的是监事会与独立董事共同监督的监督机制,虽然各有侧重,但在一些职能上存在一定的重叠,在实践中,常常出现互相推诿责任的情况,导致监督效率低下、监督不力等。完善独立董事和监事会对实际控制人的协调监督,必须对两者的主要职能进行更明确的划分。从我国公司发展现状来看,监事会仍然占据公司内部监督的核心地位,那么独立董事应当做好对监事会制度的补充。

为了避免其职能的冲突和重叠,应当将独立董事的监督职能限定在董事会内部,同时加快完善为独立董事运作而设计的董事会内部专业委员会制度,如提名委员会、薪酬委员会。具体来说,在提名委员会中可以设立一半以上的独立董事,为公司董事会成员提供合适的人选,在表决时可以按人数进行表决选举董事,通过限制董事产生的独立性来实现对实际控制人的间接监督;在薪酬委员会中至少设立一名熟悉现代企业薪酬管理办法的独立董事,对公司董事、高级管理人员的业务进行考核,监督其是否对公司尽职尽责。

三、加强中小股东对实际控制人的监督

股东是公司的实际所有权人,我国的股权分配较集中,常常表现为,一个大股东能够左右公司的经营发展方向和业务活动;同时,经营权和所有权的分离导致中小股东难以参与到公司的管理当中,一旦实际控制人对控股股东或公司的董事、高级管理人员进行支配和掌控,其利用支配地位带来的优势可以轻易损害公司和其他中小股东的利益。因此,强化中小股东的权利能力和救济机制,加强其对实际控制人的监督对有效保护其利益来说非常重要。

(一)保护中小股东的知情权

为了保障中小股东的知情权,公司法规定了实际控制人的信息披露义务,但由于信息披露会使对实际控制人不利的信息向中小股东公开,实际控制人在自身利益的驱使下会作出虚假披露、不完整披露、拖延披露等行为,损害了中小股东的知情权,因此必须完善实际控制人的披露义务,加强中小股东对其的监督。前文中已经对信息披露义务的完善进行了详细论述,在此不作赘述,具体而言,在于细化披露事项、加大信息披露义务的处罚力度等。

此外,除信息披露不完善外,我国公司中还存在不按规定向股东送交材料、拒绝股东查询公司信息的现象,给股东知情权的行使造成了很大阻碍,特别是中小股东,难以参与公司的经营管理,因此,应当明确扩大中小股东的查阅权。首先,应当对中小股东可以查阅的内容范围进行扩充,对已规定的内容进一步释明,如我国公司法规定了股东有查阅和复制公司财务会计报告①的权利,此处应

---

① 《公司法》第33条第1款规定:"股东有权查阅、复制公司章程、股东会会议记录、董事会会议决议、监事会会议决议和财务会计报告。"

当对可查阅的财务会计报告的内容作出确切的指引和说明。其次,应当对股东行使查阅权的方式进行详细规定。股东充分行使知情权依赖规范的程序,我国立法应当对查阅请求的方式、查阅的时间地点、资料的送达作出更明确的界定,使我国中小股东行使查阅请求权有法可依。

(二)完善中小股东表决权行使

"一股一权"是我国公司目前绝大多数事项的表决方式,这种表决方式成就了实际控制人对公司的完全掌握和控制。在该种表决方式下,中小股东即便发现了公司实际控制人的违信行为,也鲜有方法能够阻止。保护中小股东权利是公司发展中的重要课题,相比公司法,公司章程在保护中小股东权利上起着更直接、有效的作用。中小股东在表决权、分红权、累积投票制度和公司章程修改中处于不利地位。[①] 因此,我国必须降低实际控制人控制的大股东的地位,保障中小股东的表决权能够得以有效行使,实现其对实际控制人的监督。

首先,应当对受实际控制人支配的股东的表决权进行限制。我国《公司法》第 16 条规定了关联担保时排除受控制股东表决的制度,但该条文是我国公司法中唯一一项针对实际控制人表决权回避制度的规定。在实践中,实际控制人在很多情况下与公司作出的决策有关联,公司法应当在更多的与实际控制人有利害关系的情况下实行表决回避制度。如免除受支配股东对公司所负义务、解除其责任的表决等,都应当禁止实际控制人以及其控制的股东参与表决程序,让其他无利害关系的股东独立决定。

其次,扩大累积投票制的适用范围。目前,我国公司法对于累积投票制的规定是任意性规定,应当将其规定为强制性规定,前文中已经提到,此处不再赘述。同时,也可以扩大累积投票制的适用范围,规定对公司其他高级管理人员的选任采取该种制度,从而预防实际控制人对公司管理人员的操纵行为,让中小股东选出真正能够代表自己管理、监督公司的经营管理人员,对实际控制人进行监督与限制。

最后,改变我国"一股一权"的现状。比利时公司法规定了股东单人的表决票数不得超过总票数的 40%,这样就保证了即使掌握了公司一半以上股份的大股东也不能够直接决定公司重大决议的通过。

---

① 李镔鹏:《利用公司章程保护中小股东权利的策略》,载《黑河学院学报》2017 年第 3 期。

（三）完善中小股东的诉讼权

有权利就有救济，中小股东的救济权主要是其诉讼权。我国公司法规定，在中小股东的利益受到直接侵害时，其可以直接提起诉讼，而当公司利益受到侵害时，其可以要求董事会、监事会或不设监事会公司的监事提起诉讼，董事会和监事会不起诉或情况紧急时，股东自己也可以提起股东代表诉讼。《公司法》第151条规定的股东代表诉讼的被告包括董事、高级管理人员和第3款规定的“他人”，此处存在一个实际控制人能否作为被告的问题。《公司法》应当对第151条第3款规定“他人”作出明确界定，让实际控制人成为适格被告，实现中小股东对其的直接监督。

四、加强债权人对实际控制人的监督

债权人的利益与公司利益紧密相连，实际控制人违反信义义务，操纵公司牺牲公司利益，实际上对公司债权人利益造成了间接侵害。因此，为了对公司债权人的利益进行全面保护，给债权人维护自身权利的机会，有必要完善其对公司实际控制人的监督。由于公司债权人的特殊身份，其不可能全面参与到公司治理中，对于实际控制人行为的监督只能表现为事后监督，因此需要完善公司债权人权利救济制度。

（一）规定对实际控制人的法人人格否认制度

我国《公司法》第20条规定了公司法人人格否认制度，该制度又被称为“刺破公司的面纱”，该制度设立的目的主要是防止股东对公司独立人格的滥用，其最终想要达到的效果是保护好债权人利益。在我国司法实践中，债权人可以对滥用公司法人独立地位的股东提起诉讼，照此规定，公司法人人格否认的被告只能为公司股东。但从我国公司的实际情况来看，上市公司的股东行为容易被实际控制人支配，因此，不仅要“刺破公司的面纱”，更要刺破“面纱后的面纱”，让债权人能够直接向操纵公司的实际控制人主张权利，以此加强公司债权人对实际控制人的直接监督。在此，可以将法人人格否认制度的适用范围扩大至实际控制人，规定债权人可以对控制公司、滥用其独立人格的实际控制人提起诉讼，要求其对公司债务承担连带责任。

（二）完善债权人的诉讼权

我国《公司法》第151条规定，股东代表诉讼制度的功效主要在于维护公司股东的权利，但是对于债权人，当公司的合法权益遭到侵害时，其自身的权益也遭受了间接侵害。根据我国现行公司法的规定，债权人无法主动提起诉讼进行维权，对损害公司利益的人主张权利，只能等待股东代表诉讼。因此本书认为，应当参照股东代表诉讼制度对公司债权人的诉讼权利进行完善，赋予公司债权人在董事、高级管理人员、实际控制人违反法律、行政法规或公司章程，给公司造成损害时，提起诉讼的权利。

（三）规定债权人对实际控制人的代位求偿权

我国《公司法》第21条规定了禁止关联交易的制度，即公司的实际控制人若利用关联关系对公司利益造成了损害，应当对公司承担赔偿责任。债权人虽然可以据此对自己的合法利益进行救济，但是，公司作为独立的人格，是与债权人交易的主体，债权人救济的途径只能是向公司主张债权。为了防止被控制公司放弃该债务，免除实际控制人的赔偿义务，给债权人造成利益损害，德国《股份公司法》规定了债权人的"代位求偿权"。我国可以对此进行规定，扩大合同法上债权人代位权的适用范围，在被控制公司怠于行使赔偿请求权时，代替公司债权人行使赔偿请求权的权利，要求实际控制人及时履行赔偿义务，保证其债权能够有效实现。

债权人利益与公司利益有密切联系，实际控制人违反信义义务对公司利益造成损害时，债权人无疑会受到损失，因此，债权人在维护自身利益的同时将会积极地关注公司的运营情况，监督实际控制人的行为。此时，赋予债权人一定的监督权，能够更好地实现对实际控制人行为的约束和监督，促使其更好地履行信义义务，避免对公司利益造成损害。

第三节　完善上市公司实际控制人信义义务责任体系

义务伴随责任，如果没有责任的约束，义务得不到有效履行，法律的实施也必然软弱无力。如果仅仅规定了实际控制人的信义义务内容，而不明确责任后果并对其加以约束，那么实际控制人的信义义务将成为一纸空谈。要建立实际控制人的信义义务体系，必须要建立范围明确、标准清晰的责任体系，详细规定实际控制人在违反信义义务时应承担的具体法律责任，制订严密的制度安排，使公司、中小股东以及其他利益相关者能够有能力、有途径依法维护自己的权益，弥补自己的损失。因此,信义义务的责任体系是构建信义义务体系的关键,是有效制约实际控制人、保护利益相关人的核心制度。

一、上市公司实际控制人违信责任的认定标准

责任的确定,是为了实际控制人更好地履行职责、承担义务。责任过轻不能起到限制作用,基于人追求利益的本能,信义义务无法得以实现,会产生实际控制人过度操纵公司、损害公司利益的情形;责任过重则又限制了公司正常业务的开展,商业风险一直伴随公司活动,过重的责任后果使实际控制人基于趋利避害的考虑,很多正常的商业活动会被避免,导致公司的业务经营活动不能正常实施,也不利于公司的发展。因此,如何在二者之间找到一个平衡,是制度构建所要解决的问题,一个合理的标准,即适当、明确、清晰的认定标准,能够明确责任的范围,有利于责任的具体认定,是责任体系构建的基础和前提。前文中提到,在现有的法律框架体系下,亟待解决的问题就是实际控制人违信责任的认定标准模糊。

那么,实际控制人违信责任的认定标准又应当如何界定?学术界存在很大的争议,“主客观结合”标准主张,实际控制人在行使控制权的过程中必须要有欺诈的主观意图和行为,主客观相结合是判断违信责任的标准,要充分考虑行为人主观的动机以及客观的行为。“利益损害”标准则以实际控制人违反信义义务并且对公司或者中小股东等其他利益主体造成了实际损害为标准,只有造成损害才认定实际控制人违反了信义义务,并需要承担责任,即无损害则无责任。还有“合法程序”标准,此标准要求实际控制人的行为要符合正当程序,违反程序上的规定,即使没有造成损害也应当承担责任,反之,如果实际控制人的行为完全依照法律法规、公司章程,严格按照程序,即使是最后产生了一定的风险,也被认定为是合理范围的商业风险,而不用承担违信责任。其实 3 种违信责任标准各有优劣,所规制的重点不同,事实上,一个标准也往往不能把所有的事实行为都囊括进来。本书认为,可以根据实际控制人信义义务内容的不同,规制以不同的责任标准。体系构建是为了解决实际的问题,而由于实际控制人的信义义务 4 个义务内容不尽相同,不同的信义义务内容表现也是五花八门,不同的行为对应不同的标准,应有区别地对待每一个义务,尽可能使每一个违信行为都能得到规制。下面本书将详细对每一个信义义务的违信责任标准展开论述。

(一)忠实义务的违信责任标准

忠实义务是最重要的信义义务。信义义务要求实际控制人在自我交易或者关联交易时,如果自身利益和公司利益产生了冲突,他们应当从公司的角度出发,为公司的利益考虑。然而,自我交易和关联交易并不当然被公司法所禁止。因此,当实际控制人在自我交易和关联交易的过程中违反了忠实义务,并不容易被发现,具有很强的隐蔽性。因此,本书认为,要确认实际控制人是否违反忠实义务应当采用“利益损害”和“正当程序”兼顾的责任标准。

在通常情况下,是否发生了损害后果是判断实际控制人违信责任的必要条件。一般来讲,如果实际控制人违反信义义务,都会对公司、股东以及其他的利益相关者造成财产损失。我国《公司法》第21条规定,公司的实际控制人不得利用其关联关系损害公司利益,违反规定给公司造成损失的,应当承担赔偿责任。由此可见,立法者把财产损失作为认定实际控制人承担赔偿责任的前提条件。我国《公司法》第149条规定,董事、监事、高级管理人员执行职务时违反法律法规以及章程,给公司造成损失的,应当赔偿公司的损失。从该条规定也可以看出,如果主张董事、高级管理人员对公司承担责任,主张的一方也需要证明公司遭受了利益损害。因此,从目前的立法规定可以看出,利益损害是判断实际控制人违信责任的重要标准。同时,本书认为,有损害就应当有赔偿是公平合理的。如果一个实际控制人的不合理行为已经导致了其他利益相关人的合法利益受到了不合理侵害,仍然不要求其承担责任,那么,责任判定标准未免过于宽松,根本不能起到限制实际控制人履行义务的作用。但是,利益损害的判断在实践中却是另外一个难题,哪些未得到的利益应当算作利益损失?多大的利益损失能算作不合理的利益损失?还有一些隐蔽的损失不容易被发现等问题存在,因此,不能仅仅依靠利益损失来判断责任。

对一项实际控制人参与的具有利益冲突的自我交易或者关联交易,我们还应当审查该行为是否符合公司的正当程序规定。如果一项交易是由无利害关系的董事以一种完全符合公司程序要求的方式进行的协商交易,那么在通常情况下我们可以认为该项交易是合法公平的。一个符合程序的交易,通常会比一个违反程序的交易更能让人相信它的价格是合理的,甚至会使法官接受一个比同等条件下没有此程序制约的一个更低价格。因此,一个好的程序会使我们相信它能够制约实际控制人的控制行为,约束并限制其操控公司、攫取公司利益的行为。相反,如果一个交易违反了公司规定的合理程序,被控制的董事、高级管理人员也没有基于正当的程序审查该项交易,那么这项交易就极有可能被认为是违反了忠实义务的。事实上,国际上很多国家均采用此类做法,对交易作出形式审查。如英国,审查一项交易是否违反了忠实义务,就看该项交易否经过董事会或者股东大会批准。英国衡平法要求,董事作为受托人应当将自己的利益和公司的利益视为一体,如果一项冲突交易提前披露给董事会或者监事会并获得批准,那么董事才不会被认定违反了忠实义务。① 但是,对于自我交易或者关联交易来说,如果仅仅进行形式审查,那么很可能出现以合法形式外表掩盖非法目的的行为。

因此本书认为,对忠实义务的审查应当采取利益损害和正当程序并重的标准,在程序的公平审查以后,对于实体的公平即是否造成了公司、中小股东或者债权人等其他利益相关人的损害也应当被考虑。即对于违反忠实义务行为的审查在进行了形式审查以后,还必须兼顾对实体公平利益损害的考察。违反程序并不必然违反信义义务,因此需要在诉讼程序上以举证责任转换的方式确保兼顾形式与实质的公平。所以,在一个正当程序下进行交易行为,法院通常会倾向认定该项交易是公平合法的。原告方要反对该项交易,就必须要承担证明该项交易在事实上损害了公司利益的证明责任。反之,如果一项交易违反了公司的正当程序,那么只要有利益相关人起诉至法院,法院就可以认定这项交易违反了忠实义务,实际控制人对该项交易所造成的损失负责。除非能够举证证明这项交易是完全公平的,②实际控制人和其控制的董事、高级管理人员尽到了高于一般人的审慎审查义务,由于过失的原因而导致某些程序不合法,而不是故意或者重大过失,并且该项交易最终没有对公司造成实际损害。换言之,假设是在程序合法的条件下,该项损害结果仍不可避免,那么此时法院可以认定其符合实质公平,没有造成利益损害,继而认定实际控制人没有违反忠实义务。但是此种证明责任非常严格,基本上难以实现。可以认为原则上认定程序不合法时,实际控制人就已经违反了忠实义务。

---

① [英]保罗·戴维斯:《英国公司法精要》,樊云慧译,法律出版社2007年版,第183页。

② [美]伯纳德·S.布莱克:《外部董事的核心信义义务》,黄辉译,载《商事法论集》2006年第2期。

（二）勤勉义务的违信责任标准

当实际控制人与公司之间不存在利益冲突时，实际控制人此时的核心义务是勤勉义务，勤勉义务要求实际控制人应当承担适当的注意义务并且作出合理的、有利于公司的决策。我国《公司法》也仅仅是对董事、高级管理人的勤勉义务作出了概括性规定，而对实际控制人的勤勉义务并没有作出任何限制性的规定。由于勤勉义务本身的性质，在大部分情况下对实际控制人的要求是一种期望而不是作为实际控制人在没有达到该标准时被追究责任的法律基础。[①] 所以本书认为，对于勤勉义务在没有利益损害或者没有违反正当程序的情况下，可以当然地认为实际控制人达到了勤勉标准，自然也就不进行责任的审查了；只有当公司出现了利益损害或者出现恶意违反公司程序要求时，才会怀疑是否实际控制人在行使控制权的过程中没有尽到自己的合理注意义务，并作出了不理性的决策。但是，并不是所有出现利益损害的交易项目都可以被认定实际控制人违反了勤勉义务。如果打击所有可能存在利益损害的交易，势必会影响公司的决策，降低公司冒险的积极性进而影响公司的发展。一定程度的商业风险是公司经营中所必需的，要打击的交易是那些完全不理性的损害公司利益的交易。要区分具有一定冒险性但不是违反勤勉义务的决策，需要制订严格的排除标准，以便于在司法实践中准确地认定违反勤勉义务的行为。在美国，商业判断规则被用作审查董事行为是否尽到注意义务的标准，本书认为，对实际控制人的勤勉义务审查也可以参考该规则，具体如何适用将在后文违信责任的免责中详细阐述。

（三）信息披露义务的违信责任标准

相较传统的"二分法"，本书将信息披露义务作为实际控制人信义义务的一部分，最重要的原因是，信息已经成为现代公司经营交易不可或缺的一部分，合理的信息披露能最大限度地减少信息不对称。公司提供实际控制人以及一致行动人的基本情况，逐级披露上市公司与实际控制人之间的股权和控制关系，可以有效防范实际控制人侵害公司利益。同时，实际控制人应当书面告知实施共同控制的方式和内容，及时将委托人情况、委托或者信托合同以及其他资产管理安排的主要内容进行书面告知，能使外界知悉其与公司的关系，使债权人在投资合

---

① ［美］伯纳德·S. 布莱克：《外部董事的核心信义义务》，黄辉译，载《商事法论集》2006 年第 2 期。

作时避免不必要的利益冲突和损失。当然，以上所有的信息披露都应当配合上市公司的信息披露义务共同完成。

1.确认实际控制人信息披露的范围

要确认实际控制人违反信息披露义务的责任，首先，必须要明确信息披露的范围。但由于实际控制人的特殊身份，可能是公司董事、高级管理人员，也可能是外部的自然人或者公司。实际上，不可能列出一个客观、确定的最低披露标准，能够让所有的实际控制人都遵照履行而避免承担个人责任。因为现实的状况总是复杂多样的，要确定实际控制人的信息披露范围就不能采用列举的标准，以免挂一漏万；只能确定一个大致要求，提供给法官作为具体个案中判断实际控制人信息披露义务的参考标准。综观各国在确立公司的信息披露义务时，通用"重大性"标准。但是各国对"重大性"的判断各不相同。本书认为，实际控制人的信息披露义务也应当根据对内自我交易或关联交易时基于忠实义务附随的信息披露和没有利益冲突时公司对外正常经营交易中的信息披露，划分不同的披露标准。对内自我交易，应采用完全披露的标准，即所有与自我交易、关联交易相关的项目信息，项目参与人的所有信息以及实际控制人的所有信息都应当完全披露，因为如果股东提起实际控制人违反忠实义务的诉讼，信息披露可以为其诉讼提供必要的信息。其次，在通常情况下，实际控制人完全的信息披露，则可以发挥阻止其进行自我交易或者关联交易的作用，这也是信息披露义务本身最大的价值。最后，如果出现自我交易或者关联交易，那么证明实际控制人违反信息披露义务要比证明其违反忠实义务简单得多。如果是外部的交易，则不建议采用完全的信息披露责任，因为这种责任可能会导致过度信息披露；另外，这种责任会阻止商业冒险或者不利于鼓励忠实、勤勉的实际控制人履行其职责。因此，对外的信息披露范围可以借鉴日本关于"重大性"的认定，根据投资者的决策来判断：要求实际控制人主动披露他们认为的"信息的披露不完全会导致投资者决策的重大改变"的重大信息。当然，这是一个主观性的标准，但是可以要求，假如在事后违反了信息披露义务，造成债权人利益损害的，在法庭审判时就应当要求实际控制人承担证明该信息不会造成投资决策者即原告方决策重大改变的举证责任。这样便可以起到一定程度的对信息披露义务的限制作用。同时也可要求披露要及时，上市公司在作出对投资者投资判断有重大影响的决定之后，或者发生会产生重大影响的事实时,必须迅速披露该信息。[①] 延迟的信息披露也会造成相对方的利益损害,与不完全信息披露的责任效果相同。

2. 规范实际控制人信息披露行为

前文确立了判断违反信息披露义务的范围标准,在确定实际控制人是否违反了信息披露义务时,还应该审查实际控制人的披露行为是否符合要求。例如,是否严格地履行了自己的信息披露义务,披露信息是否及时。若信息披露总是在实施控制行为之后,则信息披露的作用就不能得以实现。再如,审查披露的信息的真实性、准确性和完整性,虚假记载、误导性陈述或者重大遗漏等误导投资者的信息披露情况都是不被允许的。因为这样的信息披露势必也会损害公司、股东或者债权人的利益。[②] 实际控制人不合理的披露行为也应当受到与不完全履行信息披露义务同等的责任处罚。

(四)特殊经营状态下特殊义务的责任标准

前文列举了在公司破产、解散以及被收购3种特殊状态下的信义义务。在这3种特殊状态下,实际控制人都面临失去控制地位或者失去公司的状况,实际控制人完全有可能通过控制权侵吞公司资产或者选择与自己有利益关系的收购方。因此,特殊经营状态下实际控制人存在特殊的责任标准。

公司在被收购的特殊状态下的特别义务可以被一个中等审查标准所涵盖。中等审查标准是介于商业判断规则免责下的较宽松的勤勉义务判断标准和完全公平标准下的严格的忠实义务判断标准之间的审查标准。[③] 因为在这种特殊的情况下,实际控制人要想直接控制公司的可能性并不大,如果直接适用忠实义务的审查标准则有些过于严苛。但是相较没有利益冲突下实际控制人的勤勉义务,在特殊时期,实际控制人与公司利益存在较严重的利益冲突,所以过于宽松的规则不能够发挥规制实际控制人的作用,从而导致对公司利益的损害。因此,在该种情况下,需要法官在审理案件过程中作出特别审查,参照忠实、勤勉义务的审查标准,限制实际控制人的责任。

---

① 吴建忠:《论证券交易所对上市公司信息披露的监管》,华东政法大学2013年博士学位论文,第128~133页。

② 徐来:《实际控制人法律制度研究》,西南政法大学2011年博士学位论文,第69、129页。

③ [美]伯纳德·S.布莱克:《外部董事的核心信义义务》,黄辉译,载《商事法论集》2006年第2期。

在公司处于破产或者解散的情形下，在面临公司即将消亡时，实际控制人作为实际参与公司经营的主体，非常了解公司的经营状况并能够提前预知甚至干涉公司的发展趋势，很容易抓住最后的机会，利用自己的控制权转移公司最后的优质资产，留下一个“空壳”给其他债权人。实际控制人利用公司破产为自己谋利，因此需要恰当地引入衡平居次原则对破产或者解散时期的实际控制人的债权进行限制。但是衡平居次原则对实际控制人的限制并不针对实际控制人的全部债权，这样就很可能导致实际控制人对从属公司的消极作为，从而错失挽救机会。通常而言，在如下几种情况中可以推定实际控制人的债权是恶意的：第一，已经发生前述的因实际控制人违反忠实、勤勉、信息披露义务而导致公司重大损失并直接或间接使公司陷入经营困境而破产、解散，那么前述实际控制人对公司的债权应当首先按照前述忠实、勤勉义务的要求解除不公平的合同，并赔偿公司的损失。在出现履行不能的情况时，才适用衡平居次原则，实际控制人对公司的债权应当次于其他普通债权人清偿。第二，实际控制人利用控制地位为自己设立担保来获取优先受偿的地位，把风险转嫁给脆弱的从属公司和其他债权人承担的行为也应当适用衡平居次原则。第三，实际控制人有可能利用独立人格制度，强制公司进行经营决策，使公司成为谋取自身利益的工具。在这种情况下，这种无视公司独立人格制度的行为，但程度还没能达到完全混同的标准或者主体的资格不满足严格的人格否认的法律标准时，也是可以适用衡平居次原则的。第四，出现公司资本严重不足的情况时，可以推定实际控制人的债权是侵害公司权益的，但如果实际控制人能够举证证明该债权是为了挽救公司而公司资本不足是正常的商业风险所导致的，也应当免于适用。总而言之，当公司处于解散或者破产的特殊情形时，要考察实际控制人对公司的债权是否是基于不公平的交易所产生的或者该债权是否会压缩公司资本、削弱公司抵抗风险和偿还债务的能力。如果是符合以上要求的债权，就应当适用衡平居次原则。

综上，将实际控制人信义义务的责任按照不同的义务内容划分，忠实义务采取“利益损害”和“正当程序”并重的责任标准；勤勉义务则是“利益损害”或者“正当程序”兼顾的商业判断规则免责的责任标准；明确信息披露的具体范围以及规范信息披露行为；至于特殊的信义义务责任要在公司破产和解散中恰当运用衡平居次原则，以及参考勤勉、忠实义务的责任标准。这样的设定可最大限度地包含所有的控制行为，并提供给法官作为在具体案件审查中判断责任的参考标准。与传统的统一四要件判定规则不同,本书没有论述实际控制人的主观恶意以及因果关系等问题,没有试图建立一个合理的责任标准将其规制在其中,而是着重明确每一个义务内容下行为的判断标准,并且在每一个责任标准论述的过程中,将实际控制人的主观意图等内容都包含在内。无论是自我交易、关联交易,还是信息披露等违反信义义务的行为,前文的论述都会给法官在具体案件审查中提供一个有效参考。

二、上市公司实际控制人违信责任的类别

(一)禁止令的引入

引入禁止令是有一定必要性的。首先,禁止令这种责任形式不同于损害赔偿等责任形式的事后补偿性,其具有事前或者事中的预防性、及时性。其次,禁止令这种事前或者事中的救济又可以避免不必要的损害发生,使公司事务更加高效。在美国法中,禁止令一般适用于以下情况:(1)如果公司在完成自我交易之前,诉讼被提起,在公平程序没有被遵循或者公平结果无法预期的情况下,法院可以颁发禁令对自我交易行为进行干预。(2)独立股东违反信义义务,在股东投票前没有更好的信息披露,此时法院也可以颁发禁令或者重新进行投票。在上述情况中可以发现,运用禁止令的情形总是在损害还没有发生或者没有完全发生的情况下被颁布的,这可以及时止损,并且比等到损害已经发生的事后补偿更具效率。那么,如果该制度引入我国,其运用的场合也应该没有大的差别,例如,在实际控制人违反信义义务准备自我交易时,此时公司或者股东提起诉讼,法院可以根据相关人的申请颁布禁令;或者在实际控制人违反信息披露义务时,股东投票还没有开始,此时法院也可以根据相关人的申请颁布禁令。

根据上文提到的违信责任标准认定,在违反忠实义务时,如自我交易这一类活动,应当首先由申请禁止令的人来提供实际控制人没有遵循合法程序的事实,或者提供相关人因实际控制人的自我交易行为而可能或正在受到损害的事实。在违反信息披露义务时,如果是对内交易,申请人要提供实际控制人没有完全披露信息的事实;如果是对外交易,则应当要求申请人承担证明没有披露的信息会造成投资决策者也就是原告方决策的重大改变的举证责任。这与事后救济中由实际控制人承担举证责任并不相同。

(二)损害赔偿责任

损害赔偿是我国民事责任中最基本的责任类别,在公司实际控制人违反信

义义务时所承担的责任中,也不例外。我国《公司法》第21条与第152条也有此规定。该法第21条规定,当公司实际控制人利用其关联关系损害公司利益,给公司造成损失的,应当承担损害赔偿责任。该法第152条规定,董事、高级管理人员违反法律、行政法规或者公司章程的规定,损害股东利益的,股东可以向人民法院提起诉讼。对于该法第21条,任何实际控制人违反其规定都可以适用,而第152条则值得探讨。当实际控制人属于董事或者高级管理人员时,是可以直接适用的,如果实际控制人是董事和高级管理人员之外的人,是否还可以适用这一规定?实际控制人虽然不是公司内部的人,但其操纵公司的行为是极有可能损害股东利益的,而且有可能是通过控制董事、高级管理人员来实施这一行为的,因此会出现真正应当承担责任的人反而不承担责任的情况。因此,应当将实际控制人纳入《公司法》第152条规定的责任主体的范围,或者在处理实际控制人违反信义义务而造成股东利益损害的情形下参照适用第152条。

损害是否发生即是认定实际控制人是否违反忠实义务的标准之一,当实际控制人实施了自我交易或关联交易等一系列活动,造成相关利益人损失,一般认定实际控制人违反了忠实义务,除非实际控制人可以证明其没有违反合法程序且其主观无过失与故意。认定实际控制人违反信义义务并造成损失的,实际控制人应当承担损害赔偿责任。在实际控制人违反勤勉义务的场合,情况基本上与上述违反忠实义务的情况类似,但值得注意的是,根据商业判断标准来区分冒险的商业行为与违信行为,即根据商业判断标准可以排除一些虽然造成损害结果但没有违反信义义务的行为,对于这种行为,实际控制人无须承担损害赔偿责任。

(三)公司归入权

我国《公司法》第148条规定,董事、高级管理人员如果违反了该条第1款规定的义务(相关信义义务)而取得的收入归入公司所有,即公司在此种情况下可以有收缴其所得的权利。当实际控制人操控董事或者高级管理人员时,可以当然适用这一条,而如果是在除董事和高级管理人员外的其他实际控制人的情况下,目前没有规定。但本书认为,该条第1款的第5~8项都是实际控制人可能违反信义义务的情况,此时如果将实际控制人纳入规制的范围,无论是对公司、中小股东还是债权人都是很有利的。因此,该条的责任主体可以扩张至实际控制人,或者在实际控制人行为违反以上规定时参照适用。

三、上市公司实际控制人违信责任的免责条款

前文具体规定了实际控制人的违信责任认定标准以及责任类别，意图能够尽可能地规范所有的违信行为。但对于法律责任来说，它的作用并不是为庞杂的组织设定一些琐碎的条文以扼杀企业家精神，而是为了建立一种制度以便更好地使用控制权，最重要的是，为了保持竞争标准和执行人员的廉洁本质。[①] 前文提到，并不是所有造成利益损害的自我交易和关联交易行为都违反勤勉义务。出于对商业冒险积极性的考虑，严格的勤勉义务可能会导致哪怕是极其微小的商业风险，甚至可能导致重大的责任风险。实际控制人会过于谨慎而导致公司经营停滞，并不利于公司发展。因此，在公司对外经营交易的行为上我们对实际控制人的勤勉义务、特殊阶段的特殊义务甚至是信息披露义务中对外不恰当的信息披露，都需要引入商业判断规则进行约束。

法官在审理判断实际控制人是否违反勤勉义务、尽到合理的注意义务时，因为法官通常不了解商业经营，存在专业知识的局限性，因而很难判断出实际控制人所作出的决策是否是基于合理的考量以及该项交易的商业风险是否在公司可承受、可预见的范围内，是否符合公司的发展规划。因此，引入商业决策规则，商业决策往往是可以迅速作出的，哪怕是在极其严苛的信息不对称的情况下，也能运用专业知识帮助法官判断一个决策在作出时，是否基于一般商人的合理考虑与审慎。此外，过分的限制不利于商业冒险，而商业判断规则会鼓励冒险甚至是冒较大风险。公司的实际控制人以及董事、高级管理人员不应当为公司发展战略上的风险带来的损失承担个人责任，他们只需要对自己的重大不合理行为付出代价，而法官不应该惩罚那些基于善意而犯错的实际控制人。

四、上市公司实际控制人违信责任的救济形式

（一）通过股东诉讼进行救济

1. 股东直接诉讼

目前，我国针对股东权益被直接损害的这种情形，是可以通过《公司法》第

---

① ［英］乔纳森·查卡姆：《公司常青：英美法日德公司治理的比较》，郑江淮、李鹏飞等译校，中国人民大学出版社2006年版，第103页。

22 条或者第 152 条的股东直接诉讼来救济的。当加害人的身份是董事或高级管理人员时,构成要件包括:(1)实际控制人违反法律法规或者公司章程的规定,通过操控董事及高级管理人员对公司实施了直接控制行为;(2)该行为直接损害了公司股东的利益。此时,股东可以直接以实际控制人为被告向人民法院提起诉讼。还有一种情况,即不以实际控制人为被告,而是以公司为被告。包括《公司法》第 22 条所规定的股东会或董事会决议撤销之诉,以及第 74 条规定的异议股东股权回购请求权。在这种诉讼中,实际控制人不会承担责任,但是由于其操控的会议结果会被撤销,或者中小股东通过股权回购请求权保护自身的利益,也不失为一种股东针对实际控制人控制行为的救济形式。但是讨论的问题是,上市公司的实际控制人违反信义义务时如何救济,因此,异议股东的股权回购请求权不在讨论之列。

根据前文所述,我国现有的股东诉讼模式对于实际控制人违反信义义务所造成损失的救济并不周延。在股东直接诉讼中股东针对的对象仅包括处于董事和高级管理人员地位的实际控制人,对于不是通过控制董事或高级管理人员却能通过投资协议关系、协议或者其他安排能够实际控制公司行为的人缺少制约。根据我国《公司法》第 21 条的规定,实际控制人利用关联关系损害公司利益的,要承担损害赔偿责任,对于这一点,我们可以通过股东派生诉讼对其进行责任追究。实际控制人如果违反了信义义务,直接损害了股东的权益,也应当允许股东直接针对实际控制人追究其责任。本书建议在股东直接诉讼中,另行规定这种情况,或者相应扩大《公司法》第 152 条中的责任主体范围。同时,还应该健全股票交易市场上的信息机制,减少相关人员违法和中介机构造假的情况。

2. 股东派生诉讼

股东派生诉讼的出现,解决了这样一种情况,即当实际控制人实施一系列违反信义义务的行为而对公司造成损失时,本应对实际控制人追究责任的董事会或监事会却因被实际控制人所操控而无法履行其职责。目前,我国《公司法》第 151 条已经将股东派生诉讼确定下来,但规定十分粗略,只有一个框架,更多的是偏向宣示的作用。对于股东派生诉讼,各国均有相关规定,可以从理论上找到该制度的合理性。由于公司在法律上是有独立人格的,因此针对直接对公司自身的侵害,股东本不应该是适格原告,但股东派生诉讼直接赋予股东一个代位性质的权利,使其成为适格原告,导致这一制度在本质上与公司法人人格否定制度有异曲同工之效，皆是跳过公司的独立人格，直接指向背后滥用公司人格的人员。只是股东派生诉讼的提出主体是公司股东，而公司法人人格否认制度的提出主体是公司的债权人。

由于股东派生诉讼现阶段还不十分完善，例如，在股份有限公司中，中小股东的力量本来就十分弱小，其在实际控制人操纵公司时尤甚，在面对力量悬殊很大的实际控制人时，是否要降低中小股东提起股东派生诉讼的持股比例？但这也可能带来负面的风险，例如，可能会造成中小股东的恶意诉讼。本书偏向引入一个既可以规避恶意诉讼风险，又可以降低中小股东提起该诉讼的持股比例的条件，如考察中小股东的主观条件。为了降低原告股东与实际控制人不当和解的风险，应当在股东派生诉讼中，允许其他股东加入诉讼。在诉讼费用的承担问题上，如果原告股东胜诉，那么应该由被告承担诉讼费用，而如果原告股东败诉，那么需要考虑原告股东的主观状况，若其属于善意，则由公司承担。这里的善意是一种主观标准，由法官对股东的主观动机进行审查，要求股东此时是为了公司的利益而提起诉讼。若其属于恶意，则由原告股东自己承担。这种细化设计既可以避免股东因担心诉讼费用由自己承担而放弃诉讼，又可以降低股东恶意诉讼的风险。

（二）通过公司法人人格否认制度进行救济

公司法人人格否认制度在我国《公司法》第20条得以规定，该制度是为了弥补股东有限责任的弊端而设计的。股东的有限责任为公司筹集资本、公司的蓬勃发展作出了极大的贡献，但其弊端在于牺牲了债权人一定的利益，以利益的天平偏向股东而换取经济的发展。为了使天平不要过度倾斜，公司法人人格否认制度被设计出来。由此可以看出，公司法人人格否认制度本质上是在保护债权人的利益。我国目前法律上规定的公司法人人格否认制度，其主体只包括股东。这一点实际上是值得探讨的。

可否将责任主体扩张到实际控制人，这里的实际控制人包括除实际出资人外的协议型实际控制人，这在理论上也存在争议。首先，正如前文所述，实际出资人（又称隐名股东）不属于实际控制人，股权代持并不会导致协议型实际控制人的产生。其次，本书偏向认同可扩张到实际控制人。在庞大的公司集团里面，集团内部各个公司之间交易频繁，发生金额巨大的债权债务关系是常见的事。而其中，处于实际控制地位的公司往往利用其特殊优势优先实现自身债权，顺利回避了经营风险和财务风险，但此种行为严重损害了受控制公司的其他债权人的合法利益。此时，公司的独立人格已经受到了实际控制人的影响，所以应将主体扩张到实际控制人是符合这个制度的目的的。但也有观点认为，如果扩张到实际控制人有点太远，应该严格限定公司法人人格否认制度的适用。事实上，将公司法人人格否认制度适用的主体扩张并不代表放开了公司法人人格否认制度司法适用的严格程度，只是将制度适用主体范围扩大，在司法适用时仍然要严格限定，法官不能随意引用法人人格否认制度来使股东、实际控制人承担连带责任。如果将主体完全扩张至全部实际控制人对现阶段来说难以接受，那么即使不将主体范围扩张至实际控制人，至少将“股东”解释为包括实际出资人在内则是适当的。

（三）通过债权人代位权诉讼进行救济

前文已述，债权人能行使的维权机制并不完善，债权人代位权制度的引入可以在一定程度上解决这个问题。债权人代位权制度自设立以来，对于保障债权的实现功不可没。在代位权制度中，最具争议的莫属行使代位权之效果归属问题。① 债权人代位权是指在符合法律规定的情况下，公司的债权人可以通过债权人代位权制度获得救济。该制度在我国《民法典》第535条有规定，但该法规定的是一般代位权制度，此处所讲是将合同法中的代位权制度引入，来解决在特定情况下实际控制人违反信义义务、债权人如何获得救济的问题。债权人代位权制度与上文所论述的公司法人人格否认制度的价值取向是一致的，都是为了保护债权人、实现公平正义。这个制度引入公司法中作为对实际控制人的责任追究形式是可行的，具体情况包括：当实际控制人违反信义义务，对公司造成损害，此时公司享有对实际控制人的债权，而又怠于向实际控制人追偿。如果公司不向实际控制人追偿，将会影响债权人债权的实现，那么此时赋予债权人代位权，即跳过公司直接向实际控制人追偿。

债权人代位权的行使需要符合以下几个要件：首先，公司对实际控制人有合法的债权（实际控制人违反信义义务对公司造成了损害）且该债权已经到期；其次，债权人对公司有合法到期的债权；最后，公司怠于向实际控制人追偿，并且怠于追偿行为对债权人的利益造成了损害，直接影响债权人债权的实现。在行使

---

① 龚恒宇：《债权人代位权效果归属之辨析》，载《法制与社会》2017年第3期。

代位权时,次债务人对原债权人的抗辩可以对代位债权人继续行使。

(四)通过监事会诉权的行使进行救济

当实际控制人操控董事或者高级管理人员时,若违反我国《公司法》第 149 条的规定,其应承担相应的赔偿责任。《公司法》第 151 条中不仅赋予了股东对其责任进行追究的权利,同时赋予了监事会对其责任进行追究的权利。因此,本书在此将对监事会如何行使其诉权提出一些建议。

监事会的诉权,是指监事会基于其在公司里的职能,通过向法院提起诉讼实现保护公司利益的一种权利。我国《公司法》在第 53 条第 6 项和第 151 条中规定了监事会的诉权问题。该法第 151 条规定的股东派生诉讼的前置程序即准备代表公司进行诉讼的股东应当先书面请求监事会向人民法院提起诉讼。该法第 53 条第 6 项即规定公司监事会可以依照该法第 151 条的规定,对董事、高级管理人员提起诉讼。但我国公司法的规定只是很笼统地承认监事会有诉权,至于更具体的内容,例如,监事会可否独立提出诉讼,还是代表公司提起诉讼?被告包括除董事、高级管理人员外的实际控制人吗?监事会可否主动提起诉讼?诉讼费用如何承担?上述问题都是亟待解决的,否则法律承认监事会诉权也是没有意义的。

首先,监事会是否具有民事诉讼的主体资格?根据我国《民事诉讼法》第 48 条的规定,只有公民、法人和其他组织可以作为民事诉讼的当事人。《关于适用〈中华人民共和国民事诉讼法〉的解释》第 52 条将其他组织的范围已经界定清楚:合法成立、有一定的组织机构和财产,但又不具备法人资格的组织。由此得知,监事会没有民事诉讼的主体资格,其只能代表公司,并以公司的名义进行诉讼。在我国可以代表公司进行诉讼的,有规定的只有公司的法定代表人,和在某些情况下的股东(股东派生诉讼)。所以,本书建议,我国可以建立监事会代表诉讼。其次,被告是否可以是除董事、高级管理人员外的实际控制人?虽然监事会代表公司进行诉讼本质上是为了维护公司利益,如果将其他实际控制人也纳入被告的范围则可以加大维护公司利益的力度,但是,监事会的职权却难以包括监督其他人,监事会可以监督的只能是董事、高级管理人员,如果扩宽这一范围,有可能存在变相加大监事会职权之嫌,或者形成一纸空文。我国《公司法》第 151 条的文义对监事会的诉权有这样一个限制,即只有符合条件的股东向监事会提出书面请求后,监事会才能获得这一权利。因此传统观点认为,监事会的诉权有一个前置程序,监事会不可以主动提起诉讼。但是本书不同意这样的观点。《公司法》第151条虽然在文义上是这样解释,但其实第151条只是对股东派生诉讼的前置程序作了规定,仅说明符合条件的股东如果要进行派生诉讼,前提是监事会、董事会没有提起诉讼。因此,这条规定并没有限定监事会进行诉讼的前置程序。

关于诉讼费用的承担问题,我国《公司法》第56条和第118条规定了监事会行使其职权时所需要的费用由公司承担。但是,由于控制财务的不是监事会,因此,诉讼费用的预支可能会存在障碍。为防止因障碍导致监事会无法行使诉权,故可以参考日本的相关规定,例如,公司如果不能证明这笔费用不是必要的,那么公司不能拒绝承担。至于诉讼结束之后最终由谁承担则存在如下情况:若监事会胜诉,则由败诉的被告承担;若监事会败诉,此时可以区分监事会的主观心态,如果监事会是善意的,那么依旧由公司承担费用,如果监事会是恶意的,那么监事会应当就恶意诉讼承担相应责任。这种规定既可以鼓励监事会主动行使其职权以保障公司的利益,又可以降低监事会恶意诉讼的风险。

第四节 上市公司实际控制人信义义务体系构建的实现路径

一、构建信义义务体系最优路径的探索

本章前三节针对前一章提出的现有上市公司实际控制人信义义务制度中存在的不足提出了诸多有建设性的完善意见及制度假想。完善的体系有赖严谨、有效的机制配合,然而对于我国这样一个成文法国家来说,只有落实到法律规范的文字中的制度才有实际意义。那么,如何能够将诸多完善机制,有效、稳定、有执行力地确定下来?路径不外有三:一是立法,通过立法机关制定新法或者通过修正案形式在公司法中构建实际控制人信义义务机制;二是司法,揣摩立法意图,通过司法解释对原有规定模糊不清的法律条文作进一步解释,以正本清源;三是规章、行业规范、指引,通过证券监督管理机构(证监会)制定的规章、办法等规范性文件和行业自律监管机构(两个交易所)制定的规则、办法、指引来规范实际控制人信义义务体制机制。选择何种路径将对于理论能否有效落实至关重要。

这3种模式各有其优点与不足,应从我国现行法律体系中对于实际控制人规制的现状及3种模式实现的可能性进行分析,选择最合乎实际的实现路径。

(一)实际控制人规范分布的结构性分析

从第四章第一节"上市公司实际控制人信义义务的立法现状梳理"中我们可以看出,目前,我国关于实际控制人的规范在法律层面主要集中于《公司法》和《证券法》这两部商事基本法;在司法解释层面上则零星分布于最高人民法院《关于审理证券市场因虚假陈述引发的民事赔偿案件的若干规定》等文件的部分条文中;同时,又广泛存在于诸多行政法规、规章、办法等规范性文件中:证监会发布的《收购办法》等一系列文件①以及两个证券交易所分别制定的指引。② 由此可见,法律、法规、规章及其他规范性文件共同构筑了我国关于实际控制人的法律规范体系。

从内容上看,实际控制人的基础性、原则性规范主要存在于法律层面的文件中;而司法解释则是对实际控制人的部分机制进行扩展;③更翔实、具体的解释性、应用性内容则多存在于证监会和深、沪交易所制定颁布的规范性文件中,这也是由证券行业发展的特点所决定的,与股市和上市公司发展状况相比,滞后的法律条文难以望其项背;此外,证监会和深、沪交易所负责证券行业的行政监管与自律监管,对证券行业,尤其是上市公司的监管轻车熟路。因此,在实践性和专业性方面,证监会和深、沪交易所制定的规范性文件在规制监管上更具针对性、反应更迅速而且规定得更加细致、具体。然而,在司法实践中,实际控制人在法律认定上存在冲突,如我国公司法规定实际控制人是股东之外的人,而最高人民法院《关于审理证券市场因虚假陈述引发的民事赔偿案件的若干规定》却将控股股东认定为实际控制人。④

---

① 包括《上市公司章程指引》《收购办法》《上市公司治理准则》《关于进一步提高上市公司质量的意见》《关于加强社会公众股股东权益保护的若干规定》《〈首次公开发行股票并上市管理办法〉第十二条"实际控制人没有发生变更"的理解和适用——证券期货法律适用意见第1号》等。

② 包括《上海证券交易所上市公司控股股东、实际控制人行为指引》(部分失效)、《深圳证券交易所上市公司规范运作指引》(2020年修订)。

③ 最高人民法院《关于适用〈中华人民共和国公司法〉若干问题的规定(二)》(法释〔2020〕18号)第18条、第19条的规定。

④ 该司法解释第7条规定:"虚假陈述证券民事赔偿案件的被告,应当是虚假陈述行为人,包括:(一)发起人、控股股东等实际控制人……"

（二）实际控制人规制体系的特征

由上文可以看出，我国现行的实际控制人法律规范体系存在如下特征：

（1）多种法律规范形式协同规制，但在层次分布上呈现不均衡形态。法律层面对实际控制人的规制存在疏漏，缺乏一般性规定，内容有明显的局域性色彩。①

（2）多种法律规范在内容上互相冲突。该冲突在实际控制人的概念界定上明显突出，例如，《公司法》与深交所的指引、最高人民法院的司法解释出现概念上的分歧。

（3）存在规制实际控制人行为的专门文件，内容主要集中于实际控制人的忠实、勤勉义务，构建了较完善的信义义务体系，但效力层级不够高。

（三）基于结构性分析的实现路径规划

从前文分析中可以看出，实际控制人的法律规范零散分布于多种法律规范形式的文件中，《公司法》与《证券法》仅有部分一般性规定，内容多见于关联交易、信息披露与责任承担；司法解释主要承担扩展现有的实际控制人机制以满足司法实践需求；在证监会制定的规章、办法、指引中，零星可见关于实际控制人的规定，如表决权排除规定与关联交易中实际控制人的禁止行为；位次最低的深、沪交易所制定的指引，对实际控制人的规制最详细，内容翔实，但效力备受质疑、力度有限，在司法方面也一直未获得认可。

基于以上分析，本书认为，实际控制人信义义务体系的构建应当尊重现有框架结构，在法律层面补充一般性、原则性的实际控制人信义义务内容更妥当，但是法律可以授权将具体的机制构架授权给证监会与作为行业自律监管组织的证券交易所来制定，以此可以解决证券交易所制定的指引准用上的瑕疵；司法解释对现有的机制进行扩展完善，使之满足实际控制人信义义务体系构建的需要；证监会应当承担起构建完善具体的信义义务机制的重任，吸收整理深、沪交易所已有的关于实际控制人信义义务的内容，发布专门的规范性文件以规范该部分内容，从而解决两个证券交易所制定的文件效力不足的问题；深、沪交易所各自制定了有关实际控制人的指引，二者在部分内容上由于证券市场的不同而存在差异，因此，应当在证监会制定的规范文件范围内进行细化和补充，以应对在市场

---

① 《公司法》中对于实际控制人的内容主要是在关联交易方面与公司清算中对债权人的赔偿责任上；《证券法》中对实际控制人主要围绕信息披露展开。

实践中出现的新问题，这也是由证券交易所本身的特点所决定的，应当鼓励自律监管机构发挥对行业加强监督的导向作用。以此路径进行实际控制人信义义务体系的构建在实践难度上较“牵一发而动全身”的立法形式低得多；对现有的框架进行梳理，调整存在冲突的部分，对维护法律体系的稳定性和统一性具有积极意义。此外，制定效力更强的有关实际控制人的专门性指引，可以降低规范适用难度，对司法实践也有所裨益。

二、最优路径上的实际控制人信义义务体系构建

依前三节内容所述，针对我国上市公司实际控制人信义义务体系提出的完善措施主要围绕规范实际控制人信义义务体系基本内容、完善监督机制和健全责任体系三方面展开。在规范体系基本内容方面，主要是规范实际控制人的忠实、勤勉义务与信息披露义务，这些内容在法律层面的规范性文件中应当予以明确，明确义务主体与内容；至于各种具体情境下的实际控制人信义义务与负面清单的设计可以由证监会制定的规章和其他规范性文件来具体规制。在完善监督机制方面，主要围绕完善现有的监事会、独立董事机制展开，基于监事会和独立董事设计我国公司“三会”结构，提高监事会地位、完善监察制度的工作只能由法律来完成。在健全责任体系方面，需要明确实际控制人违信责任的认定原则、违信责任的构成要件和违信责任的形式与后果，这些内容规定在法律中更妥当；同时，股东诉讼及法人人格否认制度等保障性机制由司法解释予以拓展完善即可。以下将按法律规范形式的层级分别表述具体的制度构建与完善。

（一）法律层面的制度构架

法律层面对实际控制人的规制，主要集中于实际控制人信义义务一般性和原则性的内容、部分新机制的引入，以及其他规范性文件不适宜、不能规制的违信责任机制构建。

1. 完善实际控制人的忠实义务法律规制

明确实际控制人负有忠实义务，明确违反忠实义务的后果，同时将利益冲突交易的判断标准放入司法解释中进行规制。如前所述，根据实际控制人控制行为方式的不同，实际控制人有可能处于控股股东、董事或经理层 3 种不同的地位。目前《公司法》中规定的忠实、勤勉义务主体仅有董事、监事和高级管理人员，应当将实际控制人纳入其中。

结合我国《公司法》法条中的表述，可将原有的主体“董事、监事、高级管理人员”修改为“董事、监事、高级管理人员及任何处于该地位的人”。所以《公司法》第147条可修改为：“董事、监事、高级管理人员以及任何处于该地位的人应当遵守法律……勤勉义务。董事、监事、高级管理人员以及实际控制人不得利用职权……”将《公司法》第148条修改为：“董事、高级管理人员以及任何处于该地位的人不得有下列行为……”将我国《公司法》第149条修改为：“董事、监事、高级管理人员以及任何处于该地位的人执行公司职务时……”

对于处于控股股东地位的实际控制人，还应扩张其履行忠实义务的对象至债权人，因此还需在《公司法》中增设条款，即“控股股东及任何处于该地位的人不得滥用公司有限责任和法人人格制度逃避债务，损害债权人利益”。

2. 完善监事会监督机制，加强对实际控制人的监督

在前文中可以看到，我国监事会正处于“有名无权”的境地。我国公司法制度中“三会”结构，将监事会设计为与董事会处于平等地位。然而在实际情况中，往往由于监事会的经济地位、监事与公司的劳务雇佣关系导致监事会对“平级”的董事会的监督缺少威慑与制约，行使职权时容易受到阻碍。缺乏完善的制度保障，监事会甚至在履职受阻的情形下都无法获得救济，有效的监督更是难以实现。因此，本书认为，完善监事会机制，应当从完善监事会的职权规定，加强可操作性，完善监事会行使职权的保障机制、救济机制与强化监事会行使职权独立性等方面进行完善。

(1)完善、增加监事会职权

在我国《公司法》第53条中增加监事、监事会的职权为：“监事有查阅会计资料和会计账簿的权利，必要时可以直接要求实际控制人提供财务会计报告，并有权要求实际控制人对相关的业务行为及进展情况进行报告。”

赋予监事会判断实际控制人是否违反信义义务的初步判断权和进一步展开调查的权利：在证据充分、能够表明实际控制人有违反信义义务的行为时，监事会应当有权设立特别调查委员会，开展正式的违信调查。

赋予监事在特殊情形下以个人名义行使监督职权的权利。增加条款：“监事个人发现实际控制人正在进行违信行为，如果不立即开展调查将对公司利益造成损害，但监事会由于某种客观原因难以立即开展调查或怠于行使监督权，监事可以以个人名义展开调查，检查财务、会计资料，并随时向监事会报告调查进展

情况。”

(2)完善监事会行使职权的保障机制与救济机制

增加妨碍监事会行使职权的处罚和监事会救济的条款:“董事、高级管理人员如果妨碍、阻挠、故意不配合监事的监督工作,不提供监事所要求的财务、业务等信息,监事会可以向股东会提出罢免议案,股东会必须立即召开临时会议审查议案;并有权向人民法院申请对董事、高管、实际控制人的违法违章行为做出禁止令。”

增加条款:“监事在任期届满前,股东会或股东大会不得无故解除其职务。”

(3)强化监事的任职资格限制与能力要求

增加监事任职资格限制和能力限制条款:“不得是实际控制人控股或控制的其他公司的董事、经理、其他高级管理人员或者职工;不得是与公司有密切商业往来的其他公司的董事、经理、其他高级管理人员或者职工;不得是公司实际控制人,或实际控制人控制的股东或董事、经理等其他高级管理人员的直系血亲或有其他密切往来的人。”“职工监事外的其余监事应当具备一定的从业经验,职工监事应当熟悉了解法律法规、公司经营,职工监事当选后监事会应当对其进行培训。”

(4)强化监事会行使职权的独立性

“监事会每年提前提出监事计划,股东会审查通过后,董事会必须预支包含监事薪酬和监察开支在内的专门款项,保证监事在经费上的独立性;若股东会不通过或董事会拒绝支付,监事会可以向人民法院提起诉讼。”

3. 强化中小股东对实际控制人的监督机制

(1)完善股东查阅权的程序保障

股东知情权是行使其他股东权的前提与基础。最高人民法院《关于适用〈中华人民共和国公司法〉若干问题的规定(四)》从适当扩张原告股东范围、界定“不正当目的”的内涵、设定公司限制股东知情权的意思自治边界、强化裁决书的可执行性、构建各方滥用权利者的赔偿责任机制等方面对股东知情权诉讼规则作出了明确而具体的规定。① 股东知情权在股东权利体系与公司治理结构中发

① 李建伟:《构建各方权责利平衡的股东知情权诉讼规则》,载《人民法院报》2017 年 9 月 1 日,第 2 版。

挥重要且独特的功能,它既是一项基本股东权,同时也是行使其他股东权的前提与基础。《公司法》应当对查阅请求的方式、查阅信息的时间地点、资料的送达作出更明确的规范。例如,可以规定股东行使查阅权必须以书面方式向董事会申请,董事会收到书面申请后应当在3个工作日内予以回复,若同意股东查阅,则应在3个工作日内将股东所需材料备齐;若不同意股东查阅,应给出理由。股东若不满意董事会的拒绝理由,可以向人民法院提起诉讼。

(2)对受实际控制人支配的股东的表决权进行限制

目前,我国公司法中对于限制受控制股东表决权的情形仅限于关联担保,应当在更多与实际控制人有利害关系的情况下实行表决回避制度。

在《公司法》第16条中增加排除受控制股东表决的情形:如免除支配股东对公司所负义务、减轻其责任的议案,都应当禁止其参与表决程序。

(3)在监事、董事的选任表决时强制适用累积投票制

将《公司法》第105条中"股东大会选举董事、监事,可以依照公司章程……实行累积投票制"改为"应当实行累积投票制"。

(4)限制单人股东最高表决权

现代公司法中多将股东行使表决权的基本原则规定为"一股一票,资本多数通过"。股东出资是股东享受权益的基础,股东对公司事务的支配权与其对公司的投资额成正比合情合理。但这种模式也容易导致大股东对公司事务控制权的过分强势。可以对单人股东的表决权设置一个上限,至少可以在公司的重大事务上采用这一制度,如公司的合并、分立等事项。例如,在"一股一票"的表决原则上,可以参考比利时公司法,规定"股东单人的表决权所占比例份额不得超过表决权总额的百分之四十"。

4. 明确实际控制人违信责任的构成要件与责任承担

(1)明确实际控制人违信责任构成要件

如本章第三节所述,实际控制人违信责任应当根据实际控制人信义义务内容的不同,规制以不同的责任标准。因此,在《公司法》中可以对实际控制人忠实、勤勉义务和信息披露义务的构成要件作出以下规制:"实际控制人违反公司法、公司章程进行利益冲突交易,对公司、股东或债权人造成损失的,应当承担赔偿责任。""实际控制人在行使控制权的过程中未尽到自己合理的注意,对公司、股东或债权人造成损失的,应当承担赔偿责任。""实际控制人未完全履行信息披

露义务，损害公司、股东或债权人利益的，应当承担赔偿责任。”

(2) 进一步明确实际控制人违信责任后果

《公司法》第 148 条中归入权的主体应当增加实际控制人，并将主体修改为“董事、高级管理人员及任何处于该地位的人”。

除现有的归入权、损害赔偿责任外，[①]应当尽快增加法院禁止令这一责任后果以制止正在发生或可能发生的侵害，如果董事、高级管理人员和实际控制人违反义务还在继续或者有此威胁，公司可以请求法院颁布禁令。

(二) 司法解释层面的制度构架

本部分主要对股东与债权人的救济机制进行完善，以及引入忠实、勤勉义务的部分判断标准，以便法官在司法实践中对实际控制人是否履行这两项义务进行审查。

1. 完善股东诉讼制度

(1) 股东直接诉讼

对于实际控制人直接损害公司股东利益的情形，可以对我国《公司法》第 152 条进行解释，将实际控制人纳入股东行使诉权的对象，即“董事、高级管理人员以及任何处于该地位的人违反法律……向人民法院提起诉讼”。

(2) 股东派生诉讼

派生诉讼同样如此。在《公司法》第 151 条派生诉讼针对的主体中增加实际控制人：“董事、高级管理人员以及任何处于该地位的人有本法第 149 条规定的情形的……”

此外，在股东派生诉讼中，应当允许其他股东加入诉讼，以降低原告股东与实际控制人不当和解的风险。

2. 完善法人人格否认制度

《公司法》第 20 条中法人人格否认制度的主体范围应当进行拓宽，将实际控制人与实际出资人也囊括其中。将实际出资人明确纳入股东的范围，同时对于实际控制人也可以适用法人人格否认制度。具体而言，即将《公司法》第 20 条修

---

① 《公司法》第 20 条规定了股东滥用股东权利给公司或者其他股东造成损失应当承担的损害赔偿责任；第 21 条规定了控股股东、实际控制人、董事、监事、高级管理人利用关联关系给公司造成损失的损害赔偿责任；第 149 条规定了董事、监事、高级管理人员执行公司职务时违反法律、行政法规或者公司章程的规定给公司造成损失应当承担的损害赔偿责任。

改为："公司股东，包括实际出资人，以及实际控制人应当遵守法律、行政法规和公司章程……公司股东，包括实际出资人，以及实际控制人滥用公司法人独立地位和股东有限责任……应当对公司债务承担连带责任。"

3. 完善法院审查利益冲突的公平标准

目前，在我国判断是否属于利益冲突交易的审查仅仅是通过形式审查来完成的，即是否取得股东会或股东大会、董事会的同意，成为审查利益冲突交易和利用公司机会是否违反忠实义务的标准。在此方面，我国法院可在形式审查的基础上进行实质性审查，即公平性标准：第一，按照公司法规定的程序，向有关机关作出了信息披露；第二，由无利害关系人进行了批准，如独立董事、无利害关系股东；第三，交易价格公平；第四，股东在得到相关事实情况后以资本多数决的方式确认交易。以上审查内容即包含正当程序的形式审查，也包含实质性审查，同时也可以为法院对利益冲突的审查提供指引。

4. 实际控制人违反信义义务时，债权人代位权诉讼的运用

可在司法解释中规定："当实际控制人违反信义义务，对公司造成损害，此时公司享有对实际控制人的债权，而又怠于向实际控制人追偿。这时如果公司不向实际控制人追偿，会影响债权人债权的实现时，债权人可直接向实际控制人追偿。"

5. 规定实际控制人商业判断规则①

即使是理性睿智的经营管理者在瞬息万变的市场中也不可能万无一失，经营管理者在商业决策上出现的合理性失误不应当过分苛责，否则过分严格的勤勉义务会束缚公司的经营与商人逐利的天性。然而，法官在审理案件时，由于专业知识的局限，很难判断实际控制人所作出的决策是否是基于合理的考量、是否是基于理性判断了该项交易的商业风险以及是否在公司的可接受范围内。因而，在司法解释中规定商业判断规则，有助于法官区分实际控制人的正常商业决策与违反信义义务二者之间的不同。

本书认为，应当在司法解释中明确：即使实际控制人在行使职权时导致了公司经营上的失败，但只要实际控制人在事前进行了充分完备的调查，基于合理的

① 汪世虎、杨淦：《实际控制人信义义务的法律机制构建》，载《深圳大学学报（人文社会科学版）》2015 年第 5 期。

依据而作出善意的行为就可以认定实际控制人尽到了自己的义务。具体在司法解释中可以作如下判断标准：第一，作出的决策中不存在利益冲突交易；第二，作出决策的行为程序合法；第三，有充分的证据可以表明实际控制人在作出决策前进行了充分完备的调查，知悉影响决策的各个因素。

（三）监管机构制定的规章、指引等层面的制度构架

如前所述，实际控制人具体的信义义务构建主要依赖证监会规章层面的文件来规制，本部分内容主要针对证监会与交易所制定的规章、指引等层面上的制度构建，对现有的机制进行补充，结合本章前三节提供的完善意见来补充深、沪交易所在相关指引中构建的信义义务体系，并建议由证监会以规章的形式确立这一体系。

1. 具体规制特殊经营阶段上市公司实际控制人的信义义务

（1）公司处于解散清算阶段实际控制人的信义义务

可规定为："当公司处于解散清算阶段，实际控制人不得利用自己的控制权通过接触核心数据、改变财产价值等方式侵犯公司投资人或债权人的利益；处于董事和高级管理人员地位的实际控制人，应当积极配合相关工作，在自己的能力范围内推动工作的顺利进行，最大化地实现债权人的利益。"

（2）公司处于被收购阶段实际控制人的信义义务

可规定为："当公司处于被收购阶段时，处于控股股东地位的实际控制人应当严格进行信息披露，不得进行虚假和劣质信息的披露，不得实施操纵目标公司股价等行为；处于董事或高级管理人员地位的实际控制人不得消极不作为，违反公司利益，阻碍收购进行。"

（3）公司处于破产阶段实际控制人的信义义务

可规定为："当公司处于破产阶段时，实际控制人应当配合破产工作的进行，努力促成最符合公司利益的破产路径。"

2. 完善独立董事机制

目前，独立董事制度在《公司法》第 122 条中授权国务院进行规制。然而，对于独立董事的规定集中在《关于在上市公司建立独立董事制度的指导意见》中，对独立董事在任职资格、职权范围方面作出诸多详细指引，但仍然有所欠缺。本书认为可以作如下调整：

(1)任职限制

在第1条第2款中将“独立董事原则上最多在5家上市公司兼任独立董事”改为“最多在3家上市公司兼任”为宜。

第3条独立董事任职限制中,主要社会关系增加“同学、同事、师生”等关系。

(2)薪酬方面的基础要求

对于独立董事的激励机制可以尝试设定独立董事薪酬的最低限制,如“不得低于普通董事薪酬的70%”。

(3)独立董事履职受阻的救济与违反义务的责任承担

在第7条第1款中增加规定:“拒绝提供独立董事所要求的材料、或者提供虚假材料的董事、高级管理人员应当承担行政责任。”此处的行政责任内容应由国务院斟酌。

增加条款:“独立董事负有忠实、勤勉义务,违反前述义务,应当对造成的损失承担赔偿责任。”

3. 规范实际控制人信息披露义务的范围与标准

目前,明确了实际控制人信息披露义务的范围与标准的规定也集中在《上市公司信息披露管理办法》中,①但规定较零散、不细致。本书认为,在原有基础上,对实际控制人的信息披露义务还需在独立的条文中进行规范。例如,规定“实际控制人的信息披露义务必须符合真实性、准确性、完整性、及时性要求,实际控制人披露相关信息时不得出现虚假记载、误导性陈述或重大遗漏的情况。在信息披露义务的范围上,实际控制人必须将包括自己以及一致行动人的基本情况、获取控制权的协议内容、获取控制权的其他安排的基本情况等一切与实际控制人所拥有的控制权情况向公司及公司的投资人进行披露”。

由于实际控制人控制行为的不同,可能处于控股股东、董事与经理层中不同的地位,因而我们还需要对处于不同地位上的实际控制人作进一步的信息披露义务规制。可规定为:“处于控股股东地位的实际控制人要对一切可能对公司产生重大影响的事项进行信息披露;而处于董事或高级管理人员地位的实际控制人,还要额外负责公司整体的信息披露工作及事项。”

在《信息披露管理办法》第30条中规定的公司内部建立信息披露的长效机

① 详见《上市公司信息披露管理办法》(2021年修订)第28条、第39条至第42条。

制中，还需加入实际控制人信息披露的流程。行政管理机构可以对上市公司的内部信息披露长效机制进行抽查监督，对于未建立或者建立不符合规定的内部长效信息披露机制的上市公司可以进行行政处罚。

4. 严格行政责任

证券法及其他证券监督管理法规应当进一步细化和完善实际控制人违反诚信义务、信息披露义务、关联交易制度的责任追究机制，包括适当的行政处罚和对受害人承担赔偿责任。只有民事、行政、刑事责任之间衔接配合合理，实体与程序的规定落到实处，实际控制人的行为方能得到有效规制。

5. 吸收深、沪交易所制定指引的内容，制定效力层次较高的法律文件

上交所制定的《上海证券交易所上市公司控股股东、实际控制人行为指引》（部分失效）和深交所制定的《深圳证券交易所上市公司规范运作指引》中第四章“股东、控股股东和实际控制人行为规范”，构建了相对完善的实际控制人信义义务体系。但效力层级在准用性上一直存在障碍，因此，由证监会整合这部分内容制定专门的实际控制人行为规章或指引更合理。已有的体系内容不多阐述，在这里仅对补充内容作说明。结合本章第一节中实际控制人信义义务负面清单的设计，证监会制定的规范中可以增加以下内容：

（1）不得利用实际控制人地位挪用公司资金；

（2）不得利用实际控制人地位将公司资金以其个人名义或者以其他个人名义开立账户存储；

（3）不得利用实际控制人地位，作出将公司资金借贷给他人或者以公司财产为他人提供担保并违背公司利益的行为；

（4）不得进行违背公司利益的关联交易；

（5）不得利用实际控制人地位，作出违背公司利益的管理报酬决定；

（6）不得利用实际控制人地位，作出侵占公司交易机会的行为；

（7）不得利用实际控制人地位，作出违背公司利益的同业竞争行为；

（8）不得利用实际控制人地位，作出违背公司利益的利润分配决定；

（9）不得利用实际控制人地位，作出影响公司资产完整的行为；

（10）不得利用实际控制人地位，作出影响公司独立性的行为；

（11）不得在信息披露时出现虚假记载、误导性陈述、重大遗漏或者劣质信息披露的情况；

(12)不得违背公平披露原则;

(13)不得利用他人账户或以向他人提供资金的方式买卖公司股份;

(14)不得作出其他违背实际控制人忠实义务、勤勉义务、信息披露义务和公司特殊经营状态下实际控制人信义义务的行为。

综上所述,规范上市公司实际控制人信义义务体系的基本内容,需要明确实际控制人的判断标准、厘清实际控制人忠实、勤勉义务的基本内容、区分特殊经营阶段上市公司实际控制人不同的信义义务、构建上市公司实际控制人违信义务的负面清单。完善上市公司实际控制人信义义务体系的监督机制,需要保障监事任职的独立性,强化监事会的财务监督权和职务监督权,加强独立董事任免的独立性,完善独立董事的激励机制和严格问责制并完善其与监事会的职能分配,保护中小股东的知情权、表决权和救济权的行使等。健全上市公司实际控制人信义义务责任体系,需要界定上市公司实际控制人违信责任的认定标准,规定上市公司实际控制人违信责任的责任类别、免责条款和救济形式。从法律制度、司法解释、规章以及指引层面探索构建上市公司实际控制人信义义务体系的最优实现路径。